STARBUCKS
WAY

스타벅스 웨이

일러두기

★ 『스타벅스 웨이』는 미국 스타벅스 본사로부터 표지, 본문 내용 및 디자인에 대한
  정식 승인을 받았습니다.

★ 본문에서 따로 표시하지 않은 모든 각주는 저자 주입니다.

★ 본문에 등장하는 ™은 상표 기호(trademark symbol), ®은 등록 상표 기호
  (registered trademark symbol)를 의미하며, 원서 표기를 기준으로 합니다.

★ 외국어 고유명사의 표기는 국립국어원의 외래어 표기법을 따랐으나 일부 명칭
  의 경우 널리 쓰이는 표기를 고려하였습니다.

LEADING THE
STARBUCKS
WAY

★ 스타벅스 웨이 ★

조셉 미첼리 지음 ★ 강유리 옮김

현대
지성

내 인생의 절반 이상을 함께한 여성,

아내 노라 리 미첼리(1961년 9월 7일~2013년 2월 11일)를 추억하며

이 책을 바친다.

당신은 6년 동안 벌여온 유방암과의 싸움에서 해방되었고

분명 "잘하였다, 착하고 성실한 종아."라는 목소리를 들었겠지.

노라, 이제는 천상의 행복을 누릴 시간이오!

"『스타벅스 웨이』에서 조셉 미첼리는 시애틀의 작은 카페 체인이 어떻게 해서 지구상에서 가장 사랑받는 브랜드가 되었는지 보여준다. 진정한 서비스 문화에 관한 매혹적인 실제 사례들과 그 이면의 기업 교육 전략이 잘 버무려진 기분 좋고 흥미로운 읽을 거리이다. 커피 한 잔을 갖다 놓고 편안한 자세로 이 책을 읽어라!"

켄 블랜차드
베스트셀러 『칭찬은 고래도 춤추게 한다』 저자

"스타벅스 커피 앤 티 컴퍼니는 우리 회사인 파이크 플레이스 어시장에서 불과 몇 블록 떨어진 곳에서 시작되었다. 조셉 미첼리는 우리가 파이크 플레이스 어시장에서 어떻게 마음을 끄는 강력한 경험을 만들고 있는지에 대한 이야기를 전할 수 있게 도움을 주었다. 그는 또한 신뢰를 바탕으로 함께 작업하면서 스타벅스, 리츠칼튼 호텔 컴퍼니, 자포스 같은 기업에서 사용하는 비즈니스 원칙을 공유해 주었다. 『스타벅스 웨이』에서 조셉은 스타벅스의 탁월한 리더십을 예리한 눈길로 분석한다. 스타벅스에 관한 이전 책과 달리, 『스타벅스 웨이』는 당신이 일대일 수준으로 쌓은 인간관계를 활용하고, 고객과 맺은 유대를 기술을 통해 전 세계로 확장하며, 나아가 제품과 관련 상품으로까지 확대할 수 있도록 도와준다. 무엇을 망설이는가? 당장 책을 사서 탐독하고 실용적인 도구를 얻어 변신하라!"

존 요코야마
세계적인 명소 파이크 플레이스 어시장의 최고경영자이자
『How? 물고기 날다』 공저자

"조셉 미첼리는 세계 최대의 커피 체인이 탄생하게 된 기본 원칙에 관해 흥미로운 통찰을 제시한다. 기업인으로서 당신은 스타벅스 리더들이 성공을 추진하고 실패에서 교훈을 얻는 방식을 배우게 될 것이다. 『스타벅스 웨이』를 읽는다면 기업 운영의 여러 가지 함정을 피하고 원하는 사업 목표를 합리적으로 추구할 수 있게 될 것이다."

마틴 린드스트롬
『쇼핑학』『누가 내 지갑을 조종하는가』 저자

"문화는 대단히 중요하다! 전개가 빠르고 흥미진진한 이 책은 영감과 충성도의 기업 문화를 만드는 데 즉시 활용할 수 있는 실질적 아이디어를 수없이 많이 제시해 준다."

브라이언 트레이시
『백만불짜리 습관』 저자

"지구상에 스타벅스 매장이 단 하나 있던 시절을 기억하는 시애틀 사람으로서, 나는 스타벅스가 기업 아이콘으로 진화해 나가는 여정에 계속 매력을 느낀다. 미첼리는 하워드 슐츠와 그의 팀이 공급업체, 직원, 고객, 주주, 지역 사회를 사랑하고 존중하고 보상하는 문화 속에서 열정적으로 실천하는 원칙들을 규명한다."

로버트 스펙터
『노드스트롬식 고객 감동 서비스의 진수』 저자

"『스타벅스 웨이』는 전 세계에 퍼져 있으면서도 각 지역에 어울리며 스타벅스 문화에 대한 열정으로 움직이는 라이프스타일 브랜드의 핵심적인 성공 요인을 제시한다."

존 팀머만 박사
갤럽 고객 경험과 혁신 부문 선임 전략가

목차

머리말 ㅣ **12**

감사의 말 ㅣ **14**

1장 ★ 스타벅스 커넥션 ㅣ **19**

─────── **제1 원칙** 음미하고 고양하라 ───────

2장 ★ 당신에게 제품에 대한 열정이 없다면 고객도 마찬가지다 ㅣ **33**

3장 ★ 마법처럼 특별한 경험을 추구하라 ㅣ **64**

─────── **제2 원칙** 사랑받기를 사랑하라 ───────

4장 ★ 모든 것은 신뢰와 사랑에 달려 있다 ㅣ **97**

5장 ★ 안에서 번창해야 밖에서 느껴진다 ㅣ **123**

───────── **제3 원칙 공통 기반을 향해 나아가라** ─────────

6장　★　보편성 충족하기: 공통된 가치를 추구하라　ǀ 155

7장　★　맞춤화: 현장, 지역, 세계에 맞추어 혁신하라　ǀ 181

───────── **제4 원칙 연결을 활성화하라** ─────────

8장　★　기술을 활용해 관계를 성장시켜라　ǀ 210

9장　★　관계의 전파: 받은 사랑을 더 많은 제품으로 되돌려주기　ǀ 239

───────── **제5 원칙 전통을 간직하면서 전통에 도전하라** ─────────

10장　★　과거를 지키되 거기에 얽매이지 말라　ǀ 271

11장　★　긴 안목으로 보고 오래가는 성공 쌓기　ǀ 298

12장　★　라이프스타일 관계 형성하기　ǀ 327

오늘날 많은 기업의 리더들은 여러 도전 과제에 직면해 있다. 기억에 남는 고객 경험을 전달하는 데 필요한 재능과 대인관계 자질을 갖춘 직원을 선발하려면 어떻게 해야 할까? 리더들이 어떤 방법으로 팀원들을 교육하고 조직에 적응시켜야 우수한 제품에 대한 열정뿐 아니라 완벽한 서비스 전문가가 되는 데 필요한 스킬을 키울 수 있을까? 어떤 식으로 기술을 활용해야 인적 서비스 전달을 저해하지 않고 강화할 수 있을까?

당신이 운 좋게도 리츠칼튼 호텔 컴퍼니나 스타벅스처럼 전 세계를 누비는 기업의 관리자나 리더라면, 변화무쌍하고 문화적으로 다양한 고객 그룹과 소통할 수 있도록 제품과 서비스를 끊임없이 다듬어 나가야 하는 부가 과제에 직면하게 된다. 그러면서도 동시에 운영의 탁월성과 기존 고객 기반의 충성도를 유지해야 한다.

조셉 미첼리 박사의 책은 앞서 언급한 도전 과제와 기회에 대처해 나가는 리더들의 풍성한 사례로 가득하다. 이 책은 인간답게 운영되는 고高성과 조직을 만들고자 리더들이 어떠한 노력을 기울이는지에 대한 정보, 통찰, 분석을 제시한다. 또한 제품과 사람을 적절히 정비하여 일관성 있고 매력적이며 브랜드 충성도를 높이는 경험을 전달하고자 시도하는 과정에서 스타벅스 경영진이 마주했던 좌절과 돌파구를 모두 보여준다.

나는 미첼리 박사를 약 6년 전 처음 만났다. 당시 그는 고객 경험 전

★

문가, 비즈니스 컨설턴트, 작가로 리츠칼튼 호텔 컴퍼니와 함께 작업하면서, 우리 회사의 '신사 숙녀들'[1]은 물론 현재 27개국의 호텔과 리조트에서 우리가 기쁜 마음으로 모시고 있는 손님들의 참여를 증진하기 위한 우리의 끝없는 노력을 기록으로 남겼다.

나는 리츠칼튼 호텔 컴퍼니의 회장으로서 기업 문화가 회사의 성공에 결정적인 역할을 한다고 믿는다. 리츠칼튼의 임직원은 따뜻하고 편안하며 세련된 환경에서 손님의 기대치를 예측하고 뛰어넘기 위해 노력한다. 우리는 신사 숙녀들과 손님들의 욕구, 필요, 욕망을 헤아리고 이를 뛰어넘을 방법을 끊임없이 모색한다. 나를 포함한 리츠칼튼의 모든 신사 숙녀들은 매일같이 우리의 문화적 기반에 투자하고 그에 관해 소통하고 있다.

미국 작가 스콧 펙M. Scott Peck은 "유사점을 공유하고 차이점을 기념celebrate하라."라고 조언했다. 리츠칼튼과 스타벅스는 여러 가지 면에서 다른 조직이지만, 『스타벅스 웨이』는 기능이나 업계에 관계없이 우리 모두가 제품 품질 개선, 서비스 전달 향상, 감성을 건드리는 경험, 풍성한 지역 사회 참여에 어떤 식으로든 도움이 될 수 있음을 되새겨 주는 강력하고 유용한 알림이다.

작별의 인사를 고하며 즐거운 독서가 되길 바란다.

허브 허믈러
리츠칼튼 호텔 컴퍼니
회장 겸 최고 운영 책임자

---

1   리츠칼튼은 모든 직급의 회사 직원을 이렇게 부른다. ―역주

의사이자 철학자, 신학자였던 알베르트 슈바이처는 언젠가 이렇게 썼다. "때때로 우리 내면의 불빛이 꺼지면, 다른 이가 가진 작은 불꽃에 의해 다시 켜지게 된다. 우리 모두는 우리 안에 불을 밝혀준 사람들에게 깊이 감사해야 할 이유가 있다." 다음 몇 단락에 걸쳐 나는 이 책이 세상에 나오도록 기꺼이 불을 밝혀줌으로써 내 인생을 축복해준 너무나 많은 이들에게 깊은 감사를 표현해 보고자 한다.

하워드 슐츠와 스타벅스 경영팀의 지원이 없었더라면 『스타벅스 웨이』는 존재하지 못했을 것이다. 도움을 준 스타벅스 파트너들의 이름은 책에서 밝혀 두었으나, 임원진 커뮤니케이션의 디렉터 지나 우즈와 기업 커뮤니케이션의 프로그램 매니저 하이디 파이퍼의 수고에 특별히 감사를 전하고 싶다. 지나와 하이디는 『스타벅스 웨이』를 구상하고 현실화하는 데 필요한 모든 전략 전술적 측면에 관여했다. 두 분이 보여준 인내, 열정, 통찰, 근면함에 감사한다.

린 스텐프테나젤은 『스타벅스 경험 마케팅』을 시작으로 나와 다섯 권의 책을 작업했다. 여러 해에 걸쳐 책을 쓰고 상상도 못했던 사업적 성공을 거두며 나름대로의 어려움을 헤쳐 나가는 가운데, 나는 린만큼 감탄이 나오고 존경스러운 사람은 아무도 없다고 자신 있게 말할 수 있게 되었다. 우리는 계속해서 업무 관계를 성장시키고 세심하게 조율해나가고 있

★

지만 린이 나의 경력과 인생에 끼친 변혁적 영향력은 결코 부인할 수가 없다. 우리의 일에 관한 한, 린은 진정한 '불꽃의 수호자'이다.

그 다섯 권의 책을 집필하는 동안, 나는 도냐 디커슨, 로이드 리치와 함께 일하는 행운을 얻었다. 내 출판 변호사인 로이드는 프로 정신의 표상이다. 그는 담당 분야에 대한 탁월한 전문가로 양쪽 모두에게 유리한 해결책을 만들어내는 놀라운 능력을 가졌다. 맥그로힐의 편집장 도냐는 예상치 못한 성과를 내도록 사람들을 자극하는 부러운 능력의 소유자다. 도냐는 명확한 성과 기대치를 수립하고 그 목표를 현실화하는 데 적극적으로 도움을 준다. 도냐의 무한한 격려, 침착한 성품, 재치로 인해 사람들은 스스로 가능하다고 생각하는 수준 이상의 성과를 내게 된다.

나는 앞서 이 책을 노라 미첼리에게 바친다고 밝혔지만 그 말의 나머지 부분에 대한 이해를 돕기 위해 약간의 배경 설명이 필요할 듯하다. 노라와 나는 1987년에 만나 1989년에 결혼했고 이 책을 완성해 가는 마무리 단계에서 영원한 이별을 했다. 내가 노라와 이 세상에서 함께한 시간은 2013년으로 끝났으며, 우리 아이들과 나는 병상 곁에 앉아 노라가 마지막 숨을 거두는 모습을 지켜보았다.

노라와 나는 삶의 여정을 함께하면서 앤드루와 피오나 두 자녀를 세상에 내보냈다. 우리는 웃고, 싸우고, 환호하고, 분노하고, 기도하고, 함께 암과 싸웠다. 노라는 나의 모든 것을 알고 있음에도 불구하고 너그럽게 나를 사랑해 주었으며, 나는 그 점을 무한히 감사한다.

오랜 암 투병에 이어 아내가 세상을 떠날 때까지 많은 사람들이 내 인생의 불꽃을 다시 밝혀주었다. 앤드루와 피오나, 너희는 나의 가장 중요한 영감이다. 엄마를 잃으면서 너희들의 삶이 고통스럽게 달라졌다는 걸 알지만 엄마 몫까지 대신해 최고의 부모가 되어주겠다고 맹세한다. 너희의 탁월함은 엄마의 큰 기쁨이었고 엄마는 세상을 바꿀 너희의 능력을 믿었단다. 앤드루, 간호사 일을 통해 사랑의 정신을 치유의 행동으로 전환할 수 있길 바란다. 피오나, 로욜라 입학과 함께 비즈니스 리더십으로 세상에 의미 있는 일을 할 수 있는 인생 여정이 시작된 것을 축하한다.

세계적인 경영 컨설턴트인 짐 콜린스는 인생이라는 이사회에 어떤 사람들을 들이겠는지 이야기한 적이 있다. 다음은 현명한 조언, 놀랍도록 깊은 열정, 리더십 비전, 특히 최근에 어려운 일을 겪는 동안 확고한 우정으로 내 인생의 이사회 자리를 차지한 사람들이다. 롭 그라프, 밥과 주디 야머스, 토미와 다이앤 낸스, 제프 우델, 배리와 로리 토먼, 매트 루츠, 폴 프라우티, 리앤 해들리, 마이클 폴라드, 고마워요.

남을 섬기는 법을 솔선수범으로 보여준 사람들에게도 감사한다. 그 가운데는 킴 블란켄버그, 캐럴린 처칠을 비롯한 제이너스 캐피털 그룹의 수많은 사람들, 그리고 소니스 프랜차이즈 컴퍼니의 크리스티 샤츠와 직원들이 있다. 마찬가지로, 뉴저지주 뉴브런즈윅의 세인트 피터스 헬스케어 시스템, 재키 휴스턴, 선코스트 호스피스의 특별한 간호사들에게도 감사와 찬사를 전한다.

언제나처럼 나는 독자들에게 감사한다는 말로 이 글을 끝맺고자 한다. 기꺼이 시간을 내서 읽고 배우고 성장하려는 여러분 같은 독자들이 있음을 알았기에 부지런히 책을 쓸 수 있었다. 철학자 에릭 호퍼는 "변화의 시기에는 배우려고 하는 이들이 세상을 차지한다. 이미 배운 것에만

★

연연하는 사람은 더 이상 존재하지 않는 세상에 대해서만 훤히 알고 있는 셈이다."라고 말했다. 내가 배우고 그 배움을 나눌 수 있도록 해준 모든 분께 고개 숙여 감사의 마음을 전한다. 『스타벅스 웨이』가 이 위대한 모험에서 모두가 전진하는 데에 작은 보탬이 될 수 있기를!

1장

스타벅스 커넥션

- 스위스에서 어떤 부부가 스타벅스 매장을 처음 방문했다가 열렬한 환대를 받는다. 무엇을 주문하시겠냐고 묻자 부부는 둘 다 뭘 사러 온 게 아니라고 대답한다. 그들은 "왜들 그렇게 스타벅스에 열광하는지" 알고 싶었을 뿐이다. 이후 부부는 그 매장의 단골손님이 되었다.
- 한 파트너[2]는 단골 고객의 장례식에 참석했다가 감동받은 이야기를 들려주었다. 추도 연설 중 고인의 아들이 아버지와 그 스타벅스 파트너 사이에서 매일 이루어졌던 소통의 의미를 특별히 언급한 것이었다.
- 자주 찾는 스타벅스 매장에 앉아 혼자서 점심을 먹던 한 남자가 녹색 앞치마를 두른 스타벅스 바리스타[3]에게 그 매장은 자신에게 한낮의 안식처라면서 "스타벅스에 오면 저를 친절하게 맞아주시고 기억해 주시고 제가 여기 있는

걸 진심으로 고미워하는 게 느껴지거든요."라고 말한다.

위의 이야기들은 리더들이 설득력 있는 비전을 수립하고, 그 비전을 명확
한 행동으로 보여주어 제품 판매만이 아니라 끈끈하고 충성도 높은 인간
관계를 만들어낸 한 회사의 실제 사례다. 당신은 아마도 '왜들 그렇게 스
타벅스에 열광하는지' 알고 싶어서 이 책을 읽고 있을 것이다. 스타벅스
의 리더들은 회사의 제품과 사람들을 전략, 전술적으로 어떻게 관리하기
에 고객 참여, 충성도, 지지, 심지어 브랜드에 대한 사랑까지 이끌어내는
걸까? 이 회사의 리더들은 어떻게 모범을 보이고 영감을 주기에 제품 전
달의 탁월함을 유지하고, 진정성 있는 서비스 순간을 만들어내며, 주주
가치의 중요성에 대한 전 사㈜적인 이해를 도모하고, 사회적 양심에 따른
행동을 전파하는 걸까? 당신은 또한 카페 환경을 넘어선 관계 확장을 위
해 스타벅스 파트너가 하는 일, 고객 경험 향상을 위해 기술을 활용하는
방식, 전 세계 현지인의 입맛에 맞추어 제품과 서비스를 맞춤화하는 방식
에도 관심이 있을 것이다. 궁극적으로 스타벅스 리더와 매니저, 최전방의
파트너들이 전해주는 교훈은 고객과의 관계 형성 방법을 가르쳐주어 당
신의 업무와 생활을 실질적으로 향상시킬 것이다.

스타벅스: 리더십의 표준

스타벅스는 세계에서 가장 효과적으로 운영되고 가장 많은 사랑을 받는

브랜드로 꾸준히 인정받고 있다. 예를 들어, 《엔트러프러너Entrepreneur》 지는 스타벅스를 '가장 신뢰받는' 10대 브랜드 중 하나로 꼽았고, 《포춘 Fortune》지는 '가장 존경받는' 글로벌 브랜드 순위에 올렸다. 전前 미국 대통령 버락 오바마는 중요한 일자리 연설을 하기에 앞서 스타벅스의 사장이자 회장, 최고경영자인 하워드 슐츠에게 전화를 걸었다. 일자리 창출에서 하워드가 보여준 리더십 때문이었다. 《포춘》지는 하워드 슐츠를 올해의 기업가로 지명했고, 다른 잡지들도 그가 기업 윤리에 끼치는 영향력 면에서 일류 글로벌 리더 중 한 사람임을 인정했다. 회사의 모든 영역에서 발휘된 리더십 덕분에 5천 4백만 명 이상의 페이스북 팬이 생겨났고, 수백만 명 이상이 트위터와 핀터레스트Pinterest에서 스타벅스를 팔로우한다.

무엇보다, 스타벅스의 리더들은 상당한 규모의 노동 인구를 책임지고 있을 뿐 아니라 전 세계 경제와 사회에도 지대한 영향을 미치고 있다. 스타벅스 리더들이 이끄는 20만 명 이상의 직원들은 전 세계 60개국 이상에서 18,000곳이 넘는 매장을 찾는 매주 6천만 명 이상의 고객들에게 서비스를 제공한다.

스타벅스에 관한 전작 『스타벅스 경험 마케팅』(유엑스리뷰, 2018)에서 나는 스타벅스 리더들이 회사를 어떻게 정비했기에 1990년대 상당 부분과 2000년대 초반까지 눈부신 성장을 이어왔는지 살펴보았다. 하지만 그 책이 출간된 이후, 스타벅스 리더들은 어려움에 직면했다. 광적인 확장 속도, 전년 대비 매출 수치를 끌어올리기 위해 내린 결정, 침체일로를 걷는 세계 경제의 여파, 미국 스타벅스 매장을 찾던 충성 고객들의 방문 빈도 하락 등이 원인이었다. 마침내 2008년 스타벅스의 최고 글로벌 선략가로 재직하던 하워드 슐츠가 회사의 최고경영자로 돌아와 지휘봉을 잡았다. 2008 회계연도 2분기 수익 발표에서 하워드는 전년 동기 대비 수익이 21퍼센트 떨어졌다고 설명하면서, "미국 매장 방문 빈도 하락 때문에 재무 실적은 분명히 타격을 입고 있지만 우리가 혁신 아젠다 Transformation Agenda에서 도출된 이니셔티브를 계속해서 이행한다면 고객들을 위한 스타벅스 경험은 다시금 활성화될 것이고, 주주들에게도 더 높은 가치를 전달할 수 있을 것"이라고 말했다.

하워드가 언급한 '혁신 아젠다'는 2011년에 나온 그의 책 『온워드 Onward』(8.0/에이트 포인트, 2011)에 자세히 설명되어 있다. 핵심 내용은 스타벅스의 경영진이 회사의 기존 사명을 한 걸음 더 발전시킨 진보적 비전으로의 전환 계획을 수립했다는 사실이다. 스타벅스의 사명은 "인간의 정신에 영감을 불어넣고 더욱 풍요롭게 한다. 이를 위해 한 분의 고객, 한 잔의 음료, 우리의 이웃에 정성을 다한다."였지만 혁신 비전은 조직에 활력을 불어넣고 사람들을 결집시키는 목표를 새롭게 설정했다. "세계에서 가장 인정받고 존경받는 브랜드의 하나로서 고객의 영혼을 고취하고 이에 자양분을 공급하는, 영속적이고 위대한 기업이 된다."는 목표였다.

스타벅스 리더들은 전략적으로 기존의 강점에 집중하는 한편 회사의 장기적 생존에 필요한 프로세스 개선과 혁신을 위해 '7대 혁신 운동'을 제안했다. 이 7대 혁신 운동은 아래와 같다.

❶ 논란의 여지가 없는 커피 권위자가 되자.
❷ 우리의 파트너들을 고무시키고 참여시키자.

★

❸ 고객들과의 정서적 교감에 불을 지피자.

❹ 세계 시장에서 우리의 존재감을 확대하고 각 매장을 해당 지역의 중심으로 만들자.

❺ 윤리적 방식의 원두 구매를 지속하고 환경을 지키는 리더가 되자.

❻ 우리의 커피에 걸맞은 혁신적인 성장 기반을 구축하자.

❼ 지속 가능한 경제 모델을 제시하자.

이 7대 혁신 운동을 충실히 이행한 결과, 스타벅스는 바람직한 재무 성과를 얻을 수 있었다. 전 세계 동일매장 비교매출 증가율이 13분기 연속 5퍼센트를 넘어선 것이 그 증거였다. 세계 경제적 요인으로 사상 최고의 사업 실패율이 나타나는 동안에도 스타벅스는 이같은 실적 전환에 성공했다. 기업 정보 전문 기업 던 앤 브래드스트리트Dun&Bradstreet의 보고에 따르면 "2010년 6월까지 12개월 동안 공식적인 파산 신청 수는 … 10퍼센트 늘었고 … 08년도와 09년도 사이 전년 대비 증가율은 50퍼센트였다." 2008, 2009, 2010년에 파산한 기업들이 우후죽순으로 늘어난 것과 달리, 스타벅스 경영진은 지속적으로 수익을 창출하고 브랜드로서도 존경을 받도록 회사를 성공적으로 재정비했다.

이 책 『스타벅스 웨이』는 눈부신 성장이 이어진 시기만이 아니라 경기 침체, 회복, 전환을 거치며 스타벅스 리더들이 길잡이로 삼은 근본 원칙들을 일목요연하게 소개한다. 혁신 아젠다에 정의된 전술적 방법들처럼, 『스타벅스 웨이』는 지속적인 성공을 달성하기 위해 리더들이 사용한 핵심 전략과 도구를 살펴본다. 특히 제품 개발, 제품 범주 확장, 해외 진출, 기술 및 소셜 미디어 혁신 분야를 중점적으로 다룬다. 이 근본 원칙과 전략은 스타벅스 문화와 일맥상통하는 언어로 제시된다. 스타벅스 리더십과 관련된 언어는 대다수의 리더십 논의에서 사용하기에는 다소 낯설 수 있다. 관계, 인간다움, 겸손, 열정, 심지어 사랑과 같은 용어를 기반으로 성립하기 때문이다.

사랑과 높은 성과를 내는 조직은 대체 무슨 관련이 있을까?

하워드 슐츠와 마주 앉으면 그는 얼마 지나지 않아 탁월한 리더십의 핵심에 관해 이야기하기 시작한다. 하워드의 관점에서 리더십은 크게 세 개의 키워드로 집약된다. "사랑, 인간애, 겸손을 성과 중심적 조직에 접목시키세요. 이들은 얼핏 상충하는 것처럼 보이죠. 하지만 저는 이러한 리더십으로 성과가 크게 개선된다고 믿습니다. 우리가 과거 어느 때보다도 실적 지향적이면서도 기업 가치가 높은 수준에 이르렀기 때문에 저는 이 점을 확신합니다. 사랑, 인간애, 겸손을 전 지구적 차원에서 융합하여 그것을 성과 중심적 조직에 녹여낼 수만 있다면 누구도 우리를 이길 수 없습니다."

정서적 관계와 높은 성과 기준 사이의 긍정적 상관관계에 대한 하워드의 시각은 대기업 최고경영자로서 다소 이례적이지만, 그러한 관점은 리더십 전문가의 의견이나 학자들의 연구 결과와 큰 맥락을 같이한다. 예를 들어, 리더십에 관한 책을 쓴 제임스 오트리는 "좋은 경영은 대체로 사랑의 문제다. 그 단어가 거북하다면 보살핌이라고 불러도 좋다. 왜냐하면 적절한 경영은 사람들을 조종하는 게 아니라 보살피는 일이기 때문이다."라고 말했다. 텍사스 A&M 대학교의 레너드 베리 교수는 수십 년 동안의 소비자 연구 결과를 이렇게 요약했다. "훌륭한 브랜드는 항상 의도하는 청중과 정서적 관계를 맺는다. 그런 브랜드들은 순전히 이성적이거나 순전히 경제적인 차원을 뛰어넘어 친밀감, 애정, 신뢰를 불러일으킨다. 소비자는 감성의 세계에 산다. 감정이 결정에 영향을 미친다는 뜻이다. 훌륭한 브랜드는 구체적인 제품 기능과 이익을 넘어서서 사람들의 감정을 파고든다."

소비자들만 감성의 세계에 사는 게 아니다. 직원들도 마찬가지다. 스타벅스는 관리자가 팀원들의 감정을 긍정적으로 파고들 때 파트너/직원 참여도, 근속률, 생산성이 높게 나타난다는 사실을 입증하고 있으며 연구 결과도 이 점을 확인시켜 준다.

스타벅스의 경영진은 모든 비즈니스 영역에서 인간관계를 지지한다. 이뿐 아니라 리더들은 파트너, 고객, 지역 사회, 주주들과의 관계에서 생겨나는 기회를 바탕으로 사업 전략을 수립한다. 궁극적으로 그들은 인간애라는 렌즈, 그리고 높은 성과 기대치를 통한 경영을 실천한다.

표준, 기회, 연결: 총체적인 리더십 연마하기

이 책은 스타벅스 리더들의 기본 원칙을 다룬다. 정서적 관계를 통해 혁신을 주도하고, 새로운 제품 라인을 성장시키며, 직원과 고객의 충성심을 키워갈 때 사용하는 기본 원칙들이다. 이 원칙들은 모바일 기술, 소셜 미디어, 폭넓어진 소비자 선택에 의해 획기적으로 변모한 서비스 업계에서 특별히 의미가 있다. 각 원칙은 결과 중심적이고 사업 발달 단계에 관계없이 쉽게 적용이 가능하다. 『스타벅스 웨이』의 원칙들은 스타벅스가 운영되는 모든 지역에서 2년 넘게 진행된 탐사의 결과물이다. 나는 스타벅스에서 근무하는 모든 직급의 리더와 파트너들을 직접 만나보았다. 그리고 500시간 이상의 인터뷰와 조사를 통해 다음의 다섯 가지 리더십 원칙을 도출해 냈다.

❶ 음미하고 고양하라.

❷ 사랑받기를 사랑하라.

❸ 공통 기반을 향해 나아가라.

❹ 연결을 활성화하라.

❺ 전통을 간직하면서 전통에 도전하라.

이 원칙들을 실행하면 직원, 고객, 공급업체, 심지어 고객이 아닌 사람들과도 강력한 유대관계가 만들어진다. 이렇게 형성된 경영상의 정서적 유대관계는 리더가 지속 가능한 수익을 달성하고, 브랜드 가치를 높이며,

★

온라인과 오프라인에서 브랜드에 대한 충성과 사랑의 이야기를 만들어 내는 원동력이 될 것이다.

다이애나 켈리도 그러한 사례의 주인공이다. 스타벅스 지역 매니저인 다이애나는 어느 날 자신이 거주하는 버지니아 프레더릭스버그 교외 지역에서는 한 번도 겪어본 적 없는 상황에 부딪혔다. 매장 안에 노숙자가 들어온 것이다. 다이애나는 그 남자를 영업을 방해하는 불청객으로 취급하는 대신, 핫 초콜릿을 한 잔 사주고 어떻게 지내고 있는지 물었다. 뜻밖에도 그 남자, 도미니크는 근처 숲속에 임시변통으로 지어진 노숙자촌에서 생활하고 있었다. 다이애나와 다른 스타벅스 점장 및 바리스타 몇 사람은 숲으로 가서 '관계 형성'에 앞장서고 도미니크를 비롯해 그와 비슷한 처지의 사람들을 위해 봉사하기로 했다.

그때의 경험을 바탕으로, 다이애나와 직원들은 노숙자촌에서 있었던 이야기를 고객들에게 알렸고, 다이애나의 담당 지역 내 14개 매장에 각각 수집함을 비치하여 고객과의 관계를 최대한 활용했다. 수집함에는 노숙자촌에 나누어줄 칫솔, 세면용품, 옷가지들이 모였다. 스타벅스 고객인 인근의 한 기업인은 필요한 기금을 기부하고 지역 변호사를 소개해 주어 이 자생적인 공동체 활동이 '프로젝트 도미니크'라는 비영리 기구로 발전할 수 있도록 도와주었다.

다이애나는 왜 도미니크에게 관심을 가졌을까? 그런 행동에서 어떤 보상을 얻을 수 있을까? 특히 스타벅스의 지속 가능한 수익, 브랜드 가치, 사랑과 관련해 어떤 도움이 될까? 다이애나는 처음부터 도미니크를 위한 진심 어린 배려로 그렇게 행동했을 뿐 도미니크가 스타벅스의 금전 등록기에 명백하게 영향을 끼칠 능력이 있느냐 없느냐를 따지지 않았다. 하지만 스타벅스는 다이애나가 기꺼이 짬을 내 도미니크와 인간적인 관계를 맺으려 한 덕분에 금전적 이득을 얻었다.

구체적으로 설명하자면 프레더릭스버그의 스타벅스 파트너들은 지역 사회 내에서 눈에 띄는 변화를 일으키고 단골 고객들의 참여를 유도한 덕을 보았다. 파트너와 고객들은 선행을 함께 하는 기회를 통해 정서적 만족감을 느꼈다. 결정적으로 다이애나와 그녀의 팀은 딱히 이득을 얻을 생각이 아니었지만, 버지니아 인근의 사람들은 물론 멀리 떨어진 곳에 사는 사람들까지 이 소식을 접하고 프레더릭스버그에서 소박하게 시작된 것과 같은 지역 사회 활동에 참여해야겠다는 자극을 받았다.

칼럼니스트 페툴라 드보락은 《워싱턴 포스트》지에 이렇게 썼다. "시의회는 청문회를 열어 해결책을 모색했다. 일부 주민들은 노숙자들을 전부 모아들여 수감할 것을 요구했다. 사회 복지 활동을 펼치는 기독교계 구제 프로그램 마이카 미니스트리즈Micah Ministries의 리더들은 진정과 이해를 구했다. … [다이애나와 프로젝트 도미니크는] 숲으로 수백 개의 물품 가방을 운반하고, 그 가방들을 전달할 때마다 그곳 사람들을 설득해 시에서 운영하는 복지 센터에서 상담, 의료 서비스, 보호 시설을 제공받도록 하고 있다. 현재 200명 이상이 도움을 받았다." 친절, 연민, 사랑, 뭐라고 불러도 좋다. 나는 이걸 스타벅스 커넥션이자 스타벅스 리더십이라고 부르겠다!

나는 이 책이 조직의 리더인 당신에게 도움이 되기를 바란다. 하워드 슐츠 같은 개개인과 스타벅스 경영팀의 탁월한 리더십은 진정성 있는 관

★

계 전략을 통해 비즈니스를 구축하고 성장시키는 데에 좋은 길잡이가 되어줄 것이다. 그럼으로써 당신의 회사는 성공과 수익성을 추구할 뿐 아니라 매혹적이고 가슴 따뜻한 리더십에 뿌리를 둔 중요하고 의미 있는 기업으로 발전해 나갈 것이다.

음미하고
고양하라

스타벅스를 깊이 탐구해 보기에 앞서, 당신의 사업에 대해 생각해 보길 권한다. 당신은 무언가에 이끌려 제품이나 서비스를 판매하기 시작했다. 처음에 느낀 그 매력이 제품이나 업계와 맺은 긍정적인 관계에서 비롯되었기를, 그리고 시간이 흐르면서 그 첫 호감이 점점 커져 직원과 고객에게도 전파되었기를 바란다.

'음미하고 고양하라'는 회사가 제공하는 제품, 서비스, 경험에 대한 열정의 극대화가 중요하다는 것을 강조하는 비즈니스 원칙이다. 이 원칙은 직원들이 제품 지식을 자율적으로 숙지하고, 제품과 강한 정서적 관계를 맺으며, 제품의 강점을 발판으로 시기적절하게 혁신적인 해결책과 경험을 내놓을 수 있도록 돕는 것의 중요성을 보여준다.

이 책에서 소개할 다른 원칙들과 마찬가지로 '음미하고 고양하라'는 두 개의 장에 걸쳐 살펴볼 것이다. 2장 '당신에게 제품에 대한 열정이 없다면 고객도 마찬가지다'는 스타벅스 리더들이 제품에 대한 개인적인 열정을 전달하고 증명해 보이는 방식에 초점을 맞춘다. 공식적인 교육, 기업 리추얼ritual, 몰입 체험, 기업 전략을 통해 열정이 강화되는 방식을 탐구한다.

3장 '마법처럼 특별한 경험을 추구하라'에서는 제품에 대한 열정과 일관성 있는 서비스를 탐나는 고객 경험 창출의 토대로 설정한다. 스타벅스 리더들은 진정성 있고 달성 가능한 수준의 바람직한 스타벅스 경험을 정의하고 활발하게 지속적인 대화에 참여함으로써, 직원들이 진심 어린 인간관계를 맺으며 제품과 서비스를 전달하여 고객에게 행복한 순간을 만들어줄 수 있도록 고무하고 동기 부여해 왔다. 3장은 스타벅스 경영진이 파트너들과 의사소통하고 그들이 특별한 경험을 창출할 수 있도록 힘을 실어주는 방식을 살펴본다. 어딘지 모르게 부족함이 느껴진다면 "음미하고 고양하라."고 직원들을 이끌어야 할 때다.

★

당신에게 제품에 대한 열정이 없다면
고객도 마찬가지다

마음을 위대한 일로 이끄는 것은 오직 열정, 위대한 열정뿐이다.

프랑스 철학자 **드니 디드로**

적절한 요령만 있으면 누구나 무엇이든 팔 수 있다고 주장하는 책과 기사들이 많다. 이러한 글을 쓰는 사람들은 자신이 판매하는 제품을 특별히 좋아하지 않더라도 잘 팔 수 있다고 이야기하는 듯 보인다. 물론 어떤 창업가들은 자신의 제품이나 서비스에 명확한 정서적 유대감을 느끼지 않고도 성공을 이룬다. 범블비 리넨스Bumblebee Linens의 창립자 스티브 추는 웨딩용 리넨 제품에 딱히 열정이 있던 건 아니었음에도 자신의 온라인 매장이 제로 수익 상태에서 1년 만에 10만 달러 이상의 수익을 냈다고 밝혔다. "나는 장식용 직물만 보면 신이 나는 사람도 아니고, 솔직히 말해 우리 제품에 애정을 느끼지도 않는다. … 아내와 내가 처음 사업을 시작했을 때 중요한 건 숫자였고 이 사업으로 아내가 직장을 관둘 수 있을 만큼 넉넉히 돈을 벌 수 있느냐였다."고 그는 설명했다.

내 책『자포스 경험The Zappos Experience』에서 다룬 신발 쇼핑몰 자포스의 최고경영자 토니 셰이Tony Hsieh조차도 "신발에 대한 열정은 전혀 없다."고 말했다. 5만 종 이상의 신발을 취급하는 회사를 운영하면서 토니는 신발이 세 켤레뿐이라고 밝혔다. 그 대신 토니는 "고객 서비스와 기업 문화에 대해 열정적"임을 인정했다. 자포스가 신발을 그냥 팔기만 하는 다른 매장과 비교할 수 없는 수준의 성공을 이룬 이유는 거기에 있을 것이다.

제품에 대한 열정이 판매 성공의 필수 요소는 아닐지 몰라도, 매출을 선도하는 기업들을 대다수의 경쟁사와 차별화시켜주는 요소임은 분명하다. 아울러, 제품에 대한 직원들의 열정은 고객의 정서적 참여를 부추기고 그것을 유지해 나가는 데에 도움을 준다. 영업 컨설턴트 트로이 해리슨은 직원 열정과 고객 참여 사이의 연관 관계를 규정했다. "열정은 고객의 관심을 일깨우고 흥분을 고조시키는 막연한 무엇"이라는 것이다. 트로이의 시각에 따르면 직원들에게 "구매자도 자신처럼 들뜨게 만들고 싶은 욕구"가 있을 때 고객의 흥미를 자아낼 수 있다. 그는 고객에게서 그 정도 수준의 열의를 이끌어내려면 우선 자기 자신에게 "제품이나 서비스를 팔아 보라."고 제안하면서, "당신이 타깃 고객의 입장이라면 그걸 구입하겠는가? … 그 밖의 다른 것들은 모두 무의미하다."라고 말했다.

스타벅스 최고경영자 하워드 슐츠는 열정의 전이를 약간 다르게 설명한다. "어느 매장이든 들어가 보면 가게 주인이나 물건을 파는 사람이나 카운터 뒤에 서 있는 사람이 자신의 제품에 대해 좋은 감정을 갖고 있는지 아닌지 느낄 수 있습니다. 요즘 백화점에 가보면 아마도 훈련되지 않은 직원을 만나게 될 것입니다. 어제는 진공청소기를 팔았는데 지금은 의류 코너에 배치된 그런 사람이지요. 이런 식으로는 절대 안 됩니다."

하워드는 스타벅스의 제품과 서비스에 대한 열정을 지속적으로 전파하고, 그 열의를 회사의 중심이 되는 제품, 즉 커피에 고정시킨다. 그는 스타벅스에 처음 합류한 1982년에 커피의 매력에 푹 빠졌다고 밝혔다. 저서 『온워드』에서 그는 커피의 '마법'에 눈뜨고 나서 일 년 뒤 이탈리아 밀라노로 출장을 갔을 때 커피를 즐기는 새로운 문화를 한층 더 깊이 이해하게 되었다고 밝혔다. 숙련된 커피 장인들은 "원두를 갈고, 우유를 데우고, 에스프레소를 뽑아 카푸치노를 만드는 모습이 마치 우아한 몸짓으로 춤을 추는 것 같았다. 그러면서 그들은 커피바에 나란히 앉아 있는 손님들과 즐겁게 대화를 나누었다." 이탈리아에서의 경험을 돌아보면서 하워드는 에스프레소, 커피, 카푸치노를 만드는 일이 단순한 '직업'이 아니라 '열정' 그 자체라고 결론지었다.

"인간의 정신에 영감을 불어넣고 더욱 풍요롭게 한다. 이를 위해 한 분의 고객, 한 잔의 음료, 우리의 이웃에 정성을 다한다."는 회사의 사명을 달성하기 위해 스타벅스의 리더들은 매일 실천해야 할 원칙들을 작성했는데, 그 첫 번째는 커피에 대한 열정이었다.

우리의 커피. 핵심은 지금까지도 늘 품질이었고 앞으로도 영원히 그럴 것이다. 우리는 최고의 원두를 윤리적으로 구매하여 세심하게 로스팅하며 커피 농가의 삶을 개선하기 위해 노력한다. 우리는 이 모든 일에 세심한 관심을 기울인다. 우리의 일은 끝나지 않는다.

이 원칙을 뒷받침하기 위해 스타벅스 리더들은 다양한 장치를 개발했다. 고객을 직접 대면하는 사람들만이 아니라, 회사에 일하러 오는 모든 이들이 커피의 풍부한 역사, 농장에서 스타벅스 컵까지 이르는 커피의 여정, 커피 산업의 경제·사회·환경적 측면을 이해하고 깊은 연관성을 느끼며, 커피의 향미 프로필이 갖는 특별한 뉘앙스를 세련된 방식으로 존중할 수 있게 하려는 것이다. 간단히 말해, 스타벅스 리더들은 스타벅스 파트너들이 진정한 제품 열정을 키우거나 심화할 수 있도록 다양한 도구들을 만들어냈다.

이번 장의 나머지 부분에서는 스타벅스가 내부적으로 사용하는 광범위한 제품 열정 강화 도구들을 살펴보고 그러한 도구가 어떻게 고객의 흥미를 자아내는지 탐구할 것이다. 그 과정에서 교육, 기업 리추얼(규칙적으로 행하는 의식과도 같은 일), 몰입 직원 체험, 제품 우수성을 위한 일치된 전략으로 직원과 고객들의 열정을 불러일으킬 수 있는 방법이 무엇인지를 고민해 보기 바란다.

지식을 통한 사전 준비

스타벅스에서 일하는 사람을 떠올려보라고 하면 바리스타를 생각할 가능성이 높다. 실제로, 많은 사람들이 이 서비스 제공자들과 자주 접촉하면서 스타벅스라는 브랜드와 개인적인 관계를 형성한다. 그러나 많은 대기업이 그렇듯이 바리스타는 회사 전체, 해외, 지역, 매장 수준에 걸쳐 다양한 기능을 담당하는 수많은 전문가 직군 중에서 꼭 필요한 하나의 직군에 불과하다.

커피에 대한 관심 때문에, 혹은 고객으로서 쌓은 경험의 결과로 스타벅스에서 일하기를 원하는 직원들이 많지만, 스타벅스가 판매하는 가장 중요한 제품을 별로 즐기지 않으면서 일자리를 구하려는 지원자들도 꽤 많다. 스타벅스의 파트너 서비스 디렉터 버질 존스는 스타벅스를 처음 알게 된 사연을 말해 주었다. "저는 대학 시절 시애틀의 캐피톨 힐 스타벅스 매장 앞을 지나다니곤 했어요. 커피나 스타벅스에 대해서는 아무것도 몰랐죠. 어느 날 저는 안에 들어가 보기로 했는데, 메뉴판에 항목이 많아서 혼란스럽더라고요. 점장은 저에게 첫 방문인지 물었고 제가 그렇다고 대답하자 '그렇다면 모카 커피를 만들어 드릴게요.'라고 말했어요. 그는 커피를 건네주면서 다시 말했죠. '이건 제가 살게요. 하지만 나중에 꼭 또 방문해 주세요. 다음 번에는 브루드 커피brewed coffee[4]를 소개해 드릴게요.' 저는 그날 깊은 인상을 받고 매장을 나왔어요. 그래서 이 회사에 대해 조금 조사를 해보았고, 대학교 3학년 때 스타벅스에서 일해 보기로 마음을 굳혔죠. 졸업할 무렵 저는 스타벅스에서 모집 중인 약 15개에서 20개 직종에 지원했는데 휴가철 임시로 창고에서 일할 풀타임 도우미로 채용이 되었어요." 많은 스타벅스 파트너들이 그렇듯이, 버질은 진화에 진화를 거듭해 그때의 임시 창고직에서 파트너 서비스 팀의 디렉터직에 오

---

[4] 곱게 간 원두에 뜨거운 물을 통과시켜 추출한 드립 커피로, 스타벅스의 대표 메뉴 중 하나. —편집자 주

르기까지 직업석 성상을 계속했나.

스타벅스에 채용되려면 커피에 대한 열정이 반드시 필요한 것은 아니지만, 회사의 신규 파트너들은 커피의 의미, 특별함, 중요성에 대해 철저히 기초 교육을 받는다. 예를 들어, 스타벅스는 매장 차원에서 준비하는 점장과의 '첫인상First Impressions' 미팅을 통해 바리스타들의 조직 적응을 돕는다. 보통은 새 바리스타에게 점장이 가장 좋아하는 커피를 맛보게 하는 커피 테이스팅을 시작으로 하여, 커피의 중심적 역할과 바람직한 스타벅스 경험을 강조하는 활동과 대화로 이어진다.

이후 며칠 혹은 몇 주 동안 신규 바리스타들은 커피 재배 지역, 커피 구매의 무역 관행, 커피 열매에서 커피 원두를 제거하는 가공법, 커피 로스팅 프로필, 양질의 에스프레소 샷을 뽑는 데 필요한 기술, 커피 추출의 기초, 커피 테이스팅 단계, 커피의 특징을 결정짓는 기본적인 맛에 대해서는 물론, 스타벅스의 다양한 음료 및 기타 제품의 준비 방법과 관련된 많은 것들을 배운다. 이 교육은 공식적인 커리큘럼에 자기 계발을 위한 대화, 신입 직원의 담당 점장 및 학습 코치의 역할을 맡는 숙련된 바리스타와의 실무 세션을 결합시킨 형태로 진행된다.

이러한 커피 교육은 70/20/10 성장 개발 접근법을 충실히 따른 것이다. 사람들이 새로운 정보를 받아들이고 활용하는 방식에 관한 연구 결과에 따라, 스타벅스의 신규 바리스타들은 초기 커피 교육의 약 70퍼센트를 현장 경험과 실전 연습의 형태로 받는다. 나머지 20퍼센트의 교육은 동료, 학습 코치, 점장으로부터의 피드백과 멘토링의 결과이며, 10퍼센트는 온라인 모듈식 커리큘럼으로 이루어진다. 스타벅스 바리스타 인증 교육에 제시된 구체적인 학습 블록은 다음의 표를 참고하라.

> 신규 파트너가 바리스타로 인증받으려면 다음 커리큘럼을 이수해야 한다.
>
> **학습 블록 1** 첫인상과 고객 경험, 스타벅스 경험, 커피 추출과 테이스팅, 에스프레소 바 기초, 푸드 가열
>
> **학습 블록 2** 음료 기초, 차가운 음료, 커피 재배와 가공, POS
>
> **학습 블록 3** 음료 준비, 고객 서비스 기본, 커피 로스팅과 포장

인증 교육과 개발 과정 중 신규 파트너들은 간간이 지식 평가 테스트를 통과해야 하고 카푸치노 준비하기와 같은 과제 수행 능력을 점장 앞에서 시연해 보여야 한다. 풍부한 지식과 기술 기반의 교육만으로 바리스타가 자신이 준비하고 서비스하는 제품에 대한 열정을 갖게 되리라고 보장할 수는 없지만, 교육과 개인적 성장은 분명히 커피에 대한 바리스타의 인식과 이해를 높인다. 미국 콜로라도주 덴버의 스타벅스 바리스타 라이언은 이렇게 말했다. "스타벅스에서 일하기 시작한 후로, 제 음료 취향을 브루드 커피로 바꾸었어요. 다양한 블렌드와 지역에 대해 너무나 많은 것을 배웠죠. 요즘은 아시아 커피가 마음에 들어요. 그래서 스타벅스 원두 중에서도 수마트라를 항상 믿고 마시죠. 예전에는 커피마다 맛이 이렇게까지 달라질 수 있다는 걸 전혀 몰랐어요."

스타벅스의 리더들은 또한 신입 직원들이 커피 재배 공동체의 중요성과 그들이 직면한 경제적 어려움에 눈뜰 수 있도록 돕는다. 입사 초기의 교육 경험을 통해 그들은 커피를 강력한 사회적 힘이 있는 제품으로 인

식하게 된다. 실제로 커피는 가장 많이 기래되는 농작물 중 하나이며 여러 적도 지방 국가의 경제에 버팀목이 되어 주고 있다. 스타벅스 신규 파트너들은 공정 무역의 중요성과 커피 공급 체인 전반에 걸친 가격 투명성에 대한 통찰을 얻게 된다.

리더들은 제품의 중대한 사회·경제·정치적 영향에 대한 사회적 맥락을 제시하는 동시에, 신규 바리스타와 베테랑 바리스타 모두가 스스로를 손수 제품을 만드는 장인으로 여기도록 격려한다. 사실, 열정은 커피 자체에 대해서만이 아니라 커피를 만드는 기술에 대해서도 가질 수 있다. 하워드 슐츠는 『온워드』에서 이렇게 언급했다. "한 잔의 에스프레소를 뽑아내는 일은 일종의 예술이다. 바리스타는 음료의 질을 위해 온 마음을 기울여야 한다. 만일 바리스타가 적당히 시늉만 하거나 충분히 애정을 기울이지 않아 너무 싱겁거나 너무 쓴, 질 낮은 에스프레소를 만들어낸다면 그것은 스타벅스가 40년 전부터 전념해온 핵심 가치인 '인간의 정신에 영감을 불어넣는다'는 본질을 잃어버리는 행위이다. 물론 커피 한 잔에 너무 거창한 임무를 짊어지우는 게 아닌가 생각할 수도 있지만 이것은 상인이라면 응당 해야 할 일이다. 우리는 평범한 물건을 가져다 … 새 생명을 불어넣는 일을 하는 사람들이다. 우리가 만들어내는 것들이 우리 자신의 삶을 변화시켰듯, 다른 사람들의 삶도 변화시킬 잠재성이 있다고 믿는다."

기업 경영자들이 전 직원에게 제품 열정을 주입하고자 노력한다면 우리의 삶이 어떻게 달라질지 상상할 수 있는가? 또한 그 경영자들이 자신들이 취급하는 제품을 개선하거나 향상시키는 것이 자신의 할 일이라고 믿는다면 어떻게 될까? 당신이 이 다음에 세탁소, 우체국, 전자제품 매장, 슈퍼마켓을 찾을 때 무엇이 어떻게 달라져 있을까? 그보다도 당신의 모든 직원이 제품에 대해 열정적이고 손길이 닿을 때마다 제품을 향상시켜야 할 책임감을 느낀다면 고객들이 어떤 느낌을 받게 될지 상상해 보라.

커피에 대한 열정을 키우고 준비 과정의 기술을 익힐 기회는 스타벅스 신입 직원의 공식적인 학습 경험 안에 녹아들어 있다. 스타벅스 경영진은 기업 리추얼, 몰입적 학습 기회, 핵심 사업 전략을 통해 이러한 열정이 강화되고 유지되고 깊어진다는 사실을 이해한다. 그러나 스타벅스의 접근법을 살펴보기에 앞서, 기업 리추얼이 무엇인지 정의하고 그것이 제품 열정의 문화를 발전시켜 나가는 것과 어떤 연관성을 갖는지 알아보기로 하자.

기업 리추얼

리추얼ritual, '의식'이라는 단어는 종교적인 행위나 개인적인 습관의 이미지를 떠올리게 한다. 그러나 켄 블랜차드 컴퍼니의 선임 컨설턴트이자 『켄 블랜차드의 상황대응 리더십 2 바이블』(21세기북스, 2007)의 공저자 S. 크리스 에드먼즈는 기업 리추얼을 "바람직한 성과와 가치를 전달하고 강화해주는 이벤트"라고 정의한다. 크리스는 "회사가 바라는 문화를 정의하고 강화하기 위해 기업 리추얼을 전략적으로 활용하는 고위 경영자들은 흔치 않다."고 생각한다.

에드먼즈는 리추얼을 살펴볼 수 있는 체계와 그 실효성을 평가할 기준을 제시한다. 특히, 그는 '축하celebration'를 지향하는 리추얼과 '커뮤니케이션'을 염두에 둔 리추얼, 두 가지로 리더십 리추얼을 구분한다. 두 리추얼 접근법의 실효성을 평가함에 있어서 크리스는 "모든 기업 리추얼이 공동의 유대감을 창출하고, 헌신과 혁신을 자극하며, 효율적인 문화라는 '촘촘히 짜인 옷감'을 지어낼 수 있도록" 의도적인 노력을 기울여야 한다고 강조한다. 그렇다면 이제부터 스타벅스 경영진이 축하 리추얼과 커뮤니케이션 리추얼을 통해 제품 열정의 문화를 구축하는 방식을 살펴보고, 어떻게 하면 당신도 그렇게 할 수 있을지를 강구해 보도록 하자.

축하 리추얼

앞에서 나는 새로 채용된 스타벅스 바리스타와 점장 사이에서 이루어지는 첫인상 미팅에 대해 간단히 언급했다. 스타벅스의 중요한 축하 리추얼인 커피 테이스팅 리추얼을 미리 엿본 셈이다. 점장이 커피 테이스팅을 준비하면서 신입 직원과 함께하는 첫날을 축하할 때, 그 매니저는 커피의 독특한 향미 프로필을 학습한다는 바람직한 행동을 전파하는 동시에 커피 열정을 뒷받침하는 가치를 시연해 보이는 두 가지 목적의 이벤트를 진행하고 있는 것이다.

커피 테이스팅 리추얼은 스타벅스의 중요한 문화 행사에서도 어김없이 실시되는 중요한 요소이다. 예를 들어, 2012년 10월 리더십 컨퍼런스에서 글로벌 커피 권위 부문의 당시 선임 부사장이었던 더브 헤이는 스타벅스에서 10년 동안 근무한 후 은퇴를 목전에 두고 있었다. 이전에 코스타리카에서 함께 커피 테이스팅을 한 적이 있는 분이었다. 그는 그 자리에 모인 점장과 다른 리더들을 이끌고 새로 출시된 스타벅스 땡스기빙 블렌드Starbucks® Thanksgiving Blend의 테이스팅을 진행했다. 청중을 향해 더브는 이렇게 말했다.

"이 무대에 올라오니 얼마나 겸허한 마음이 드는지 모릅니다 … 여러분 손에 들린 이 커피에 들어간 노력과 심려와 애정을 알고 있으니까요. 스타벅스에서 근무하는 동안 이렇게 큰 규모의 커피 테이스팅은 처음 진행해보는 것 같네요. 스타벅스 땡스기빙 블렌드를 10,000명의 점장들, 이 커피를 여러분께 전해준 200명의 휴스턴 파트너들, 보시다시피 무대를 에워싼 전 세계 고위 경영진, 그리고 매니징 니렉터들과 함께 테이스팅하는 것만큼 더 적절한 일이 또 있을까 싶습니다."

이런 소감과 함께 더브는 어마어마한 규모의 테이스팅을 이끌었다. 10,000명의 스타벅스 파트너들이 일제히 한 잔의 커피를 테이스팅하는 광경을 떠올려보라. 누군가는 그런 수고가 무의미한 활동이라고 이야기할 수도 있다. 그러나 스타벅스 경영진은 이것을 브랜드의 본질을 강화하는 리추얼로 여긴다.

스타벅스의 지역 매니저 티샤 기모토는 커피 테이스팅을 리더십 리추얼에 녹여내는 방식에 대해 다음과 같이 설명한다. "지역 매니저 역할을 맡은 사람들은 사무실에 앉아 있지 않고 항상 현장에 나갑니다. 그러다 보면 점장들을 만나게 되죠. 저희는 커피 테이스팅으로 회의를 시작합니다. 우리가 커피에 대해 모르는 부분은 무엇인가? 무엇을 더 배울 수 있는가? 그것은 곧 저희가 판매하는 제품에 대해 어떻게 하면 열정을 가질 수 있느냐의 문제입니다." 하워드 슐츠, 더브 헤이, 경영진, 지역 매니저는 점장들과, 점장들은 신입 직원 및 담당 팀과… 이런 식으로 커피 테이스팅 리추얼은 스타벅스에서 활발히 진행된다.

커피 테이스팅은 직원들을 위해 마련된 가이드라인에 따라 회사 전반에 걸쳐 더욱 단단한 리추얼로 자리 잡았다. 예를 들어, 신입 직원들은 채용 후 90일 이내에 '커피 패스포트'를 완성하도록 장려된다. 커피 패스포트는 직원들에게 스타벅스가 제공하는 모든 커피를 테이스팅할 기회를 줌으로써 파트너들을 커피의 세계로 안내하는 로드맵이자 일지의 역할을 한다. 뉴욕의 한 바리스타는 이렇게 말했다. "저는 3년 전 코네티컷

STARBUCKS®
PIKE PLACE®
ROAST

Well-rounded with subtle notes of
cocoa and toasted nuts balancing
the smooth mouthfeel.

MORE GREAT THINGS ABOUT THIS COFFEE ARE:

FLAVOR NOTES
**SMOOTH &
BALANCED**

ROAST

BLONDE **MEDIUM** DARK
**BALANCED,
SMOOTH & RICH**

GROWING REGION
LATIN AMERICA

FOOD PAIRINGS
**CLASSIC COFFEE CAKE,
CHOCOLATE CROISSANT**

BODY
MEDIUM

BREWING METHOD
○ **DRIP BREWER**
○ **POUR OVER**
○ **PRESS**
○ **OTHER**

ACIDITY
MEDIUM

PROCESSING
WASHED

→ Brewed fresh every day in our stores, this smooth
roast nods to the rich heritage of our first store in
Seattle's Pike Place Market.

스타벅스 커피 패스포트의 한 페이지

의 한 스타벅스에서 커피를 처음 공부했을 때 카페 베로나Caffè Verona®
를 맛보았습니다. 테이스팅을 진행한 파트너는 컵에 모카 소스를 조금 따
라주었죠. 모카 향을 맡고 베로나의 향을 맡았는데 그것은 온전한 기쁨
의 새로운 체험이었어요. 저는 커피에 존재하는지도 몰랐던 다양한 맛의
깊이가 있음을 깨닫게 되었어요. 그때까지만 해도 커피란 피곤할 때 졸음
을 쫓아주는 음료라고만 생각했거든요. 그게 제가 커피와 처음 사랑에 빠
진 순간이었어요. 커피 패스포트를 완성하는 것은 스타벅스 교육의 일환
이에요. … 우리가 제공하는 모든 커피를 맛보고 말로 표현해야 했죠. 저
는 스타벅스에 입사한 후 2주 만에 패스포트를 완성했어요. 그 과정에서

아주 마음에 드는 커피와 그디지 마음에 들지 않는 커피를 발견했고, 거피 사이에 존재하는 아주 다양한 향미에 대해 주변 사람들에게 쉴 새 없이 이야기했어요. 완전히 신세계가 열렸죠. 너무나 신이 났고, 매니저님도 저의 흥분을 이해해주는 듯했어요. 그분은 저에게 커피에 대한 열정을 키워주셨고, 저는 멈추지 않았어요."

비슷한 맥락으로, 스위스와 오스트리아의 마케팅 디렉터 서맨사 야우드 역시 신규 바리스타들이 테이스팅하는 커피에 대해 흥미를 느끼는 데서 그치지 않고 다른 사람들을 테이스팅의 세계로 이끄는 경우를 보았다고 이야기한다.

"저는 입사한 지 2주밖에 되지 않은 신입 바리스타가 직접 커피 테이스팅을 진행하는 광경을 본 적이 있었어요. 사진이라도 한 장 있어서 그 바리스타가 준비한 멋진 프레젠테이션을 보여드릴 수 있었으면 참 좋았을 텐데요. 정말 굉장했거든요. 그녀는 테이스팅을 진행하는 커피와 궁합이 맞고 어울리는 초콜릿, 쿠키, 케이크, 과일을 소개했어요. 너무나도 열성적이고 흡입력 있는 태도로요. 알고 보니 우리에게 소개할 모든 음식을 준비하느라 전날 밤을 꼬박 새웠다고 하더라고요. 그날의 커피 테이스팅은 그야말로 '와!' 하고 감탄이 절로 나올 정도였어요."

커피 테이스팅 리추얼과 커피 패스포트는 어느 정도의 틀 안에서 풍부하면서도 복잡한 커피 전문 기술을 탐색해볼 기회를 제공한다. 이를 계기로 많은 스타벅스 파트너들이 제품에 진정한 매력을 느끼고 열정을 키우게 된다. 이러한 리추얼 덕분에 회사 전반에서 이루어지는 모든 일에 커피라는 구심점이 뿌리 깊게 배어든다.

커뮤니케이션 리추얼

스타벅스 리더들은 기업 스토리텔링도 리추얼로 정착시켰다. '무엇'과 '어떻게'만 설명한 제품 메시지를 제시하는 대신, 이야기에 귀 기울이고 이를 공유함으로써 파트너들이 커피 농가에 연계성을 느끼고 커피가 스타벅스에서 판매되기까지 거치는 여정을 쉽게 이해할 수 있도록 돕는다. 스타벅스의 커뮤니케이션 리추얼에 대해 하워드 슐츠와 이야기를 나누던 중, 그는 이런 말을 했다. "스타벅스의 강점 중 하나는 스토리텔링이죠. 원산지나 저희가 일하는 방식 등 커피의 여정에 관해 진실이 담긴 진짜 이야기를 녹여내는 능력 말이에요. … 그런 이야기는 저희가 이 일에 대해 갖는 열정과 감성으로 더욱 풍성해집니다. 그건 거짓으로 꾸며낼 수가 없죠. 고객은 너무나 똑똑하고 직원들도 너무나 똑똑하거든요. 커피에 얽힌 사랑 이야기 혹은 커피의 숨겨진 진실이라고 대략 표현할 수 있는 내용을 직원들이 믿지 않는다면 시작도 하기 전에 끝난 것입니다."

스타벅스의 이야기 전달 방식은 일대일, 그룹, 동영상 등 다양하지만 그 주제는 커피의 여정, 커피 농장 체험, 윤리적 구매가 공급업자들의 삶에 끼치는 영향 등을 강조하는 경우가 많다. 클래리스 터너 미국 사업 선임 부사장은 이렇게 말했다. "저희는 파트너들에게 커피를 교육할 때 커피 음료의 매출이 전 세계 농부들의 삶을 어떻게 변화시키는지 이야기합니다. 공정한 가격 책정과 투명한 정보 공개의 중요성을 보여주기 위해 사용하는 구체적인 사례들도 많이 있죠." 스타벅스 리더들은 스토리텔링을 통해 스타벅스 파트너들이 농가 지원과 C.A.F.E. 프랙티스Coffee and

Farmer Equity Practices 같은 윤리적 구매 활동의 실질적인 영향력에 눈뜨고 연대 의식을 갖도록 한다. C.A.F.E. 프랙티스는 생물다양성과 자연 보호를 통해 인류의 이익을 도모하는 데 힘쓰는 비영리 환경단체인 국제보호협회Conservation International와의 협약을 통해 만들어졌으며, 농가와 지구의 지속가능성에 도움이 되는 방식으로 커피를 재배할 수 있도록 가이드라인을 제시한다. 스타벅스 품질 기준, 커피 공급 체인 전반에 걸친 거래 투명성, 제3자 인증을 받은 안전하고 인도적이며 공정한 작업 환경 기준, 환경 리더십 등의 측정 가능한 목표를 제시함으로써, 스타벅스는 커피 농가와 함께 지속가능성을 높여나갈 수 있다.

스타벅스의 윤리적 구매 디렉터 켈리 굿존은 다음과 같은 사례를 들면서 스토리텔링의 효과를 직접 보여주었다. "저는 최근 코스타리카에서 C.A.F.E. 프랙티스에 참여하는 소규모 농가들을 방문했습니다. 농부들 대부분이 0.8헥타르 정도에 불과한 땅만을 경작하기 때문에, 그들이 벌어들이는 수입 하나하나가 가족의 생계에 필수불가결하죠." 켈리는 언제나 그렇듯 농부들이 들려준 이야기에 크게 감명을 받았다고 말했다. 스타벅스는 농가의 C.A.F.E. 프랙티스 참여 수준에 따라 더 높은 가격을 쳐주는데, 많은 농부들이 그 추가 수입 덕분에 자녀들이 양질의 교육을 받고 때로는 대학에도 진학하는 등 삶이 달라졌다고 입을 모았다는 것이다.

켈리는 가파른 언덕과 산이 있는 타라주Tarrazú 지역의 농장을 우기가 지난 뒤 방문했는데, C.A.F.E. 프랙티스에 제한적으로 참여해 온 어느 농부의 이야기에 특히 마음이 쓰였다고 말했다. 켈리는 이렇게 전했다. "생산자 분은 엄청난 산사태에 커피나무가 잘려나간 언덕을 가리켜 보였어요. 그러더니 자신이 침식 방지 조치에 충분히 주의를 기울이지 않았고, 그래서 그해의 우기에 나무의 3분의 1을 잃었다고 말씀하셨어요. 앞으로 대략 3년에서 5년 동안 그곳에서 커피를 수확할 수 없을 테니, 소득의 3분의 1이 날아가 버린 셈이죠. 그분의 얼굴에서 자신의 선택이 불러온 결과에 대한 후회와 슬픔이 느껴졌어요. 저도 너무나 마음이 아팠고요. 그분은 이어서 스타벅스의 도움으로 농장을 더 효과적으로 관리할 수 있을지 질문하셨죠. 현재 저희 회사의 농학자들은 앞으로 올 기후 변화의 극심한 영향을 일부나마 완화할 수 있도록 그분에게 기술적인 도구를 제공하고자 노력하고 있어요. 바로 이러한 경험들이 커피에 대한 열정뿐 아니라 생산 과정 전반에 걸쳐 저희와 일하는 사람들, 그리고 그 가족들에 대한 깊은 연민을 불러일으키죠."

커피 농가, 커피콩의 여행, 그리고 켈리가 소개한 것과 같은 윤리적인 구매에 관한 이야기는 확실히 스타벅스 파트너들의 관심을 끈다. 브랜디드 솔루션 부문의 전국 거래처 담당자 케이티 맥마흔은 다음과 같이 말했다. "커피 농부의 이미지는 제 가슴을 울리는 이미지 중 하나예요. 그분들의 손을 보세요. 흙이 묻어 있잖아요. 제가 보기에 그건 우리가 어떤 기업인지를 말해주는 가장 핵심적인 이미지예요. 저는 다른 파트너나 고객들과 함께 일할 때 매일 그분들을 떠올려요." 바리스타인 루스 앤더슨은 이렇게 말했다. "커피는 우리 손에 들어오기까지 먼 거리를 여행해요. 저는 커피의 여정의 처음 3미터와 커피 농부들의 생활에 관한 이야기를 종종 듣게 돼요. 그러다 보니 우리 제품이 윤리적으로 구매되는지, 또 커피 여정의 시작과 전반에 개입하는 모든 사람들이 보살핌을 받는지 신경이 쓰이고요. 저는 키피 여정의 마지막 3미터 동안, 바리스타로서 고객들을 위해 커피를 만들고 그 커피를 전달하는 데 최선을 다해야 해요. 하지만 제 일이 단순히 커피를 준비하는 것으로 끝이라고 생각하지는 않아요. 커피를 통해 세상에 영향을 끼치는 게 제 일이라고 생각하니까요."

아리스토텔레스는 이런 말을 남겼다. "우리의 본질은 우리가 반복해서 하는 행동이다. 훌륭하다는 것은 행동이 아니라 습관이 낳은 결과다." 당신의 회사에서 이루어지는 축하 리추얼과 커뮤니케이션 리추얼은 스타벅스와 당연히 차이가 있을 것이다. 하지만 당신이 실천하는 습관, 리추얼, 메시지를 되돌아보는 것도 나름대로 의미 있지 않을까? 그 습관, 리추얼, 메시지는 정서적 관계, 공동체 의식, 뛰어난 제품 열정에 도움을 주는가? 진정성 있는 리추얼을 비즈니스에 효과적으로 녹여낸다면 고유한 기업 문화를 정의하고 회사의 거시적 존재 이유를 강화할 수 있을 것이다. 거기에 풍부한 체험 학습과 적절한 사업 전략이 뒷받침된다면 리추얼의 효과는 극대화된다.

생각해 볼 문제

❶ 당신은 직원과 제품 사이의 연결 고리를 단단히 하기 위해 축하 리추얼을 활용해 본 적이 있는가?

❷ 혹시 스타벅스의 커피 패스포트 프로그램과 비슷한 제도가 있는가? 없다면 어떤 제도를 만들 수 있겠는가?

❸ 전반적으로, 당신은 의도적으로 "공동의 유대감을 창출하고, 헌신과 혁신을 자극하며, 제품 열정의 문화라는 '촘촘히 짜인 옷감'을 지어내기 위해" 기업 리추얼을 얼마나 효과적으로 사용해 왔는가?

몰입 체험

리더들이 직원들의 제품 열정을 일으키는 데 도움이 될 만한 이야기를 들려주는 것과 그런 이야기를 직접 접할 수 있는 장소에 직원들을 데려다 놓는 것은 완전히 별개의 이야기다. 커피 재배와 윤리적 구매의 영향에 관한 대화에 있어서, 스타벅스 리더들은 여러 가지 다양한 접근법을 취해 왔다. 예를 들자면 커피 재배자들에게 스타벅스 매장을 견학시켜 주거나 원산지 체험Origin Experience이라는 다소 특별한 프로그램을 운영하는 방법이다. 원산지 체험 여행을 살짝 엿보고 싶다면 http://tinyurl.com/mrrk5wr을 방문하거나 아래의 QR 코드를 스캔해 보기 바란다.

스타벅스의 파트너 자원과 브랜드 리더십 부문 선임 부사장 발레리 오닐은 원산지 체험 여행을 진행하게 된 배경을 들려주었다. "저희 팀과 저는 시범 프로그램을 진두지휘하면서 미국과 북남미 지역의 파트너 35명에서 40명 정도를 코스타리카로 데려갔습니다. 아시아 태평양 지역의 파트너들은 인도네시아로, 유럽과 중동 지역의 파트너들은 탄자니아로 데려갔죠. 참가자들은 일주일 동안의 집중적인 프로그램을 통해 커피가 어떻게 재배, 생산, 가공되어 로스팅 공장으로 배송되는지를 직접 확인했습니다. 이 프로그램은 지희가 제품 열정을 주입하는 데에만 도움이 된 것이 아니라, 파트너들이 농부와 가공업자들의 생활상을 이해하고 그 공동체를 지원하기 위해 저희가 하는 일들을 납득하는 데에도 도움이 되었습니다. 우리가 농부들에게서 무엇을 사고 그들에게 무엇을 주느냐만이 중요한 게 아닙니다. 커피 재배지 안의 학교와 지원 프로그램도 중요하죠. 참가자들은 묘목을 심고 커피 열매를 직접 따기도 합니다."

상상할 수 있듯이, 정기적으로 운영되는 원산지 체험 기회에 선발되려면 높은 경쟁률을 뚫어야 한다. 참가자 대부분은 매장에서 고객을 직접 상대하며 일하는 사람들이다. 선발 시에는 전반적인 직무 성과, 검증된 커피 지식, 커뮤니케이션 능력 등을 고려한다. 발레리는 이렇게 설명했다. "참가자들은 체험을 통해 접한 이야기들을 공유할 능력과 의사가 있어야만 합니다. 마음 같아서는 20만 명의 파트너들을 모두 현장에 보내고 싶지만, 그것은 지역 공동체에 대한 예의가 아니고 저희 입장에서도 현실적이지 않죠. 조직 전체의 다른 파트너들에게 기꺼이 자신만의 진짜 이야기를 전하려는 파트너들에게 신세를 지고 있어요."

스토리텔링이 의례화된 문화 속에서 풍부한 몰입 체험은 중요한 메시지를 강화할 수 있는 특별한 기회가 된다. 커피 지식을 습득할 때도, 스타벅스는 집중적인 교육 과정을 마련해 놓고 커피 전문가Coffee Master와 커피 대사Coffee Ambassador라는 이름의 열정적인 전문가들을 양성한다. 전문가와 대사에 관해 자세히 알아보기에 앞서 '숙달'의 기회를 마련하는 것이 동기 부여 차원에서 중요한 이유를 살펴보자.

제품 전문성의 단계 만들기

인간의 동기에 관한 상당히 많은 연구에 따르면 숙달은 인간의 수행 능력을 끌어올리는 핵심적인 원동력이지만 외재적 보상 프로그램은 개인의 성장과 발전이라는 내재적 즐거움을 저해할 우려가 있다고 한다. 『드라이브』(청림출판, 2011)의 저자 대니얼 핑크는 "보상은 행동의 의미를 바꿔버리는 유별난 연금술이라고 하겠다. 보상이 있기에 흥미진진했던 일이 틀에 박힌 지루한 업무로 변형되고, 놀이는 일이 된다. 보상은 내재 동기를 축소시키면서 성과와 창의성, 심지어 올바른 행동까지 모두 도미노처럼 무너뜨린다."라고 말했다. 이러한 맥락을 염두에 두고 스타벅스 경영진들은 금전이나 보상을 통해서가 아니라 숙달과 사회적 인정 기반의 접근법을 통해 커피 전문성을 추구하도록 장려한다. 2단계로 구성된 커피 지식 프로그램 중 첫 번째 레벨은 '커피 전문가', 그보다 높은 레벨은 '커피 대사'라는 이름으로 불린다.

예전에 스타벅스 바리스타였던 캐리 딜스는 커피 전문가까지의 여정에 관해 다음과 같은 이야기를 들려주었다. "저를 채용했던 매니저는 커피 전문가였어요. 그분이 제품에 대한 이야기를 할 때는 애정과 열정이 고스란히 느껴졌고, 그게 저한테까지 가득 채워지는 느낌이었어요. 저는 더 이상 스타벅스에서 일하지도 않고 커피 이야기를 한다 해도 아무 보상도 받지 않지만 원두를 수확하는 방법이나 수확하는 농부들, 스타벅스가 그들을 배려하는 방식에 관해 누군가와 이야기를 나눌 때면 저절로 눈이 커져요." 캐리는 자신이 드러내는 제품 열정의 진정성을 믿지 않는 사람들을 만난 적이 있다고 이야기한다. "사람들은 제가 회사 측의 번지르르한 말을 그대로 옮기는 거 아니냐고 지적하기도 해요. 그럴 때면 저는 진심으로 느끼고 믿는 바를 이야기할 뿐이라고 반박하죠. 일부러 직접 가서 농부들을 만나본 적까지 있었거든요." 캐리는 바리스타 시절 개인 휴가를 보내러 코스타리카에 갔다고 한다. "스타벅스 원두를 수확하는 농장을 방문했어요. 농부들에게 스타벅스에서 근무한다고 이야기했더니 깜짝 놀라시더라고요. 제가 그런 경험을 추구한 건 커피 전문가 프로그램에 참여하면서 그만큼 흥미가 샘솟았기 때문이었어요."

커피 전문가 취득자에게 주어지는 기회는 미국 스타벅스 영업 조직에 국한되거나 스타벅스 매장에서 커피를 내리고 제공하는 사람들에게 한정되지 않는다. 왕 빈 울프는 중국 베이징에 있는 스타벅스 젠와이소호建外SOHO 지점의 스타벅스 파트너이자 시프트 슈퍼바이저다. 그는 예전 직장인 인쇄 공장에서 동기 부여를 받지 못했고 하루 일과를 끝내면 지쳐서 녹초가 되곤 했다. 울프의 부정적인 업무 경험은 그가 스타벅스에서 개인적으로 마주치는 바리스타들의 친절함 그리고 지식과 극명한 대조를 이루었고, 이 때문에 스타벅스에서 일해야겠다고 마음먹게 되었다고 한다. 그는 입사와 동시에 커피 전문가 프로그램에 참여하기 시작했다.

커피 전문가 교육에 참여한 결과, 울프는 "커피 만들기는 예술의 한 형태"임을 인정하게 되었다. "스타벅스 입사 전 한 번도 커피를 마셔본 적 없는 저에게 커피는 쓰기만 했어요. 교육 과정을 통해 테이스팅을 계속해야 했고, 다른 사람들을 보고 배우면서 더 많은 경험을 쌓았죠. 저는 서서히 복잡미묘한 향미를 발견하게 되었고, … 한때 낯설기만 했던 커피는 이제 최고의 친구가 되었으며 … 공부와 노력을 통해 실력은 계속 향상되었죠. 결국 저는 검정 앞치마를 두르고 커피 전문가라는 타이틀을 얻을 수 있었어요. 개인적으로 너무나 자랑스럽고 기쁩니다."

고객을 직접 대면하면서 커피를 준비하는 역할을 수행하지 않는 파트너들도 마찬가지다. 제니 쿼는 워싱턴 시애틀의 스타벅스 지원 센터에서 사업 분석 매니저로 근무한다. 제니는 커피 전문가가 되기까지의 여정을 들려주었다. "저는 차를 마시며 자랐고 커피를 별로 좋아하지 않았어요. 스타벅스에 입사했을 때, 커피 재배 지역, 서로 다른 향미 프로필, 음료를 만드는 방법 등 수많은 정보와 경험에 갑작스럽게 노출되었죠. 저에게는 완전히 색다른 세계였지만 즐거웠어요. 그리고 지금은 커피 전문가로 인증을 받아서 뿌듯해요." 스타벅스 입사 후 초반의 교육 경험을 바탕으로, 제니는 정식으로 과정 등록을 하고 커피에 대해, 그리고 커피를 통해 빚어지는 인간관계에 대해 자세히 알아보기로 마음먹었다고 한다.

"커피 전문가 과정을 이수하려는 노력과 이곳의 전반적인 문화 덕분에, 저는 여러 사람들과 함께 다양한 블렌드를 맛보고 커피에 대한 이야기를 나누고 있어요. 또 커피가 만들어지는 방식을 보다 깊이 이해하기 위해 정기적인 커피 로스팅 행사에도 참석하죠." 재무 전문가인 그녀가 커피 지식을 추구하는 데에 그렇게까지 많은 시간을 투자하려는 이유를 묻자 제니는 대답했다. "저희 사업의 원동력이 되는 제품에 대해 배우고 커피의 복잡한 특성이나 커피가 시장에 나오는 방식에 대한 이해를 키워간다는 건 아주 기분 좋은 일이거든요."

커피 전문가 과정은 많은 스타벅스 파트너들에게 충분한 성장 기회가 되고 있지만 스타벅스 경영진은 키피 대시라는 이름의 커피 전문가 과정을 하나 더 추가했다. 스위스의 스타벅스 커피 대사인 앤드리아 베이더는 특별한 갈색 앞치마를 입고 일한다. 타이틀을 획득하기까지의 과정은 다음과 같았다. "10명의 커피 전문가와 소속 지점의 점장님들이 행사에 참석했어요. 스위스에서 저희 지역을 담당하는 지역 경영팀이 심사하는 대회였죠. 커피 전문가들은 각자 스타벅스 커피를 두 가지씩 프레젠테이션하고 완벽한 푸드 페어링을 연출해야 했어요. 저는 저희 지역 대표로 선발된 후 스위스의 커피 대사를 뽑는 대회에서 다른 지역 대표들과 경쟁했지요. 이번에는 스위스의 모든 점장들과 전체 경영팀이 저희의 커피 프레젠테이션과 푸드 페어링을 평가했어요. 저는 스위스 커피 대사로 뽑히게 되어 날아갈 듯 기뻐요." 이렇게 높은 수준의 전문성을 달성한 것에 대해 외재적 동기 부여, 예를 들어 금전적 보상이 있었는지 묻자 앤드리아는 대답했다. "제가 커피 대사를 취득한 것은 회사 내에서 커피 지식과 관련해 더 큰 영향력을 행사하고 싶어서였어요. 실은 최근에 스카이프Skype와 페이스북으로 커피 테이스팅을 해보면 어떨까 하는 엉뚱한 생각이 떠올랐어요. 실제로 전 세계 사람들 1,000명이 이 경험에 참여해 주었죠. 저는 사람들에게 특정 블렌드의 커피를 준비해 달라고 요청했고, 스카이프를 사용해 참가자들의 향미 경험에 관한 의견을 나누기도 했어요."

스타벅스의 리더들은 직원들이 풍성한 학습 경험에 흠뻑 빠질 수 있는 방법을 고안해 제품 열정을 키울 기회를 만든다. 이뿐 아니라, 심화 학습과 남을 가르칠 수 있는 능력에서 오는 내재적 성취감에 의지해 제품 지식을 숙달하도록 자극할 방법을 찾아내었다. 당신은 직원들의 제품 열정을 높이기 위해 어떤 몰입 기회와 자발적인 교육 인정 방법을 고려할 것인가?

제품 열정을 바탕으로 전략 짜기

베스트셀러 경영서 『좋은 기업을 넘어… 위대한 기업으로』(김영사, 2002) 의 저자 짐 콜린스는 비전 기업을 이끄는 사람들에 대해 다음과 같이 말했다. 그들은 회사의 전략을 끊임없이 평가해, 그 전략이 "조직의 핵심 가치를 지키고, 존재 이유를 강화하며, 열망을 향해 꾸준히 전진할 수 있게 자극하는 방향으로 조율되어 있는지를 확인한다. 다른 행성에서 온 방문객이 그 조직에 들르더라도 종이에 적힌 내용을 읽지 않고 비전을 추측해 낼 수 있다면 훌륭하게 조율된 상태다."

커피 품질, 열정, 지식을 중시하는 이 모든 노력의 이면에는 리더들의 전략적 결정이 제품 열정을 뒷받침하지 못했던 스타벅스 역사의 한 시절이 있었다. 실제로 스타벅스 리더들은 동일 매장에 대해 전년 대비, 즉 '동일매장 비교매출' 상으로 플러스 매출 수치를 내는 데에 혈안이 되어 커피의 우수성을 손상시켰다. 하워드 슐츠는 이것이 회사의 방향 전환을 위한 싸움에서 위험한 적이었다는 사실을 선뜻 인정한다. "저희는 거의 200개월 연속 플러스 매출 수치를 냈는데, 이것은 유통업계에서 유례없는 일이었죠. 하지만 2006년과 2007년 사이에 점점 더 빠른 속도로 성장하면서, 그 플러스 매출 기록을 유지하느라 우리의 핵심과 거리가 먼 형편없는 비즈니스 결정을 내렸어요."

하워드는 매장 방문을 나갔다가 판매용으로 쌓아놓은 동물 인형들을 발견했던 일화를 꺼내며 이른바 '동일매장 비교매출 현상'에 대해 설명했다. "'이게 뭐죠?' 저는 절망적인 기분으로 커피와는 전혀 상관없는 커다란 눈에 귀여운 몸집의 봉제 인형 무더기를 가리키며 물었어요." 점장은 점진적 매출 증대와 높은 수익 마진 때문에 인형이 매장의 동일매장 비교매출에 도움이 된다고 대답했다. 이 일로 하워드는 동일매장 비교매출 현상 때문에 "이런 식의 위험한 사고방식이 만연해졌다."는 결론에 이르렀다.

저서『온워드』에서 하워드는 스타벅스의 '혼'을 되찾기 위해 고위 경영진 차원에서 취한 일련의 전략적 조치들을 자세히 설명했다. 이러한 여러 가지 노력은 커피에 대한 경영진의 열정과 "커피 권위자로서의 지위를 되찾겠다."는 스타벅스의 의지를 분명히 보여준다. 커피에 집중하기 위한 전략들 가운데는 반나절 동안 미국 전역의 스타벅스 매장 문을 닫고 바리스타들에게 완벽한 에스프레소 샷과 에스프레소 기반의 음료를 만드는 방법을 재교육시킨다든지, 파이크 플레이스 로스트Pike Place® Roast[5]를 개발하여 출시한다든지, 클로버Clover® 브루잉 시스템[6]을 인수하고 조심스럽게 보급하기로 한 결정도 있었다.

---

5 신선한 원두를 갈 때의 향기를 스타벅스 매장에 되돌려준 다채롭고 균형 잡힌 커피 로스트.
6 곱게 간 커피에 물을 통과시키는 방식으로 가장 향기로운 커피 기름을 유지시켜 개인에게 맞춤화된 고급 커피를 만드는 진보적인 추출 방식.

회사의 방향 전환 이후, 리더들은 커피를 중심에 두어야 한다는 생각을 꾸준히 유지해 왔다. 블론드 로스트와 같은 커피 제품 혁신에서 그 증거를 찾을 수 있다. 여러 해 동안 스타벅스 리더들은 40퍼센트 정도의 많은 커피 소비자들이 다크 로스트, 즉 강배전 커피를 거부하고 라이트 로스트, 약배전을 선호한다는 사실을 인지하고 있었다. 하지만 커피 로스팅 향미 프로필 평가에서 일관되게 나타나는 결과에 따르면 가벼운 로스팅일수록 시큼하고 풋풋한 맛과 함께 풀 향기가 나서, 스타벅스의 다크 로스트에 비해 현저하게 낮은 품질 등급이 나왔다.

블론드 개발에 핵심적인 역할을 한 커피 로스터 중 한 명인 브래드 앤더슨은 80번의 시도 끝에 이 라이트 로스트를 얻게 된 과정을 들려주었다. "저희가 블론드의 향미 노트로 원했던 건 순한 달콤함과 시리얼 맛이었어요. 기존의 로스팅 스타일로는 거기에 도달할 방법을 알 수가 없었죠. 그래서 처음부터 시작해 조금씩 조금씩 변화를 주면서 시도를 거듭했어요. 저에게 이것은 기술적인 도전이자 개인적인 도전이었습니다. 저희는 많은 시간을 들여 그 커피를 개발했고, 시제품이 나올 때마다 어떻게 하면 좀 더 개선할 수 있을까 연구했어요. 저는 최종적으로 얻은 제품과 그걸 만들기 위해 꾸준히 헌신한 저희 팀이 굉장히 자랑스러워요."

제품 중심 전략과 추구하는 가치가 일직선상에 놓이면 각 매장의 파트너들도 그 점을 알아본다. 더욱 중요한 건, 그러한 일치가 고객들의 삶에 끼치는 긍정적인 영향을 파트너들이 직접 경험하게 된다는 사실이다. 바리스타 엘리샤는 이렇게 말했다. "저는 다크 커피를 좋아하지만 고객들에게 블론드를 제공할 수 있다는 건 멋진 일이라고 생각해요. 다크 커피를 즐기지 않는 분들이 많거든요. 블론드는 제품의 우수성을 지키겠다는 우리의 약속과 일맥상통하고, 신규 고객이라는 시장을 공략하죠. 새로운 고객들을 끌어들이면 그분들과 커피에 대한 이야기를 나눌 수 있고, 남들이 오랫동안 누리던 경험을 그분들도 함께 누릴 수 있죠." 새로운 고객층을 끌어올 수 있는 혁신적인 제품과 충성도 높은 고객층을 결합하는 것이야말로 비즈니스를 성공시키고 유지해 나가는 비결이다.

생각해 볼 문제

❶ 당신은 직원들이 회사의 제품이나 서비스를 온전히 경험할 수 있도록 어떻게 돕는가? 스타벅스 원산지 체험과 비교할 만한 방법이 있는가?

❷ 교육 프로그램에 숙달과 사회적 인정이라는 요소가 포함되어 있는가? 있다면 어떤 식인가?

❸ 당신의 전략과 당신이 표방하는 제품 우수성이라는 가치는 어느 정도나 일치되어 있는가? 작가 짐 콜린스의 표현을 빌어, "만약 다른 행성에서 온 방문객이 당신의 조직에 들른다면" 그 방문객은 "종이에 적힌 비전을 읽지 않아도" 제품 우수성에 대한 비전을 알아볼 수 있겠는가?

고객에게 열정을 이어주기

파트너들이 커피에 대한 열정을 키울 수 있는 환경을 조성하는 데 상당한 에너지를 투자하는 스타벅스 경영진의 입장에서는 그러한 투자에 따른 수익을 판단하는 게 중요하다. 제품 열정이 넘치는 스타벅스 파트너들이 실제로 고객의 제품 열정을 자극하고 있을까?

이번 장에서 우리는 고객의 커피 열정을 북돋운 결과 그 고객이 스타벅스 파트너가 되는 데에 관심을 갖게 된 사례를 확인했다. 물론 스타벅스 입사를 고려할 정도까지 감동 받는 고객은 소수에 그칠 것이다. 하지만 스타벅스와의 관계를 강화하고 구매의 빈도, 깊이, 폭을 넓히는 사람들은 많아질 것이다. 예를 들어, 바리스타 폴 퀸은 한 고객과 커피 열정을 공유하자, 그 고객의 구매 패턴이 바뀌었다고 이야기한다. "저는 커피 전문가가 되기 위한 과정을 밟고 있어요. 이 과정은 원두에 대한 제 열정을 부활시켰고, 결국 판매 능력도 향상되었어요. 다들 단골손님들이 있죠. 커피 전문가 저널에서 … 쌓은 지식 덕분에, 금요일 밤에 오시는 단골손님 중 한 분은 커피 친구가 되었어요."

폴은 이 단골손님과 함께 다양한 스타벅스 로스트와 적절한 푸드 페어링에 관해 이야기를 나누었다고 한다. 어느 날 폴은 과테말라 까시 시엘로 원두를 커피 프레스로 조금 내려서 레몬 한 조각과 함께 시음했다. "시트러스가 어떻게 커피의 맛을 상승시키는지 제가 설명하자, 그게 무슨 의미인지 정확히 알아들은 고객의 얼굴이 환히 빛났어요. … 이제 그분은 거의 매주 금요일 밤 10시 반에서 11시 사이에 오시더라고요. 저희는 추출하고 있는 커피에 관해서나 … 특정 커피와 잘 어울리는 과자나 페이스트리에 관해 이야기를 나누죠."

예를 들어, 폴은 골드 코스트 블렌드에 스니커즈 바를 곁들여 보라고 추천해 주었다. 그렇게 관계를 쌓은 결과, "손님은 거의 항상 커피를 1파운드씩 사 가지고 가세요. … 고객과 진정성 있는 관계를 형성한다는 건 정말 멋진 일이에요. 커피 전문가 프로그램은 제가 더 박식하고 더 좋은 바리스타가 될 수 있게 도와주고 있어요."

　방문 빈도가 높아지고, 제품 침투력이 넓어지며, 고객 참여가 늘어나고, 일관성 있는 제품 판매가 이루어질 뿐 아니라, 직원들의 자부심과 전문성을 키울 수 있다는 것은 팀원들의 열정에 불을 지필 때 나타나는 바람직한 부수 효과다. 당신은 고객들이 열정을 가질 만한 제품을 제공할 것인가? 구체적으로 어떻게 회사 내의 제품 열정을 지켜낼 것인가? 세속 나오는 연구 결과 덕분에, '직원들의 박식함'은 요즘 고객들이 기대하는 최상위 항목 중 하나임을 우리는 알고 있다. 박식하고 열정적인 직원들이 고객을 위해서만이 아니라 회사의 사기와 열의에 얼마나 큰 보탬이 될지 상상해 보라. 스타벅스는 상상만 하고 있지 않다!

★ 최전방의 직원들이 제품에 대한 열정을 갖고 있을 때 고객도 자연스럽게 관심과 흥미를 갖게 된다.

★ 열정적인 직원들은 제품을 판매할 뿐만 아니라, 고객을 미래의 직원이나 브랜드의 팬으로 전환한다는 점에서 자동으로 긍정적인 영향력을 발휘한다.

★ 연구에 따르면 직원들의 효과적인 성장과 계발은 70/20/10 접근법을 따르는 경우가 많다. 교육의 70퍼센트가 현장 경험과 실전 연습의 형태로 이루어지고, 20퍼센트가 멘토링과 코칭으로 보충되며, 나머지 10퍼센트가 공식적인 커리큘럼으로 마무리된다는 뜻이다.

★ 기업 리추얼은 공동의 유대감을 형성하고, 헌신과 혁신을 자극하며, 통합적이고 효율적인 문화를 만들어나가는 강력한 방법이다.

★ 진정성 있는 기업 리추얼은 또한 고유한 기업 문화를 정의하고 회사의 거시적 존재 이유를 강화한다. 거기에 풍부한 체험 학습과 적절한 사업 전략이 뒷받침된다면 기업 리추얼의 효과는 극대화된다.

★ '무엇'과 '어떻게'만 설명한 제품 메시지를 제시하는 대신, 직원들이 제품의 미세한 차별점 및/또는 고객 여정의 특별한 측면을 이해하는 데 도움이 될 수 있는 스토리에 귀 기울이고 이를 공유하라.

★ 아리스토텔레스의 말처럼 "우리의 본질은 우리가 반복해서 하는 행동이다. 훌륭하다는 것은 행동이 아니라 습관이 낳은 결과다."

★ 보상은 흥미로운 과제를 고된 일로 바꾸어 버리고 내재적 동기를 떨어뜨릴 수 있다. 보상에 의존하는 대신, 자율, 숙달, 목적의 힘을 염두에 두어라.

★ 모든 전략이 핵심 가치와 일치하고, 기업의 목적을 강화하며, 열망하는 바를 향한 지속적인 전진을 자극하는지 평가하라.

★ 새로운 고객층을 끌어올 수 있는 혁신적인 제품과 충성도 높은 고객층을 결합하는 것이야말로 비즈니스를 성공시키고 유지해 나가는 비결이다.

마법처럼 특별한 경험을 추구하라

사람은 베푸는 만큼 부유하다. 훌륭하게 봉사하는 사람은 훌륭하게 보상받는다.

미국 철학자 **엘버트 허버드**

커피에 대한 열정은 예전에도 지금도 스타벅스의 본질이지만 그에 더해 하워드 슐츠와 같은 리더들은 인간적 경험이야말로 브랜드의 핵심이라고 강조한다. 예를 들어 하워드는 "지속적인 관계를 갖고 개인적 유대감을 창출할 때 스타벅스가 가장 훌륭하게 성장할 수 있다."고 지적한다. 그 주제를 발판으로 삼아 2008년에 스타벅스의 부활 방법을 전략적으로 구상하면서 하워드는 파트너들에게 다음과 같이 전했다. "혁신 아젠다는 … 고객들이 우리 파트너, 우리 커피, 우리 브랜드, 우리 매장과 맺는 관계를 복원함으로써 고객들과의 정서적 유대감에 다시금 불을 지피는 일을 포함합니다. 커피를 파는 여러 다른 장소들과 달리, 스타벅스는 '스타벅스 경험'을 통해 브랜드 가치를 구축했습니다. 스타벅스 경험은 우리 직원들이 고객과 맺는 관계 속에서 매일 되살아납니다. 스타벅스 경험에 다시 한 번 초점을 맞춤으로써, 우리는 시장에서 커피를 판매하려고 노력하는 다른 업체들과의 의미 있는 차별점을 새롭게 만들어낼 것입니다." 제품과 서비스를 모방할 수는 있어도, 차별화된 경험을 효과적으로 혹은 일관되게 제공하는 업체를 따라 하기는 쉽지 않다. 이 점에서 스타벅스 방문도 애플 스토어 방문과 마찬가지라고 할 수 있다.

그러면 스타벅스 같은 기업은 쉽게 상품화할 수 있는 제품에 지속적인 관계와 개인적 유대감을 기반으로 한 차별화 요소를 덧붙여 제공하기 위해 어떻게 하고 있는 걸까? 이번 장에서는 아래와 같은 내용을 중심으로 스타벅스 고객 경험의 우수성을 다면적인 각도에서 살펴볼 것이다.

* 스타벅스 리더들은 바람직하고 특별한 스타벅스 경험을 어떻게 정의하고 전달하는가?
* 그러한 경험을 일관되게 전하는 데 꼭 필요한 재능을 갖춘 개인을 어떻게 선발하는가?
* 고객의 일상적인 참여를 이끌어내기 위해 필요한 핵심 원칙을 파트너들에게 어떻게 교육시키는가?

무엇보다 이번 장을 통해 당신은 스타벅스가 전개하는 전략적·전술적 고객 경험 활동을 살펴봄으로써, 그러한 접근법이 당신이 직면한 도전과 기회에 어떻게 부합하는지 생각해 볼 수 있을 것이다.

당신은 고객들이 어떤 경험을 하기 바라는가?

미국의 선구적인 자기 계발 전문가 얼 나이팅게일은 "성공은 가치 있는 목표나 이상을 꾸준히 실현하는 것"이라고 말했다. 제품 열정과 마찬가지로, 스타벅스가 이상적으로 생각하는 가치 있는 고객 경험은 회사의 사명 선언문[7]에 표현되어 있으며, 이 사명이 매일 어떻게 실천되어야 하는가에 관한 다음의 원칙들로 뒷받침된다.

우리의 고객

우리는 온전히 정성을 다함으로써 고객과 유대감을 쌓고 함께 웃으며 단지 몇 분이라도 고객의 삶을 행복하게 한다. 그 시작은 완벽한 음료를 제공하겠다는 약속이지만 우리의 일은 거기에서 끝나지 않는다. 핵심은 인간적 유대감이다.

우리의 매장

고객들이 소속감을 느끼면 우리 매장은 천국과 같은 곳, 일상의 걱정을 잊을 수 있는 휴식처, 친구들을 만날 수 있는 만남의 장이 된다. 핵심은 삶의 속도로 즐기는 것이다. 때로는 천천히 음미하면서, 때로는 빠르게. 우리 매장은 언제나 인간애가 넘쳐흐른다.

---

7 "인간의 정신에 영감을 불어넣고 더욱 풍요롭게 한다. 이를 위해 한 분의 고객, 한 잔의 음료, 우리의 이웃에 정성을 다한다."

이것은 간결하고 명료하다. 스타벅스와 같은 회사의 리더들은 고객, 제품, 경험을 의식적으로 비즈니스의 중심에 둔다.

스타벅스에서는 어떤 사람을 찾을까?

'영감을 불어넣는다', '풍요롭게 한다', '행복하게 한다' 같은 표현을 사용함으로써 스타벅스 경영진은 스타벅스 경험을 질 좋은 음료의 정확하고 효율적인 제공 그 이상의 것으로 정의하고 있다. 파트너들은 고객의 기분을 북돋우고 그들을 변화시킬 수 있는 시간, 제품, 환경을 전달하고자 갈망해야 한다. 인간관계는 스타벅스 브랜드의 핵심에 자리한 마법이다. 이 마법을 일으키기 위해 스타벅스는 타인에게 진심 어린 마음으로 한결같이 관심을 기울이는 파트너 지망자들을 물색한다. 그러한 관심은 고객의 삶에 존재하는 혼돈과 예측 불가능성을 누그러뜨리고, 안정적이고 긍정적인 고객 경험을 만들어낼 수 있다. 아메리칸 익스프레스 글로벌 고객 서비스 지표와 같은 조사에서 일관되게 나타나듯이, 소비자 데이터는 고객 서비스가 무질서하고 예측 불가능하며 쇠퇴 일로에 있다는 시각을 확인시켜 준다. 그렇다면 조직은 타인에 대한 서비스에 '진심 어린 마음으로 한결같이' 관심 있는 개인들을 어떻게 선발할 것인가?

스타벅스의 법무사 찰스 더글러스 3세는 직원 선발의 핵심 요소는 열정과 서비스 소양을 관찰하고 그 부분에 대한 면접을 진행하는 것이라고 믿는다. 실제로 그는 자신이 스타벅스에서 (바리스타로서) 첫 일자리를 구한 것은 그러한 소망 덕분이었다고 생각한다. "저는 개인적 가치관과 밀접하게 연계된 곳, 내가 여기서 근무한다고 자랑스럽게 말할 수 있는 곳을 찾고 있었어요." 찰스는 회사의 기본 원칙을 살펴보았고, 자신이 고객으로서 겪은 경험에 그러한 원칙이 확실하게 반영되었다고 느꼈다. 그래서 와이셔츠에 녹색 넥타이를 매고 얼굴에 미소를 머금은 채, 새벽 4시에 매장 문을 여는 점장에게 다가갔다. 점장은 깜짝 놀란 눈치였지만 찰스는 최선을 다해 말했다고 한다. "정말로 이 일자리를 원하기 때문에 여기 왔어요. 저는 누구보다도 간절히 여기서 일하고 싶습니다."라고. 찰스는 이어서 말했다. "스타벅스 점장들은 열정, 타인에 대한 서비스 의식, 학습 의욕을 바탕으로 사람을 채용하는 일에 정말 뛰어나죠. 저희는 회사가 가장 중요하다고 여기는 바를 실천할 의향이 있는 사람을 찾고, 거기서부터 그들을 교육해 나갈 겁니다." 이력서, 과거 업무 경력, 호의적인 추천서도 중요하지만 입사 지망자들을 관찰하고 그들과 소통함으로써 그 사람이 열의가 있고 가르침을 잘 따르며 진심으로 타인에게 관심이 있는지를 판단하는 데는 분명 그럴 만한 이유가 있다.

브랜드화된 경험 전달을 위한 교육

많은 기업이 오리엔테이션 중 신입 직원들에게 실무에서 수행해야 할 과제는 가르쳐주면서도, 탁월한 서비스 스킬 혹은 그 직원들이 일관되게 전달해 주었으면 하는 경험은 교육시키지 않는다. 그러나 스타벅스는 첫 교육 때부터 서둘러 '고객 서비스 기초'나 '스타벅스 경험' 같은 수업에 돌입한다.

이러한 교육 세션 중 신입 직원들은 스타벅스에서 '고객 경험'이 어떤 의미인지 지도받고, 고객의 시각에서 서비스 경험을 관찰할 수 있는 위치에 배치된다. 예를 들어, 신입 바리스타들은 '스토어 워크 스루Store Walk Thru'라는 프로세스 도구에 노출된다. 카페 내부를 걸어다니면서, 고객이 매장에 도착하는 순간부터 떠날 때까지의 동선에서 마주칠 만한 의미 있는 요소들을 관찰하고 기록하는 교육 방식이다. 스타벅스 경영진은 초기 교육 후 신입 직원이 이 고객 관점의 동선에 자연스럽게 익숙해지기를 기대한다. 스토어 워크 스루는 각 매장에서 근무조 교대 시마다 한 번씩 실시되기 때문이다. 이런 성격의 도구들이 모두 그렇듯이, 점장은 고객의 관점을 취하는 게 중요하고 가치 있는 일임을 끊임없이 강조해야 하고, 이 프로세스가 피상적이고 틀에 박힌 과제가 되지 않도록 주의를 기울여야 한다.

이 고객 공감 도구(스토어 워크 스루)와 더불어 처음에 받는 고객 서비스 및 바람직한 경험 관련 교육은 신입 직원들에게 많은 도움이 된다. 스타벅스 내에서나 바깥에서 자신이 겪은 소비자 경험에 비추어, 기억에 남고 행복하며 영감을 주거나 고무적인 경험을 만드는 요소가 무엇인지를 파악할 수 있기 때문이다. 교육의 초점은 '브랜드화된 경험'이라는 개념에 맞추어진다. 이것은 어떻게 하면 고객이 브랜드를 만나는 모든 접점에서 일관성 있는 제품, 프로세스, 흥미로운 경험 요소를 전달할 것이냐의 문제다. 브랜드화와 일관성이 실현된 경험이 어떤지는 제니와 같은 고객들의 발언에 잘 나타난다. 제니는 이렇게 말했다. "저는 여행 중에 스타벅스를 일부러 찾아가요. 전 세계 어디에 있든 집처럼 포근한 기분이 들거든요. … 스타벅스는 제품, 느낌, 고객 서비스 면에서 일정한 기대치를 충족하죠." 단 한 곳에서만 운영되는 기업일지라도 핵심은 동일하다. 내가 다음번 방문했을 때도 지금에 필적할 만한 경험을 하게 될 것인가? 오늘 설정된 기대치가 내일도 충족되거나 초과 달성될 것인가? 아니면 브랜드의 콘셉트를 갉아먹는 변칙적이고 불안정한 만남이 반복될 것인가?

일관성 있는 경험 전달을 위해 스타벅스 경영진은 서비스 경험 중 달성되어야 할 목표가 드러나도록 서비스 비전을 정의했다. 이뿐 아니라 고객 서비스 비전이 어떻게 달성되어야 하는가에 관한 파트너들의 이해를 돕고자 네 가지 고객 서비스 행동을 제시했다. 스타벅스 고객 비전 선언문은 다음과 같다. "우리는 각 고객의 하루에 영감 넘치는 순간을 만든다." 이 목표를 달성하기 위해 파트너들은 아래의 고객 서비스 행동에 초점을 맞추도록 장려된다.

★ 예측   ★ 소통

★ 개인화   ★ 자율

본질적으로 경영진은 서비스 경험의 바람직한 결과, 즉 '영감 넘치는 순간'과 그것을 달성하는 데 필요한 핵심 행동을 파트너들에게 제시한 것이다. 예를 들어, 바리스타가 고객의 욕구 상황을 읽어낸다면 해당 고객의 경험을 예측하고, 소통하며, 개인화personalization하면서 자율적으로 그 고객을 위해 영감 넘치는 순간을 만들 수 있다. 조금 더 구체적으로 예를 들어보자. 만약 갈 길이 바빠 보이는 고객이라면 바리스타가 상황을 예측하여 정확하고 빠르게 음료를 전달하되, 진심이 담긴 미소와 같은 짧으면서도 인간적인 소통의 순간을 덧붙일 수 있다. 반면, 대화를 즐기는 단골손님이라면 파트너는 그가 좋아하는 음료를 기억하거나 이름을 불러줌으로써 유대감을 쌓을 수 있다. 음료의 메시지나 대화 내용을 각 개인에게 맞추는 것도 고객의 하루에 의미 있고 영감 넘치는 순간을 만드는 한 가지 방법이다.

고객들은 바리스타가 스타벅스 서비스 비전을 실천할 때 경험하는 기쁨에 관해 종종 이야기한다. 10년째 스타벅스 고객인 알리 히긴스는 이렇게 말했다. "바리스타들은 제 음료와 이름을 기억해 줘요. 놀랍게도 대개는 불과 한두 번만 가도 이름을 이미 기억하시더라고요. 그런 배려나 사려 깊음을 많이 찾아볼 수 없는 요즘 세상이다 보니 그게 특별하게 다가오죠. 바리스타들은 또 제가 출장을 다녀와도 그걸 기억했다가 안부를 물어요. 스타벅스에서 그런 대접을 받기 때문에 저는 이따금 쿠키를 구워 가요. 이제는 파트너들이 농담처럼 이야기하죠. '알리 씨, 우리 쿠키는요?' 그분들을 가족처럼 여기기 때문에 그렇게 해주고 싶은 마음이 생겨요." 원하는 목적지와 거기 도달하는 방법을 제시함으로써, 당신은 팀이 고객과 특별히 강한 유대관계, 알리의 말을 빌자면 "가족처럼 여기는 관계"를 쌓도록 도울 수 있다. 그것은 당신의 회사를 경쟁사와 확연히 차별화시켜준다.

환경 조성: 깨끗하고 군더더기 없는 환경 유지하기

당신이 판매하는 제품이 훌륭하고, 조직 전반에 제품 열정이 불붙었으며, 직원들이 진심 어린 마음으로 한결같이 브랜드화된 경험을 전달한다고 치자. 그러면 고객 경험이라는 난제를 정복한 걸까? 꼭 그렇지는 않다. 스타벅스, 자포스, 리츠칼튼 등 내가 책에서 다룬 세계적인 수준의 서비스 업체들과 동일한 궤적을 밟으려면 적어도 세 가지 역량을 추가로 보유해야 한다. ① 환경 디자인을 통해 고객 참여를 극대화시키는 능력, ② 핵심적인 감각 요소의 통합, ③ 고객의 변화하는 욕구, 필요, 욕망에 귀 기울이고 거기에 맞추어 제품과 서비스를 조정하는 능력.

1990년대 후반, B. 조셉 파인과 제임스 H. 길모어 같은 비즈니스 이론가와 경제학자들은 '기억에 남는 경험'이 경제 성장의 주된 동인動因 역할을 하는 시대에 접어들고 있다는 주장을 펼치기 시작했다. 이 선구자들은 단순히 제품의 혜택과 특성이나 효율적인 서비스 제공에 따르는 재무적 이익에 초점을 맞추는 대신, 비즈니스라는 '무대' 위에 풍부한 감각적 경험을 연출함으로써 발생하는 혜택에 대한 논의를 처음으로 개시했다. 그들은 연극의 세계에서 주제를 빌려 와, 부정적인 신호를 없애고 긍정적인 신호를 배치하는 방법에 관한 길잡이를 제시했다. 고객들의 참여를 이끌어낼 뿐 아니라 그들을 '변화'시키는 경험을 창출하기 위해서였다. 물론 고객 경험 디자인을 연극에 비유하면 '무대에 올린다'거나 '각본을 짠다'는 표현이 가식이나 기계적 처리의 뜻을 함축한다는 점이 문제시될 수 있지만, 그만큼 감각적 요소가 중요하고 서비스 경험이 전개되는 적절한 환경이나 플랫폼을 구축하는 데 관심을 기울일 필요가 있음을 뜻한다.

셰익스피어는 희극《뜻대로 하세요As You Like It》에서 제이퀴즈Jacques의 입을 통해 "온 세상은 무대이고, 모든 남자와 여자는 배우일 뿐."이라는 불후의 명언을 남겼다. 모든 비즈니스 환경은 온갖 경험들이 등장하는 무대이다. 그렇기 때문에 스타벅스는 고객 경험을 높이기 위해 무대, 즉 매장 환경 디자인과 그 무대에 배치되는 감각적 요소를 신중하게 다루고 있다.

스타벅스 리더들은 특별한 경험을 디자인하려면 고객의 관점에서 환경을 바라보고 핵심 고객층의 욕구 상황에 관심을 기울이려는 의지가 필요함을 이해한다. 많은 경영자들이 환경에 어떤 요소들을 추가하여 경험을 개선할 방법을 찾으려 하지만, 실제로는 인상적인 경험을 손상시키는 부정적 신호를 제거함으로써 최상의 결과를 얻는 경우가 많다. 예를 들

어 하워드 슐츠는 음식 준비에 따르는 악취, 그러니까 검게 탄 빵이나 태운 치즈 따위가 카페의 핵심적 감각 요소인 커피 향을 침범하지 않는다는 확신이 들 때까지 스타벅스 매장에서 아침 식사 메뉴를 금지시켰다. 불필요한 음식 냄새를 누그러뜨릴 수 있는 적절한 조리 기술이 개발되기 전까지 아침 식사 메뉴에서 나오는 매출을 기꺼이 포기하겠다는 경영진의 의지 덕분에 가능한 일이었다. 마찬가지로, 2장에서 언급한 봉제 인형 같이 커피와 무관한 상품을 줄이기로 한 스타벅스 경영진의 결정은 비록 그 상품이 긍정적인 마진에 기여했더라도 이상적인 경험을 손상시키는 단서가 된다면 없애겠다는 의지를 반영한다. 결국, 훌륭한 고객 경험은 정서적 자극과 환경 디자인 요소를 어떻게 더하고 빼느냐에 달려 있다.

'무대' 디자인에 대한 고려 사항이 실체가 있는 오프라인 매장에만 적용된다고 생각할까 싶어 부연하자면 고객과 비즈니스 사이의 모든 접점은 용의주도한 제시를 통해 고객들을 끌어들일 기회로 작용한다. 예를 들어, 크리에이티브 디렉터 마이크 펙은 스타벅스의 상징적인 로고를 새로 디자인한 스타벅스 글로벌 크리에이티브 스튜디오의 패키징 팀 리더로서, 로고를 새롭게 업데이트하는 데서 고객 경험을 개선하고 브랜드를 현

대화할 기회를 포착했다.

1971년의 오리지널 스타벅스 로고에는 'Starbucks Coffee and Tea'라는 문구가 사이렌[8]을 감싸고 있었다. 1987년과 1992년의 수정판 로고에서는 Tea라는 단어가 빠졌지만 여전히 사이렌은 Starbucks와 Coffee라는 단어 사이에서 벗어나지 못했다.

마이크는 이렇게 설명했다. "아이콘을 업데이트한 핵심 이유는 아니었지만, 사실 로고의 단어들이 고객 경험에 혼동을 일으켰습니다. 예를 들어, 저희가 판매하는 바닐라, 초콜릿, 딸기 같은 스타벅스 아이스크림에는 커피가 전혀 들어 있지 않았거든요." 기존 로고의 경우, 그 아이스크림 용기를 얼핏 본 고객들은 커피가 재료로 사용되었다고 오해할 우려가 있었다. 마이크는 이어서 말했다. "그렇다고 용기에다 '커피 없음'이라고 큼직하게 스탬프를 찍는 것도 별로 세련되지 못한 해결책이죠. 디자인은 가급적 깔끔하고 완전해야 하니까요. 소비자들 눈에는 예를 들어 커피와 딸기만 들어오겠죠. 그게 최적의 맛 조합도 아닌데 말이죠.

---

8   인어와 곧잘 혼동되는 로고 중앙의 신화적 캐릭터.

미국과 해외 스타벅스 매장에서도 커피를 주재료로 사용하지 않는 다른 음료들이 있었지만 로고 탓에 그런 음료에도 '커피'라는 단어가 자동으로 붙는 상황이었어요. 결국 새 디자인에서는 테두리를 허물고 사이렌을 전면에 내세워 주인공이 되게 했더니 고객 경험의 혼선이 줄어들었죠." 로고부터 반품 정책까지 회사의 모든 접점을 살펴볼 때, 당신은 어떤 부분에서 무질서와 혼동을 없앨 수 있는가?

무질서를 없애고 명료함을 높이는 일은 고객 경험을 개선해 주기 때문에, 스타벅스는 '린Lean'[9] 변환 과정에 돌입했다. 부가가치 제고를 위한 기존의 활동에서 벗어나 낭비를 줄이고 고객 가치를 높이는 접근법으로 초점을 전환한 것이다. 이 작업을 위해 순수 제조업 환경에서 나온 방법론(린)을 참고했다.

이 변환기 동안 스타벅스 리더들은 조직 내 모든 단계의 개인들이 업무 프로세스를 포괄적으로 살펴 문제점을 파악하고 효율성을 도모하게 했다. 최고 재무 책임자 겸 최고 행정 책임자인 트로이 앨스테드는 이렇게 말했다. "저희는 인간적 유대감을 형성하는 데 능숙했지만, 그만큼 낭비를 없애고 효율성과 고객 가치를 극대화하는 프로세스를 창출하는 동시에 파트너들이 좀 더 수월하게 고객 서비스를 제공할 수 있게 돕는 데는 능숙하지 못했습니다. 최근에야 저희는 이 부분에서 큰 진전을 이루었습니다. 지금의 원칙은 고객 가치에 결정적이지 않은 요소들을 없애자는

---

9 '얇은', '군살이 없는'이라는 뜻으로 작업 공정의 혁신을 통해 낭비를 최소화하고 생산성을 높이는 방식. —편집자 주

것입니다. 파트너들이 프로세스를 임의로 만들어내야 하는 상황이 생겨서는 곤란하죠. 파트너를 위해서도, 고객을 위해서도, 효율성을 극대화하는 모범 관행을 최대한 활용해야 합니다. 파트너들은 고객과의 상호작용 방식에 모든 창의력을 동원하도록 권장되지만 궁극적으로 품질과 실행은 파트너, 고객, 비즈니스에 가져다주는 혜택을 기준으로 디자인되고 평가되어야 합니다." 비효율성을 줄이는 스타벅스 접근법의 밑바탕에 깔린 생각은 무엇일까? 진정으로 효율적인 조직이 되려면 비효율성을 줄인 결과로 반복적인 루틴이 생겨나고, 그로 인해 더욱 탄탄한 인적 관계를 만들어나갈 수 있는 인력이나 자원의 여유가 확보되어야 한다는 생각이다.

린 전략을 전개하는 여러 다른 업체들과 달리, 스타벅스는 목표 달성을 위해 최전방에 권한을 위임하는 접근법을 취한다. 린 생산 관행의 원조격 기업인 도요타의 전 임원이자 과거 스타벅스의 고문이었던 존 슈크는 스타벅스가 효율성을 높이려고 취한 전략과 맥도날드가 사용한 방법을 비교한다. "맥도날드의 비즈니스 모델은 대단히 일률적인 접근법을 지향합니다. 따라서 맥도날드는 테일러리즘Taylorism[10]과 같은 아주 전통적인 톱다운 프로그램 방식의 생산 공학을 훌륭하게 실행할 수 있는 거죠."

존은 이어서 설명했다. "반면 스타벅스는 일률적인 매장 접근법이 자사 제품에 맞는 성공 경로가 아니라는 판단을 오래전에 내렸고 이를 매일같이 재확인하고 있습니다. 커피는 고객의 경험에 중점을 두는 고급,

---

10 미국의 테일러가 창시한 과학적 생산 관리법으로, 노동자의 움직임, 동선 등을 세밀하게 분석하고 표준화하여 효율을 추구한다. —편집자 주

고가 제품이기 때문이죠. … 스타벅스 매상은 제가가 다릅니다. 고객 구성이 다르고, 고객 경험도 다르죠. 스타벅스는 일관성 있으면서도 매장마다 고유한 고객 경험을 원합니다. 이에 반해 맥도날드는 매장마다 정확히 동일하고 공통적인 고객 경험을 원하죠."

스타벅스의 음료와 시럽 조합을 통해 고객 한 명당 8만 가지 이상의 음료를 주문할 수 있다는 점을 고려할 때, 존은 스타벅스 측에 다음과 같이 제안한다. "바리스타들이 고객과 몇 초라도 더 대화하는 시간을 가질 수 있도록 가급적 많은 업무의 루틴화를 목표로 해야 합니다. … 긴 대기 줄 때문에 차선책을 쓰거나 속도를 앞당기기 위해 지름길을 택하지 않고, 주문 하나하나를 원칙대로 차분히, 압박 없이, 고객이 만족할 수 있게 처리해야죠." 일관성 있지만 특별한 경험을 만들어내는 게 목표라면 스타벅스의 린 접근법을 표본으로 삼아라. 린 방식의 전략에 전문성을 키우는 한편, 중요한 운영 과제를 수행하는 사람들과 대화를 나누고 그들을 관찰하면서 정보를 얻어라. 그러한 대화와 관찰을 통해 당신은 효과적인 루틴과 효율적인 업무 방식을 만들어낼 수 있을 것이다. 결국 이러한 노력으로 직원들은 인간적 매력이 느껴지는 경험을 창출할 시간을 확보할 수 있다.

끝없는 시행착오

고객 경험의 향상은 시행착오를 통한 조정의 형태를 취하는 경우가 많다. 최적의 고객 경험을 전달하려면 어떤 재료가 얼마만큼 필요한지 찾아내기 위해 끝없이 시도해야 한다. 고객 경험의 핵심 요소는 흔히 감각적 속성을 지닌다. 음악이 좋은 예다. 저자이자 저널리스트인 닐 차일스는 이렇게 지적한다. "소비자와 정서적 교감을 나누고자 하는 기업들에게 음악은 마케터의 여러 도구 중에서도 여전히 가장 신뢰할 만한 도구다. … 스타벅스의 경우를 살펴보자. 스타벅스는 카페를 성인들을 위한 완벽한 체험형 놀이터로 바꾸려고 애쓴다. 고객의 오감을 기분 좋게 자극하고 쓰다듬으면서 카페에 온종일 머무르고 싶어지게 만든다는 뜻이다. 거기에 중요한 역할을 하는 것이 바로 음악이다. 재미있고 톡톡 튀는 음악을 접한 고객들은 새로운 발견을 했다는 설렘을 느낀다."

스타벅스가 매장에서 틀어주는 음악과 그 음악이 불러일으키는 발견의 순간에 대한 고객들의 애착이 커지자, 스타벅스는 대표적인 아티스트들의 편집 음반과 CD를 판매하기 시작했다.

당신의 비즈니스에서는 감각적 요소가 어떤 역할을 하는가? 당신의 고객들은 당신과의 핵심 접점에서 어떤 음악을 듣고 싶어 하는가? 청각, 후각, 시각, 촉각 같은 감각적 요소를 끼워 넣어 고객 경험을 확실하게 향상시킬 기회가 있는가?

핵심을 유지하면서 진화하기

지금까지 살펴본 바와 같이, 특별한 고객 경험은 프로세스를 단순화하고 풍부한 감각적 요소를 시험해 보려는 의지에 달려 있다. 탁월함에 이르는 길은 또한 브랜드에 적합한 방식으로 디자인 요소를 통합하는 능력을 요구한다. 스타벅스의 최고 크리에이티브 책임자 겸 에볼루션 프레시 리테일과 글로벌 혁신 부문 사장인 아서 루빈펠드는 이렇게 말했다. "건축가로서 저는 카페 경험을 창조하는 방법에 관해 누구나 막연한 생각과 의견을 가질 수 있다고 생각합니다. 그러나 핵심은 물리적인 디자인으로 브랜드의 포지셔닝을 매끄럽게 뒷받침하는 것입니다. 소매점 디자인에서 가장 어려운 부분은 회사의 게슈탈트[11], 회사의 사명, 회사의 문화를 물리적인 솔루션과 연결 짓는 일이죠. 저는 매장 디자인을 판단할 때 이렇게 묻곤 합니다. 오늘 밤 매장 전면에 내다 건 로고와 간판을 없앴다면 내일 그 공간에서 쇼핑하는 사람들이 그게 스타벅스 매장임을 알아보겠는가?"

1990년대 내내 스타벅스는 확실히 알맞은 재료를 잘 섞는 듯이 보였고, 이로 인한 카페 경험은 브랜드의 눈부신 성장에 기여했다. 물리적 공간은 끊임없이 변화하는 사람들의 니즈, 즉 욕구에 대응해야 하기 때문에 정지 상태로 머물러서는 안 된다. 매장 디자인에서 환경 요소가 차지하는 중요성[12]에 대해 이야기한 뒤, 아서는 스타벅스의 환경 조성 방식에 많은 변화가 있었다고 설명했다. "1990년대에 우리의 콘셉트는 최신 유행하는 색상 팔레트와 아이콘을 많이 사용하는 테마형 디자인에 뿌리를 두고 있었습니다. 예를 들어, 사이렌과 바다 느낌이 나는 그래픽 디자인 요소들을 표현해내기 위해 비품 디자인에 멋진 아이콘과 소용돌이를 많이 사용했죠."

---

11 세상을 지각하는 방식. —역주
12 이 내용은 11장에서 자세히 살펴볼 것이다.

이에 반해 요즘에는 디자인 팀이 유연한 디자인 접근법을 제공하고자 노력하고 있다. 사내 디자이너들은 외양과 느낌 면에서 좀 더 지역색을 부각시킬 수 있도록 현지 아티스트와 소재를 활용한다. 아서는 고객들이 디자인의 진정성, 다양한 좌석 선택의 폭, 공동체와 소통할 수 있는 장소를 찾고 있다는 점도 지적했다. "저희는 고유하고 특색 있는 요소들을 통해 상호작용과 공동체 모임을 촉진합니다. 커뮤니티 테이블이 그중 하나죠. 커뮤니티 테이블에서는 그룹모임이 가능한 것은 물론이고 누군가가 문득 떠올린 주제에 관해 서로 자유로이 대화할 수 있습니다. 아울러 저희는 가급적 여러 가지 좌석 배치를 제공하려고 노력합니다. 아침, 점심, 저녁에 방문하는 고객들의 니즈가 다르기 때문이죠. 편안한 의자에 앉고 싶을 수도 있고, 근사한 소파를 원할 수도 있고, 커뮤니티 테이블이 필요할 수도 있잖아요. 또 저희는 75×90센티미터 크기의 테이블 사이사이에 1미터 높이의 테이블을 뒤섞어 놓아요. 노트북을 가지고 일하러 오는 고객이라면 서서 작업할 경우 1미터 높이 테이블이 인체공학적으로 더 적합하죠. 매장 앞쪽이나 뒤쪽에 있는 소파에 앉는 것보다 매장의 '생동감'을 경험할 수 있는 색다른 공간이 되어주기도 하고요."

스타벅스 경영진은 스타벅스를 찾는 고객들의 진화하는 욕구 상황에 부합한다고 여겨지는 디자인 요소로 이런저런 실험을 한다. 그들은 변화하는 트렌드와 관찰되는 고객 행동을 고려하여 경험이 제공되는 무대를 다듬어 나간다.

물리적인 공간 디자인을 회사의 사명, 비전, 가치와 연결 짓는 일이든, 효율성을 높여 고객 경험을 개선하는 일이든, 아니면 감각적 요소를 추가

하는 일이든, 성공적인 고객 경험 개선에는 한 가지 공통적인 요소가 있다. 바로 세부 사항의 이행에 완벽을 기해야 한다는 점이다. 아서는 이렇게 말했다. "저의 모토는 '세부 사항에 쏟는 관심이 평범함과 탁월함의 차이를 가른다.'입니다. 저희가 비즈니스의 모든 측면에서 세부 사항에 관심을 기울이는 것은 최신 감각의 디자인을 유지하고 매장 내에서 최대한 강렬하고 특별한 경험을 제공하기 위해서입니다."

선도적인 고객 경험을 달성하기 위해 세부 사항을 이행하는 전략은 스타벅스에게 잘 통하고 있다. 바람직한 고객 경험의 세부 사항에 완벽을 기하는 일을 당신은 어떻게 하고 있는가?

생각해 볼 문제

❶ 잠시 핵심 고객 그룹의 입장이 되어 보라. 그들이 하는 경험을 그대로 따라가 보니 어떤 무질서 또는 혼돈 요소가 눈에 띄는가? 이러한 경험 파괴 요인을 없애려면 어떤 조치를 취할 수 있는가? 또 다른 주요 고객 그룹의 관점에 서서 이 활동을 반복해 보라.

❷ 당신의 비즈니스에 대해 '감각 조사'를 실시한다면 강점, 약점, 기회는 무엇이겠는가? 당신의 고객들은 브랜드와의 주요 접점에서 어떤 시각, 청각, 후각, 촉각 요소를 경험하는가?

❸ 효율성을 높이거나, 고객 경험을 개선하거나, 하다못해 서비스 장애 근본 원인을 진단하기 위해 린lean이나 식스시그마six sigma[13] 같은 체계적인 프로세스를 사용해 본 적이 있거나 지금 사용 중인가? 만약 그렇다면 고객 경험이 어떻게 개선되었는가? 체계적인 접근법을 취하고 있지 않다면 앞으로 무엇 때문에 그런 프로세스를 탐색하게 될 것 같은가?

---

13 100만 개의 제품 중 평균 3~4개의 불량품만이 나오는 수준을 목표로 하는 품질 경영 혁신 기법. —편집자 주

고객과 함께 경험을 공동 창조하다

아서가 언급한 '선도적인' 경험을 제공하기 위해 스타벅스 리더들은 제품과 서비스를 관찰, 시도, 평가하고 다듬어 나가는 것 이상의 노력을 기울인다. 이를테면 경험 개선 목표의 우선순위를 정하는 작업에 고객들을 참여시킨다. 2008년 스타벅스는 온라인상에서 '고객과 함께 하는 공동 창조' 운동의 선두에 섰다. 스타벅스의 온라인 커뮤니티 관리자 세실 후던은 이렇게 설명한다. "저희가 2008년 3월 마이 스타벅스 아이디어 웹사이트를 처음 론칭했을 당시만 해도, 고객들과의 연결 고리를 약간 잃어버리고 있다는 느낌이 있었습니다. 하워드 슐츠는 고객들에게 저희가 귀 기울이고 있다는 사실을 알리는 노력에 앞장섰어요. 온라인 아이디어 사이트 가운데 가장 초기에 등장했고 성공적이었던 MyStarbucksIdea.com은 그런 배경에서 탄생했습니다."

마이 스타벅스 아이디어의 회원들은 제품, 경험, 참여 아이디어를 공유하고 투표하며 그에 대해 토론할 수 있다. 아이디어가 공유되는 사이, 사이트 방문자들은 그 아이디어에 투표할 뿐 아니라, 아이디어를 평가하고 변화를 일으킬 수 있는 스타벅스 파트너들과도 직접 소통한다. 세실의 설명은 다음과 같다. "사이트 성공의 비결은 고객이 분야별 전문가들과 직접 대화를 나누고 그 전문가들이 조정자 역할을 하는 데에 있습니다. 예를 들어, 고객들이 새로운 푸드나 글루텐 프리 제품을 제안하는 경우, 스타벅스 푸드 팀의 파트너가 그 제안을 검토합니다. 만약 저희가 마케팅 부서 담당자 한 사람만으로 이 사이트를 지원하려고 했다면 의미 있고 괜찮은 아이디어를 바로 알아보지 못했을 것입니다. 그런 사이트 담당자는 아무래도 각 부서에서 이루어지는 업무에 친숙하지 않고 아이디어를 진진시키는 프로세스도 그만큼 더뎠을 테니까요. 현재 회사의 다양한 부서에서 근무하는 약 40명의 조정자들이 사이트에서 활동하면서 자신의 업무와 연관성 있는 아이디어에 귀를 쫑긋 세우고 있어요. 고객들은 자신이 관심 갖는 분야의 스타벅스 파트너들과 소통하면서 회사의 일원이 된 기분을 느껴요. 그들의 의견은 중요하게 받아들여지죠."

커뮤니티 내에서 회원들의 투표를 통해 특정 항목이 인기를 얻으면 조정자들이 해당 아이디어에 대해 서로 이야기를 나눈다. 세실은 이렇게 설명했다. "저희는 조정자들이 매주 가장 인기 있는 아이디어에 대해 자신의 의견을 올리고 반응을 살펴보도록 장려합니다. 다듬어지지 않은 아이디어 속에서 다이아몬드를 찾는 작업도 권장하고요. 혁신적인 아이디어인데 너무 생소한 개념이라 사람들이 좋은 아이디어로 인식하지 못하면 포인트 점수가 낮을 수가 있거든요."

아이디어에 대한 의견을 다는 일 외에도, 조정자들은 우수한 선택지들을 '검토 중' '검토 완료' '시행 예정' '시행 완료' 등의 범주로 알맞게 이동시킨다. 아이디어가 검토에 들어가면 실무팀들이 모여서 그 아이디어가 혁신적인지, 스타벅스만의 차별화 포인트인지, 얼마나 빨리 시장에 내놓을 수 있는지, 고객 경험에 얼마나 많은 영향을 끼칠 것인지, 좋은 비즈니스 동력인지 등을 살핀다. 마이 스타벅스 아이디어를 통해 시행된 아이디어의 사례는 뒤 페이지의 인포그래픽에 잘 나타나 있다.

이 책을 집필 중인 현재까지 15만 개 이상의 아이디어가 이 사이트를 통해 제출되었고, 265개 아이디어가 시행되었다. 마이 스타벅스 아이디어는 스타벅스 로열티 프로그램이 만들어지는 데에 도움을 주었고, 스타벅스 카드 eGift 프로그램에 영감을 주었으며, 회사가 재사용 가능한 컵 슬리브를 판매하도록 조장했고, 재활용 활동의 우선순위를 정했다. 론칭 후 수년이 지난 지금도 커뮤니티는 활발하게 유지되고 있으며, 어떤 사용자들은 한 달에 200회 이상 사이트를 방문한다. 고객들이 스타벅스 파트너들과 아이디어 공유를 계속하는 가운데, 경영진 역시 계속해서 경청하고 대응한다. 파트너들은 소비자 사이트에 참여하는 동시에, 별도의 사이트에서 자신의 업무와 매장의 고객 경험에 영향을 주는 아이디어를 제안하기도 한다.

스타벅스는 그동안 고객의 조언을 이끌어내기 위한 도구들을 다양하게 개발해 왔다. 그중에 마이 스타벅스 아이디어는 더 나은 고객 경험을 제공하기 위한 제안, 우선순위 설정, 투자에 있어 고객과 파트너가 자문단 기능을 함께 수행할 수 있음을 증명해 보인다. 당신은 고객의 욕구와 필요를 충족시키는 일에 도움을 받기 위해 열정적인 고객들을 얼마나 효과적으로 동원하고 있는가?

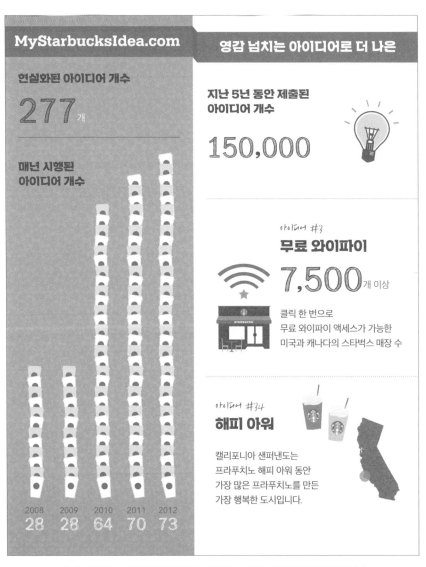

MyStarbucksIdea.com

현실화된 아이디어 개수

277개

매년 시행된
아이디어 개수

영감 넘치는 아이디어로 더 나은

지난 5년 동안 제출된
아이디어 개수

150,000

아이디어 #3

무료 와이파이

7,500개 이상

클릭 한 번으로
무료 와이파이 액세스가 가능한
미국과 캐나다의 스타벅스 매장 수

아이디어 #34

해피 아워

캘리포니아 샌퍼낸도는
프라푸치노 해피 아워 동안
가장 많은 프라푸치노를 만든
가장 행복한 도시입니다.

2008	2009	2010	2011	2012
28	28	64	70	73

마이 스타벅스 아이디어 5주년을 기념해 스타벅스가 준비한 인포그래픽

제1 원칙 ★ 음미하고 고양하라

스타벅스를 만들어주신 지 5년이 되었습니다

마이 스타벅스 아이디어가 얻은 표

20,000,000

최근의 시카고 시장 선거 때보다
더 많은 득표수입니다.

새로운 맛

아이디어 #144
모카 코코넛
프라푸치노

아이디어 #275
헤이즐넛
마키아또

아이디어 #233
펌킨 스파이스 라떼
비아(VIA)

아이디어 #19

무료 생일 쿠폰

100,000

지난 3월 2일과 3일 불과 이틀간
무료 쿠폰으로 생일을 기념한 고객 수

아이디어 #1

스플래시 스틱

지난 5년 동안
음료가 옷에 튀지 않게
방지해 주었습니다.

아이디어 #202

**드라이브 스루에서
모바일 결제**

이제는 창문을 내리고
휴대폰만 내밀면 좋아하는
커피를 즐기실 수 있습니다.

아이디어 #128

케이크 팝

5,800,000

매년 판매되는 케이크 팝 개수.
금요일이 가장 인기 있는 날이었네요.

매일 더 많은 아이디어가 등장하고 있습니다. 올해 현재까지 14개의 아이디어가 시행되었네요!
아이디어를 계속 보내주세요.

경험 플랫폼의 확장

당신이 만약 고객 경험이 중시되는 환경에서 박식하고 열정적인 직원들의 서비스를 바탕으로 우수한 품질의 제품을 전달한다면 고객들은 그 제품 라인을 통한 성장에 지원군이 되어줄 뿐만 아니라, 당신이 브랜드의 핵심 역량을 유지하면서 새롭게 개척하는 다른 제품과 서비스까지 탐색해 보려 할 것이다. 그래서 스타벅스 경영진이 생각해낸 성장 계획에는 커피 외에 다른 고품질 음료를 제공하는 카페 환경이 포함되어 있었고, 이는 에볼루션 프레시Evolution Fresh™와 타조Tazo® 티스토어로 이어졌다.

2011년 말 스타벅스는 "혁신적이고 건강에 좋은 제품으로 고객 경험을 발전시키고 개선하겠다는 약속의 일환으로" 에볼루션 프레시를 인수했다고 발표했다. 이 조치는 34억 달러 규모의 슈퍼프리미엄 냉압착 주스 시장과 더 넓게는 500억 달러 규모의 건강·웰니스 부문으로 음료 전문성을 확대해 나가겠다는 스타벅스의 의지를 담고 있었다.

인수 발표와 함께 하워드 슐츠는 이렇게 밝혔다. "우리의 의도는 규모, 자원, 우수한 제품 전문성을 이용해 전국적인 건강·웰니스 브랜드를 구축하는 것입니다. 에볼루션 프레시를 스타벅스 가족으로 받아들이는 것은 이 목표를 추구함에 있어 중요한 한걸음입니다." 인수 전 에볼루션 프레시는 홀푸즈Whole Foods와 같은 건강식품점을 통해 프리미엄 주스를 판매했다. 미국의 주스·스무디 전문 브랜드 네이키드 주스Naked Juice의 창업자가 만든 에볼루션 프레시는 저온 살균 특허 기술을 사용해 대부분의 주스가 영양소 파괴를 일으키는 열에 노출되지 않는다.

스타벅스 경영진은 에볼루션 프레시의 기존 병 주스 제품을 인수함으로써 소비재 분야에서의 입지를 확대했고[14] 에볼루션 프레시 소매점이라는 새로운 경험 플랫폼도 만들었다. 이 소매점은 전통적인 스타벅스 카페 환경에서 빚어지는 고객 경험과 동일한 원칙에 초점을 맞추면서도, 그들이 판매하는 건강·웰니스 제품에 맞게 그 경험을 조정한다.

스타벅스는 시애틀 지역에 처음으로 에볼루션 프레시 매장을 선보였다. 이 매장의 구심점은 '탭 월tap wall'이다. 벽에 달린 꼭지를 열면 필드 오브 그린스Field of Greens[15]처럼 제철 과채로 만든 시원한 수제 주스와 천연 스무디가 나온다. 매장은 또한 세계 각국의 식문화에서 영감을 얻은, 맞춤형 음식 경험을 제공한다. 아침 식사용 메뉴, 런치와 디너 랩wrap, 수프, 샌드위치, 볼bowl[16] 등 따뜻한 음식과 찬 음식이 골고루 제공된다. 물론 에볼루션 프레시 매장도 스타벅스 커피와 타조 차를 판매한다.

에볼루션 프레시의 사업 운영 디렉터 케빈 페트리스코는 에볼루션 프레시 매장을 통해 고객들에게 선사하고픈 경험에 대해 다음과 같이 설명했다. "저희의 비전은 고객이 매장을 나서면서 이렇게 이야기했으면 하는 것입니다. '와, 정말 굉장한 경험이었어. 새로운 걸 배웠고, 나를 이 경험으로 안내해준 주스 파트너와도 놀라운 유대감을 느꼈지. 무엇보다도 음

---

14 9장에서 자세한 내용을 살펴볼 것이다.
15 생강, 녹색 채소, 유기농 사과, 오이를 혼합한 저칼로리 주스.
16 주로 퀴노아, 유기농 케일, 버터너트 호박 등으로 구성된 300칼로리 미만의 식사.

식이나 음료가 원재료인 과일과 채소 본연의 맛이 났어. 다음에 꼭 다시 가야겠어. 내가 먹었던 음식과 내가 마셨던 음료의 품질이 얼마나 우수했는지 친구들에게도 이야기해 주어야지. 나는 교훈을 얻었고, 이런 지식 덕분에 앞으로도 먹고 마시는 것에 대한 생각을 달리하게 될 거야.'"

메뉴판에 스타벅스 커피가 언급되어 있는 것 외에 에볼루션 프레시를 스타벅스와 연결 짓는 어떠한 표식도 없지만 고객들은 온라인 리뷰에서 그 둘을 곧잘 결부시킨다. 다음 리뷰가 바로 그런 예이다. "에볼루션 프레시는 스타벅스에 최근 추가된 건강식품 브랜드예요. 비싸긴 하지만 전적으로 해볼 만한 경험이랍니다. 카운터 뒤 파트너들도 정말 브랜드에 해박하고, 기분 좋게 일하더라고요." 에볼루션 프레시는 그 자체로 독자적인 브랜드 경험이지만 이 소매점의 인간적 유대는 스타벅스의 본질과 깊게 맞닿아 있다.

인접한 음료 부문으로 새롭게 진출한 에볼루션 프레시와 달리, 타조 티스토어는 스타벅스의 출발점으로 되돌아가는, 새롭게 진화된 소매 콘셉트이다. 1971년 설립 당시 스타벅스는 '스타벅스 커피 앤 티 컴퍼니'라는 이름으로 알려져 있었다. 회사의 성장과 함께 리더들은 커피를 중심에 두는 방향으로 스타벅스를 포지셔닝했으나 1999년 프리미엄 차 브랜드 하나를 인수했다. 1999년 《뉴욕타임스》 기사는 그 인수에 대해 다음과 같이 서술했다. "한때 차 업계의 스타벅스가 되고자 갈망했던 오리건주의 기업 타조가 스타벅스사에 매각되었다. … 시애틀 기반의 스타벅스는 타조로 새로운 고객들을 유인할 수 있기를 희망한다."

실질적으로 스타벅스는 1999년 매입가 810만 달러였던 타조를 매출

14억 달러 이상의 브랜드로 성장시켰고, 타조 티스토어라는 브랜드를 더욱 성장시키기 위해 소매 콘셉트를 도입했다. 타조 매장 1호점은 2012년 11월 시애틀에 문을 열었고 고객들이 80가지 이상의 다양한 잎차를 구입하거나 갓 내린 차를 즐길 수 있는 경험을 제공한다. 차는 뜨겁게, 차갑게, 혹은 라떼로 제공된다. 실제로 고객들은 타조 파트너들의 도움을 받아 자신만의 독특한 차를 만들기도 하고, 그렇게 만든 블렌드를 온스나 컵 단위로 구입할 수 있다.

타조 판매와 운영 부문의 부사장 찰스 케인은 이렇게 말했다. "저희는 타조 티스토어를 통해 고객들이 훌륭한 차를 풍부하게 접할 수 있는 경험과 장소를 제공하고자 합니다. 아울러, 사람들을 고급 차에 노출시키는

타조 티스토어, 미국 워싱턴주 시애틀

3장 마법처럼 특별한 경험을 추구하라

데에 주도적인 역할을 수행하고 싶습니다. 저희가 본궤도에 오르면 매출의 25퍼센트가 조제 차 음료에서 나오고 나머지는 고객들이 직접 집에서 음료를 준비할 수 있는 잎차와 관련 용품 구입에서 나올 것으로 예상합니다."

에볼루션 프레시 콘셉트와 마찬가지로, 타조 티스토어에도 스타벅스의 상징적인 로고가 붙어있지 않다. 조제 음료의 비중이 낮고 가정용 제품 구매에 더 중점을 두지만 타조 역시 이번 장 내내 강조한 제품 열정과 세부 경험 요소에 대한 관심을 특징으로 한다.

총괄 부사장 겸 스타벅스 캐나다 사장 애니 영-스크리브너는 타조 차 소매점을 만드는 것과 같은 의사결정의 시장 타당성과 관련해 경영진의 속내를 드러냈다. "차 부문은 지금 폭발적으로 성장 중입니다. 사실상 수년 전 커피가 머물러 있던 지점에 도달해 있죠. 차는 대부분 잎차가 아닌 티백 형태이고, 저희는 전 세계를 무대로 차 문화를 활성화하고 싶어요. 스타벅스가 중국과 인도처럼 차를 마시는 나라에서의 활동에 전념하고 있다는 점을 감안할 때, 이 기회는 특별한 의미가 있죠. 타조 차를 중심으로 한 우리의 공동 노력이 커피로 이루고 있는 성과를 보완하는 데에 큰 힘이 되기를 기원합니다."

차 부문 카테고리 브랜드 관리 디렉터인 스테이시 스피처는 이렇게 덧붙였다. "커피 이외의 제품을 중심으로 설계된 매장에 뛰어들면서 저희가 의사결정의 지침으로 삼는 가장 중요한 공통분모는 바로 고객입니다. 저희가 하는 모든 일의 핵심에는 고객 통찰과 데이터가 있어요. 누가 차를 사는지, 그들이 어디에 있는지, 소셜 미디어나 광고를 통해 그들에게 어떻게 다가갈 것인지까지 이해해야 합니다. 저희가 가장 잘하는 일, 즉 소비자들과의 소통을 위해서는 그들을 속속들이 파악해야 해요."

에볼루션 프레시나 타조 차 소매 콘셉트의 진정한 성공 여부는 앞으로 몇 년이 지나야 확실하게 알 수 있겠지만, 스타벅스가 제품 이행, 고객 연결, 경험 디자인에서 거둔 성공 덕분에 인접 부문을 탐색할 수 있었다는 점은 분명하다. 스타벅스 경영진은 새로운 비즈니스 기회를 탐색할 때 다음과 같은 질문을 던지는 듯하다.

* 우리의 핵심 역량을 어떻게 하면 기존 고객과 잠재 고객을 위한 미래의 기회로 전환할 수 있는가?
* 우리의 강점을 살릴 때 어떤 외적 요인이나 소비자 트렌드를 지침으로 삼을 수 있는가?
* 이 가능성은 어떤 식으로 우리의 사명을 뒷받침하고 고객과 모든 이해관계자의 경험을 향상시킬 것인가?
* 이 기회는 우리가 서비스하는 고객에 대한 신뢰와 사랑의 관계를 어떻게 증진시킬 것인가?

내가 보기에 위 질문들은 모든 비즈니스 리더가 고민해야 할 문제다. 마지막 질문 "이 기회는 우리가 서비스하는 고객에 대한 신뢰와 사랑의 관계를 어떻게 증진시킬 것인가?"는 곧바로 이어지는 원칙 '사랑받기를 사랑하라'에서 자세히 다룰 것이다.

★ 인간적 경험이야말로 브랜드의 핵심이다.

★ 제품과 서비스를 모방할 수는 있어도, 잘 설계된 경험에서 나오는 고객과의 강렬한 유대관계를 따라 하기는 쉽지 않다.

★ 채용 후보자들을 관찰하고 그들과 소통함으로써 그 사람이 열의가 있고 가르침을 잘 따르며 진심으로 타인에게 관심이 있는지를 판단하라.

★ 서비스 경험 중 달성되어야 할 목표가 드러나도록 서비스 비전을 정의하라.

★ 제대로 디자인된 경험에는 고객의 관점에서 환경을 바라보고 핵심 고객층의 욕구 상황에 관심을 기울이려는 의지가 필요하다.

★ 훌륭한 고객 경험은 정서적 자극과 환경 디자인 요소를 어떻게 더하고 빼느냐에 달려 있다.

★ 고객 경험의 향상은 시행착오를 통한 조정의 형태를 취하는 경우가 많다. 최적의 고객 경험을 전달하는 데 필요한 적정 재료와 적정 분량을 찾아내기 위해 끝없이 시도해야 한다.

★ 물리적 공간 디자인을 회사의 사명, 비전, 가치와 연결 짓는 일이든, 효율성을 높여 고객 경험을 개선하는 일이든, 아니면 감각적 요소를 추가하는 일이든, 성공적인 고객 경험 개선에는 한 가지 공통적인 요소가 있다. 바로 세부사항의 이행에 완벽을 기해야 한다는 점이다.

★ 고객과 함께 경험을 공동 창조하라.

★ 당신이 만약 고객 경험이 중시되는 환경에서 박식하고 열정적인 직원들의 서비스를 바탕으로 우수한 품질의 제품을 전달한다면 고객들은 그 제품 라인을 통한 성장에 지원군이 되어줄 것이다. 뿐만 아니라, 당신이 브랜드의 핵심 역량을 유지하면서 새롭게 개척하는 다른 제품과 서비스까지도 탐색해보려 할 것이다.

사랑받기를
사랑하라

지금이 리더들에게 도전적인 시기라는 점은 굳이 말할 필요가 없을 것이다. 모두가 소비자 불안(소비자 신뢰와 반대되는 개념)이 만연한 환경 속에서 기업을 운영하면서 직원들의 참여를 이끌어내고, 혁신적인 제품을 만들며, 고객을 만족시키고, 브랜드 충성도를 높이느라 고군분투한다. 설상가상으로, 리더들은 가급적 비용 효율적인 방식으로 스스로를 경쟁사와 차별화하는 한편, 고객들의 높아지는 서비스 요구에도 대응해야 한다. 고객들은 자신이 원하는 커뮤니케이션 채널이나 선호하는 소셜 미디어 플랫폼을 통한 즉각적인 회신을 기대한다. 먹구름 가운데 한 줄기 희망이라면 모든 리더가 정확히 똑같은 기회와 시장 상황에 직면해 있다는 사실이다. 스타벅스 같은 기업의 경영자들은 소비자 역량이 커지고 기업에 대한 냉소주의가 만연한 가운데서도 고객들과 강한 정서적 유대감을 유지하고 비즈니스 목표를 달성하는 방법을 찾아내었다. 이 지속적인 정서적 유대감의 중심에는 이른바 '사랑받기를 사랑하라'는 리더십 원칙이 자리하고 있다.

'사랑받기를 사랑하라'는 원칙은 4장 '모든 것은 신뢰와 사랑에 달려 있다'와 5장 '안에서 번창해야 밖에서 느껴진다'에 소개되어 있다. 4장에서는 고객 참여의 위계적 속성과 스타벅스 리더들이 정직함으로 모범을 보여 이해관계자들의 신뢰를 확보하는 방식을 살펴본다. 아울러 4장에서는 브랜드 열정으로 가는 경로를 모색할 때 리더들이 수행하는 역할도 탐구한다.

5장에서는 파트너와 회사의 유대감을 극대화하기 위한 스타벅스 리더들의 여러 가지 다채로운 노력을 폭넓게 살펴본다. 스타벅스 고용 인력의 다양성과 국제적인 성격을 감안할 때 5장은 개인화와 친밀감을 유지하는 효과적인 커뮤니케이션 방법에 대한 통찰을 제공해 줄 것이다.

이 두 개의 장에 걸쳐 당신은 오늘날 직원 만족과 고객 만족이 회사를 유지시키는 등불 역할을 한다는 사실을 이해하게 될 것이다. 더 나아가 먼 미래까지 살아남을 수 있는 기업이 되려면 '사랑받기를 사랑'해야 한다는 사실을 깨닫게 될 것이다.

★

모든 것은 신뢰와 사랑에 달려 있다

신뢰는 … 시작점, 더 많은 것을 지을 수 있는 토대이다. 신뢰가 있는 곳에서 사랑이 꽃필 수 있다.

흑인 여성운동가 **바버라 스미스**

1914년 1월 5일, 헨리 포드는 포드 자동차 회사 직원들 다수에게 2배 이상 높아진 최저 임금을 지급했다. 직원들을 위해 하루 5달러 최저 임금제도를 도입한 것이다. 같은 날 포드는 직원들에게 이익분배금 지급을 약속했고 근무 시간을 9시간에서 8시간으로 줄였다. 당시 포드의 경리부장이었던 제임스 쿠젠스는 이 과감한 경영 조치에 대해 이렇게 설명했다. "사회 정의는 집에서부터 시작된다는 게 우리의 신념입니다. 이 훌륭한 기업을 만들고 유지할 수 있게 도와주시는 분들과 번영을 공유하고자 합니다."

98년 뒤인 2012년 1월 5일, 분노한 사람들은 '월가를 점령하라Occupy Wall Street' 운동의 취지에 공감하며 뉴욕시 월스트리트 금융 지구에 있는 주코티 공원에서 시작된 시위를 111일째 이어갔다. 시위대는 경제적

불공정과 불평등이 기업의 탐욕에서 비롯되었다는 의견을 표명했다. 시위대의 구호 "우리는 99퍼센트다We are the 99%."는 부유한 1퍼센트를 위해 국민 99퍼센트의 이익을 희생시키는 기업, 금융, 정부 시스템에 대한 냉소와 불신을 반영했다. 1세기 동안 우리는 대체 어디로 흘러온 걸까?

기업들이 효과적인 기업 지배구조를 개발하고 유지할 수 있도록 돕는 회사인 LRN의 창립자이자 회장 겸 최고경영자 도브 사이드먼은 이렇게 말했다. "기본적인 사회 기관에 대한 신뢰 위기가 당혹스러운 이유는 많은 경우 이 신뢰 부재가 응당한 이유에서 비롯되었기 때문이다. 깨어진 약속, 고의적인 혼란, 조작, 은폐는 모두 뭔가 숨기는 게 있다는 의심을 낳았고 안타깝게도 그 의심은 사실인 경우가 많다."

이 전 세계적인 신뢰 이슈와 관련해, LRN은 미국 시민과 경영자들을 대상으로 조사를 실시해 미국 기업의 신뢰성에 관한 태도를 평가해 보았다. 도브에 따르면 결과는 암울했다. "조사 대상 미국인의 3분의 2 이상인 71퍼센트는 공정하고 정직한 방법으로 운영되는 기업이 전혀 없거나, 거의 없거나, 극소수에 불과하다고 대답했다. 신뢰 위기가 미국 기업계만큼 심각하고 광범위하게 확산되어 있는 곳도 없다. 그러나 최근 해외에서 일어나는 추문들을 보면 이것은 국경을 초월한 전 세계적인 문제임을 알 수 있다. 기업의 힘, 영향력, 파급 효과에 비추어, 신뢰를 정상화하고 … 회복할 수 있다는 희망만이라도 가지려면 기업 차원에서만이 아니라 기업의 리더들이 직접 발 벗고 나서야만 한다."

스타벅스의 최고경영자 하워드 슐츠 역시 각 기업의 리더들이 실업, 기업에 대한 직원들과 소비자들의 불신, 그리고 정부의 파괴적인 당파심[17] 같은 사회 문제의 해결에 나서는 것이 중요하다는 입장을 지지한다. 하워드는 이렇게 말했다. "대부분의 사람들은 이전 직장에서의 업무 경험을 가지고 우리 회사에 일하러 옵니다. 좋은 경험이었던 경우는 많지 않죠. 직원들이 이렇게 냉소적인 생각을 가지고 입사하기 때문에, 리더들에게는 이곳이 예전의 그 직장과 다르다는 걸 입증해 보일 책임이 있습니다."

하워드는 직원과 소비자들 사이에서 높아진 불신이 일종의 '지각 변동'으로 작용해 사회적으로 의식 있게 행동하는 기업들에게 기회를 만들어주고 있다고 생각한다. 하워드는 이렇게 이야기했다. "소비자들은 신뢰하고 존경하고 동경하는 회사와 거래하고 싶은 바람이 있습니다. 홀푸즈든, 코스트코든, 팀버랜드든, 오랫동안 바르게 행동해온 기업들이 승승장구하는 데는 다 이유가 있죠. 기업들은 저마다 경쟁사가 있고, 사회적 책임이라는 영역에도 격차가 존재합니다. 소비자들은 똑똑해서, 신뢰라는 금고에 예금을 하지 않거나 행동 방식에 진정성이 없어 보이는 기업들을 거부할 것입니다." 콜로라도주 덴버의 스타벅스 단골 고객 알리 히긴스는 진정성 있는 사회적 책임이 자신에게 중요한 문제임을 인정했다. "기왕 어떤 회사의 단골이 될 거라면 그 회사가 직원, 공급업체, 환경을 대하는 방식을 보고 좋은 기분이 들었으면 하죠. 우리 모두가 자신이 지지하는 기업들을 꼼꼼히 감시함으로써 제 역할을 다해야 한다고 생각해요. 기업의 의무를 충실히 이행하면서 건전한 수익을 얻는 회사라면 대찬성이죠. 그게 바로 제가 스타벅스에 가는 이유이기도 하고요."

---

17 이 주제들에 대해서는 11장에서 자세히 다루겠다.

이번 장은 하워드의 표현을 빌자면 "신뢰라는 금고에 진정성 있는 예금을 하는" 일에 관해 다룬다. 또한 그 예금이 어떻게 참여와 충성도, 사랑받는 브랜드 지위라는 형태의 보상으로 이어지는지를 탐구한다. 우선 역량과 신뢰에 집중함으로써 브랜드 열정에 가까이 다가가야 한다는 개념적 틀부터 살펴보자.

호감 가거나 신뢰할 만하지 않으면서
사랑받기를 갈구해봤자 소용없다

많은 사람들이 매슬로Abraham H. Maslow의 연구에 관해 들어본 적이 있을 것이다. 고등학교나 대학교 수업 시간을 떠올려 보면 인간의 다섯 가지 욕구, 즉 생리적 욕구, 안전 욕구, 소속감과 애정의 욕구, 존중 욕구, 자아실현 욕구를 위계로 정리한 매슬로의 1943년 논문 '인간 동기 이론'이 어렴풋이 떠오를 수도 있겠다. 매슬로는 나중에 인지, 심미, 초월의 욕구를 추가해 총 여덟 가지 욕구 단계로 자신의 이론을 확대했다. 단계의 수는 논의의 여지가 남아 있지만 매슬로는 기본적인 생존 요건이 그보다 진화된 사회적 욕구나 전환의 욕구보다 우선한다는 사실을 인식했다는 공을 인정받고 있다. 매슬로는 욕구 위계 이론을 통해 생물학적 욕구와 안전의 욕구가 애정에 대한 욕구보다 우위에 있다고 밝혔다. 인간은 본질적으로 "나는 사랑받고 있는가?"라는 질문에 대한 답을 추구하기 전에 "나는 안전한가?"라는 질문에 대해 답을 얻어야 한다는 것이다. 매슬로의 욕구 위계 이론은 고객과 직원들의 동기에 관심 있는 경영 이론가들 사이에서 다시 한 번 부흥기를 누렸다. 매슬로는 기업 신뢰, 소속감, 사랑에 있어서 소비자 욕구 상황의 위계적 속성을 탐구하는 이 책의 내용과도 연관성이 깊다.

예를 들어, 갤럽 연구소의 이론가와 연구자들은 고객의 기업 인지도가 낮은 수준에서 적극적인 참여까지 단계적으로 고조되는 고객 인지도 위계를 정의했다. 갤럽 모형에서 기업이 넘어야 하는 첫 번째 장애물은 "당신은 역량 있는 기업인가?"라는 질문이다. 당신이 고객에게 만족스러운 경험을 제공하고 고객들이 당신과 다시 거래할 가능성이 높다고 이야기한다면 당신은 기본적인 '역량competence'을 갖춘 상태이고 소비자 참여로 가는 진입 단계를 통과한 것이다. 이 경우, 고객들은 당신의 제품과 서비스에 만족하고, 습관 때문이든 편리함 때문이든 다음번에도 다시 당신에게서 구매할 가능성이 있다. 당신의 제품이나 서비스 전달이 고객들을 실망시키지 않았고, 따라서 그들은 비슷한 제품을 다른 곳에서 적극적으로 찾아볼 필요를 느끼지 않는다. 그러나 아쉽게도 고객들은 당신에게 충성을 유지해야 할 확실한 이유도 없고, 여차하면 경쟁사들의 유혹에 넘어가기도 쉽다.

역량 있는 기업으로 비추어지는 것은 비즈니스 성공의 필요조건이지 충분조건은 아니다. 대체로 역량과 (만족도로 판단되는) 인지적 역량은 지적 차원의 인식으로서, 경쟁사의 효과적인 마케팅 전략이나 신규 업체의 시장 진출로부터 아무런 보호막 역할을 하지 못한다. 고객들이 쿠폰 한 장에 다른 업체를 탐색해볼 수도 있다는 뜻이다.

고객들과 더 단단한 관계를 확보하려면 "이 회사가 세품과 경험을 전달하는 방식에서 공정함과 일관성을 보여줄 것이라고 예상할 수 있겠는가?"라는 질문에 고객들이 자신 있게 답할 수 있어야 한다. 다시 말해 고객들은 회사가 성실과 '정직성integrity'의 원칙에 따라 운영된다고 확신해야 한다. 고객들은 직접 경험한 사실이나 친구, 온라인 리뷰, 미디어에서 접한 내용을 바탕으로, 기업이 묵시적·명시적 약속을 지킬 것인지 판단한다. 고위 경영진은 회사의 가치에 부합하게 행동하고 있는가? 문제 발생 시 그러한 문제가 합리적이고 적절한 방식으로 해결되는가? 회사의 대리인들은 그들이 한 약속이나 마케팅 자료에서 주장하는 바와 일치되는 태도로 행동하는가?

만약 고객들이 당신의 회사를 역량 있고 정직한 회사로 간주한다면 당신은 소비자 신뢰에 필요한 환경을 조성한 것이다. 신뢰는 브랜드에 대한 열정이나 뒤에서 설명할 '사랑받는 브랜드'처럼 보다 깊은 차원의 고객 참여를 위한 토대가 된다.

갤럽 위계에 따르면, 기업이 정직하다는 인식은 고객들에게 '자부심 Pride'이라는 높은 수준의 정서적 참여를 경험할 기회를 제공한다. 기업과의 관계에서 자부심이 도출되려면 고객들이 "여기서 사기로 선택한 내 결정은 현명했는가?" 혹은 "나는 이 회사의 고객으로 알려지길 원하고 친구와 가족들에게 내 긍정적인 경험에 대해 말해주고 싶은가?"와 같은 질문에 자신 있게 "예."라고 대답할 수 있어야만 한다. 기업에 대한 고객의 자부심은 그 기업이 고객 자신이나 아끼는 이들의 삶에 긍정적인 영향을 끼친다고 여길 때만이 아니라, 고객이 기업의 행동 방식을 보고 그 기업과 기꺼이 인연을 맺고 싶어 할 때에도 나온다. 경우에 따라서는 브랜드와의 관계를 통해 도출되는 지위에서 자부심이 나오기도 한다.

갤럽의 고객 참여 위계의 최정점에는 '열정passion'이 위치한다. 갤럽은 고객 참여 측정 도구CE-11에서 "이 회사는 나와 같은 사람에게 완벽하다." 혹은 "나는 이 회사 없는 세상을 상상할 수 없다."와 같은 항목으로 소비자 열정의 존재 유무를 판단한다. 갤럽이 CE-11에서 사용한 11가지 문항을 자세히 알아보려면 내가 쓴 다른 책『리츠칼튼 꿈의 서비스』(비전과 리더십, 2009)를 참고하라.

간단히 말해, 갤럽 모형에 따르면 신뢰는 더 높은 수준의 참여로 나아가는 관문 역할을 하는 감정이다. 소비자로서 나는 당신이 제공하는 제품에 오늘 만족할 수 있지만 그 제품이 내일도, 혹은 당신의 브랜드를 내세운 다른 장소에서도 일관성 있게 전달될지 알 필요가 있다. 또한 드물지만 혹시 뭔가가 잘못되는 경우, 그 잘못을 바로잡고 다시 온전하게 만들어줄지를 알 필요가 있다. 마지막으로, 가능하다면 나는 당신의 브랜드와 인연을 맺음으로써 남들의 존중을 받고 싶고, 내 삶의 기쁨이 되는 일에 당신이 친밀하고 개인적인 역할을 하고 있다는 사실을 더 깊이 느끼고 싶다. 이러한 고객 참여 위계의 맥락에서, 스타벅스 경영진이 우선 정직성을 통해 신뢰를 구축하는 방식을 살펴보도록 하자. 더 나아가, 당신은 역량, 정직성, 자부심, 열정에 대한 고객들의 인식에 어떤 식으로 영향을 끼치길 원하는지 스타벅스의 조치들을 참고해 생각해 보자.

선^善을 추구하라

내가 생각하기에 브랜드 품격은 리더들이 기대치에 맞게 행동하려고 진심으로 노력을 다할 때 나타나는 결과다. 스타벅스의 파트너 자원과 브랜드 리더십 부문 선임 부사장 발레리 오닐은 다음과 같이 말하며 이러한 관점을 지지했다. "저는 스타벅스에 입사했을 때, 고위 임원들의 진정성에 감명을 받았습니다. 파트너, 고객, 주주, 그리고 환경 지속가능성을 위해 옳은 일을 하는 게 중요하다는 데에 모두가 뜻을 함께하는 모습이었죠. 리더들은 '옳은 일을 해야 한다'는 도덕적 나침반에 따라 행동함으로써, 역시 옳은 일을 하고 싶어하는 파트너들이 생각을 실천하고 정직성을 지킬 수 있는 토대를 마련합니다. 그것은 이미 스타벅스 브랜드의 DNA에 새겨져 있어요. 그래서 운영의 탁월성을 추구하는 원동력이 되고, 약속을 이행하도록 영향을 끼치고, 고객에게 보여주는 존중의 길잡이가 되고, 주주와 이웃들을 위해 충실한 일꾼 역할을 하려는 의지를 단단히 해주죠."

'옳은 일'을 하려는 노력은 탁월한 리더십의 핵심이다. 게다가 오늘날의 상호 연결된 세계에서는 리더들의 공적인 행동만이 아니라 사적인 행동도 예외가 될 수 없다. 도브 사이드먼은 이렇게 지적했다. "덕행은 예나 지금이나, 그리고 앞으로도 항상 그 자체로 보상이 될 것이다. 최고의 기업들은 예전부터 이 점을 이해했고, 장기적인 가치와 평판을 희생시키면서 단기적인 이익을 좇는 쉬운 길을 거부해 왔다. 하지만 그동안 큰 변화가 있었다. 덕행을 실천하면 가시적 보상이 따르는 상황이 조성된 것이다. 원칙을 지키는 것은 유용한 전략이 되었다. 왜? 기업의 행동이 적나라하게 폭로되는 쪽으로 게임의 규칙이 바뀌었기 때문이다. 기술의 지대한 영향으로 기업, 기관, 조직 평가의 투명성이 높아졌다. 기업을 덮었던 장막에 구멍이 뚫린 것이다."

인터넷 등장 이전에도 알베르트 아인슈타인 같은 학자들은 단기적인 수익성만이 아니라 타인을 이롭게 하느냐라는 도덕적 요소를 고려해 성공을 측정해야 한다고 주장했다. 아인슈타인의 의견은 이러했다. "인간이 힘써야 할 가장 중요한 일은 행위에 있어 도덕성을 지향하는 것이다. 내적 균형과 우리의 존재 자체가 거기에 달려 있다. 행위의 도덕성만이 인생에 아름다움과 존엄을 부여할 수 있다."

내가 관찰한 바에 따르면 스타벅스 리더들은 이해관계자들의 신뢰라는 금고에 예금을 함으로써 행위의 도덕성을 입증해 보이고자 애쓴다. 이것은 다음과 같은 방법으로 이루어진다.

❶ 인간애라는 렌즈를 통해 공감의 마음으로 사업적 결정을 바라본다.

❷ 솔직한 의도를 전달하고, 결점을 인정하며, 약속을 지킨다.

❸ 이해관계자들의 상충하는 이익 사이에서 균형을 맞춘다.

❹ 믿을 만한 제품을 일관성 있게 전달하기 위해 운영 시스템과 품질 개선 프로세스를 마련한다.

❺ 파트너 교육과 권한 이임 체계를 확립해 서비스 회복을 도모한다.

위 목록에서 처음 세 개의 항목은 다양한 이해관계자들에게 영향을 미치는 너그러운 리더십 행동과 관계가 있다. 스타벅스가 내린 중대한 리더십 결정 중 하나가 그 대표적인 사례다. 바로, 직원 의료보험 혜택과 빈 스톡Bean Stock[18] 보상 프로그램을 유지하기로 한 결정이다. 나머지 두 개의 항목인 시스템, 그리고 교육과 권한 이임은 이 장의 후반부에서 운영의 탁월성 및 제품이나 서비스의 예측 가능성이라는 맥락과 관련지어 다루도록 하겠다.

도전의 시기에 정직성을 유지하고 인간애 발휘하기

2008년 스타벅스의 미래를 위해 까다로운 재무적 결정들을 내리던 당시, 하워드 슐츠는 스타벅스에서 일하는 사람들의 의료보험 혜택을 없애자는 권유를 받았다. 어떤 면에서는 압박이기도 했다. 하지만 하워드와 그의 경영팀은 의료보험을 비롯한 다른 복지 혜택에 대해 공공연히 강경한 지지 입장을 고수했다. 당시의 사내 커뮤니케이션에서 하워드는 경영진이 파트너들에게 한 약속을 재차 확인시켜 주었고, 장담할 수 없는 불확실한 부분들을 인정했으며, 궁극적으로 투자자와 파트너의 니즈 사이에서 균형을 맞추는 방식으로 자신의 약속을 지켰다. 하워드는 이렇게 회상했다. "중대한 변화가 일어나려던 참이었고, 사람들은 그 변화가 자신과 자기 일자리에 어떤 의미를 갖는지를 알고 싶어 했어요. … 저희는 스타

---

18 스타벅스가 직원들에게 제공하는 스톡옵션(주식매수선택권). —편집자 주

벅스가 고용한 그 누구도 의료보험 혜택이나 회사 주식을 잃지 않을 거라는 점을 분명히 했어요. 저에게 그건 절대로 선택 사항이 아니었어요. 하지만 고용 안정성은 제가 예측할 수 없는 결정이었고, 약속할 수 없는 부분이었죠." 하워드와 경영팀은 더 큰 이익을 위해 일자리를 감축할 필요가 있는지 고민에 고민을 거듭했다. 그들은 회사를 지키기 위해 복지 혜택을 철회할 수도 있었다. 그러나 약속대로 필요에 따라 일자리를 줄이되 파트너들의 주식과 의료보험은 손대지 않았다.

사람과 수익 양쪽 모두에 영향을 끼치는 까다로운 결정들은 기업 가치를 반영하고 측은지심과 슬기로운 판단력을 드러내며 말과 행동의 일치를 보여줄 때 존경을 얻는다. 회계팀 선임 매니저 코리 린드버그는 이렇게 말했다. "경영진에 대한 저의 신뢰는 꼭대기에서부터 시작됩니다. 저는 오래전 여기 입사해, 진심으로 사람을 배려하는 경영진의 모습을 줄곧 지켜보았어요. 그들은 이 브랜드가 지향하는 바가 무엇인지 알고 있죠. 시간이 흐르면서 타성에 젖어 신뢰를 잃는 리더들이 많지만 스타벅스는 달랐어요. 수익성 있는 기업이 되어야 한다는 요구와 사람을 배려하여 의사결정을 내리려는 의지 사이에서 균형을 맞추어 나가는 모습에, 경영진에 대한 저의 존경심은 점점 더 높아졌습니다. 리더들이 그들이 말한 대로 실천하고 의도를 솔직하게 전달하기 때문에, 파트너들도 그렇게 행동하고 모두가 리더들의 높은 정직성을 본받고 싶어 하죠."

직원들이 당신의 말을 듣고 그 말에 부합하는 행동을 볼 때, 그리고 상충하는 이해관계 사이에서 균형을 맞추려는 노력을 투명하게 알 수 있을 때, 또 당신이 그들을 배려하는 동시에 회사의 장기적인 지속가능성에 대해서도 신경 쓴다는 사실을 이해할 때 신뢰는 계속된다.

나는 리더십의 중요한 구성 요소들이 모두 그렇듯 정직성 또한 운영적 차원과 개인적 차원 양쪽에서 고려되어야 한다고 제안해 왔다. 본질적으로 기업의 정직성은 직원들로 하여금 다른 사람들에게 이익이 되는 행동을 하게 한다. 실적 개선 기업 RLG 인터내셔널의 창립자 에이드리언 레비는 인적 요소가 조직 내부의 사람들과 직결되기 때문에 중요하다고 강조하면서 다음과 같이 지적했다. "사람은 회사의 가장 중요한 자산이 아닙니다. 사람이 곧 회사입니다. 그 밖의 모든 것은 자산이고요."

5장 '안에서 번창해야 밖에서 느껴진다'에서 우리는 스타벅스 리더들이 파트너라고 부르는 '사람들'에게 헌신하는 여러 가지 방식을 살펴볼 것이다. 더 나아가, 파트너들이 고객이라고 불리는 '사람들'에게서 사랑을 이끌어내고 수익성을 높이는 방식도 살펴볼 것이다. 직원들을 위해 기꺼이 어려운 선택을 내릴 경우, 직원, 고객, 심지어 주주들에게도 큰 변화를 가져올 수 있다.

『신뢰의 속도』(김영사, 2009)라는 책에서 스티븐 M. R. 코비는 여러 가지 연구를 인용해 직원 신뢰와 브랜드 평판이 주주들의 재정적 이익까지 창출한다는 사실을 보여준다. 코비에 따르면, 전 세계적 컨설팅 회사인 왓슨 와이어트의 조사에서는 신뢰도가 높은 조직의 총주주수익률이 신뢰도가 낮은 조직의 총주주수익률보다 거의 세 배 높은 것으로 나타났다. 무려 300퍼센트 차이다! 어느 상장 기업이나 그렇듯 투자자의 신뢰는 스타벅스에게 매우 중요한 요소이고, 따라서 회사 경영진은 주주 가치와 관련된 내용을 기본 원칙에 포함시켰다. 왓슨 와이어트 연구와 맥을 같이 하여, 하워드 슐츠는 스타벅스에서 직원 신뢰와 주주 가치가 밀접하게 연결되어 있다고 이야기한다. 그는 이렇게 밝혔다. "스타벅스를 위해 일하는 사람들이 20만 명이나 있습니다. 브랜드 가치는 우리가 그들과 맺는 관계, 그리고 그들이 고객과 맺는 관계에 의해 정의되죠. 우리가 누려온 성공은 주주 가치와 관련이 있지만 직원들이 자신이 일하는 회사를 자랑스러워하느냐, 의미 있는 삶을 살고 있다고 느끼느냐와도 상당히 많은 관계가 있다고 생각합니다. … 주주 가치는 그동안 큰 폭으로 증가했습니다. 경영진이 회사 전체의 최대 이익에 부합하는 올바른 결정들을 내려온 덕분이죠. 저희에게는 다양한 구성원들이 있고 … 저희는 주주 가치를 우리가 속한 지역 사회 및 우리 파트너들과 결부시켜 왔습니다."

경영자는 정직성과 신뢰가 언행일치에서 온다는 점을 이해해야 한다. 가치와 약속에 부합하는 행동을 하면서 자신의 취지, 실수, 성과를 전달해야 한다. 상충하는 이해관계 앞에서도 모든 것을 초월하여 '옳은 일'을 하려는 일관되고 지속적인 노력은 신뢰도 높은 조직을 발전시키는 데 반드시 필요하고, 이는 풍성한 인적 관계와 재정적 이익으로 돌아온다. 회사가 정직하게 운영되는 모습을 보여주는 것 외에도, 리더들은 직원들이 탁월한 제품 전달을 통해 매일, 모든 상호작용에서 고객의 신뢰를 얻고자 노력하도록 고무해야 한다. 스타벅스에서 제품에 대한 약속은 대부분 일관성 있는 결과물을 통해 지켜진다. 다시 말해, 한 번에 한 잔씩 탁월함과 일관성을 달성하는 것이다.

❶ 고객 참여 위계에 근거해 대다수의 고객과 직원들은 당신의 회사를 어떻게 인식하고 있는가? 당신은 '역량 있는' 고용주인가? 직원들은 당신의 조직에서 일하는 데에 '자부심'을 느끼는가? 고객들은 당신을 '정직성'이 있는 브랜드로 여기는가(올바른 행동을 하고 일이 잘못되었을 때 바로잡는가)? 당신은 고객들에게 완벽한 '열정' 브랜드인가?

❷ 당신의 사업적 결정 대부분은 오로지 수익을 위해 내려지는가, 아니면 그 결정은 '행위의 도덕성'과 이해관계자들을 위해 '신뢰라는 금고에 예금을 하려는' 욕망도 반영하는가?

❸ 다음 각 영역에 대해 리더로서 A, B, C 등으로 스스로에게 점수를 매겨보라. 각 점수에 대한 근거는 무엇인가?

- 인간애라는 렌즈를 통해 공감의 마음으로 사업적 결정을 바라본다
- 솔직한 의도를 전달하고, 결점을 인정하며, 약속을 지킨다
- 이해관계자들의 상충하는 이익 사이에서 균형을 맞춘다

당신은 당신의 점수에 만족하는가? 점수를 개선하기 위해 어떤 조치를 취할 것인가?

한 잔의 신뢰

사람들은 본인의 어떤 필요를 해결하기 위해 당신의 사업장을 찾는다. 고객이 서비스 거래에 참여하는 건 그저 서비스 제공자가 얼마나 친절한지를 확인하기 위해서가 아니다. 그들은 기능적 욕구를 충족하길 원한다. 당신이 마음을 끄는 방식으로 그들을 대우하면, 그들은 특별한 보너스를 제

공받은 셈이다.

그러면 어떻게 해야 가능한 한 일관된 방식으로 기능적 욕구를 해결해줄 수 있을까? 스타벅스의 경우, 그 해답은 제품과 실행 방법의 설계에 다기능 팀을 활용하고, 거기에 더하여 제품 전달 과제를 일관성 있게 수행하는 사람들로부터 적극적으로 의견을 구하고 필요한 조치를 취하는 데에 있다. 3장에서 언급한 적이 있는 에볼루션 프레시의 사업 운영 디렉터 케빈 페트리스코는 16년간 스타벅스 파트너로 근무하면서 커리어의 대부분을 제품 출시와 일관된 제품 전달에 매진해왔다. 그는 이렇게 말했다. "소비자 입장에서의 신뢰란 샌앤토니오, 호놀룰루, 파리, 전 세계 어느 곳의 스타벅스에 가도 똑같은 음료를 받게 될 거라는 확신입니다. 제품 개발, 실행, 테스트에 대한 팀 접근법 덕분에 저희는 일관성을 통해 신뢰를 얻는 임무를 제법 훌륭하게 완수해 왔습니다."

스타벅스는 초기 단계부터 다기능 팀을 꾸려 제품과 실행 프로토콜을 개발하고 개선함으로써, 신제품이 스타벅스 매장에 출시되기도 훨씬 전에 출시와 관련된 여러 가지 난제를 예상하고 해결한다. 현장 테스트는 제품 전달의 일관성, 효율성, 품질 개선 방법에 관해 바리스타의 의견을 듣는 기회가 된다. 이것은 다시 제품이 브랜드 전체에 출시될 때 신속하고 효과적으로 실행되도록 보장한다. 이 모든 노력은 일관성 있는 제품 제시에서 최고점에 달하면서 고객 신뢰를 강화한다.

케빈은 고객 경험 관점에서 신제품을 구상하고, 제품을 개발하고, 최전방 직원들의 의견에 따라 제품 실행을 개선한 사례를 한 가지 소개했다. "스타벅스에 아이스티가 있긴 했지만 그건 라떼처럼 보기 좋고 완성도 높은 수작업 제품이 아니었습니다. 이전 버전 제품들의 경우 주전자에서 컵으로 바로 차를 따르는 형태였기 때문에 제시 방식이 다소 평범했죠. 원래 목표는 차를 주스나 레모네이드와 혼합해서 뭔가 아주 색다른 음료를 만들 수 있을지 살펴보고, 그 과정에서 좀 더 풍부한 경험을 제공할 수 있을지 탐색하는 것이었어요." 흔들어 만드는 티 음료를 개발하기 위해 실행팀은 음료 셰이커를 디자인하고, 최적의 제품 제조 프로세스를 수립하고, 매장에 제품을 쉽게 도입할 수 있는 교육 도구를 마련해야 했다.

케빈은 이어서 말했다. "제품을 테스트하는 과정에서 고객들로부터 편차가 심하다는 의견이 나왔습니다. 저희는 파트너들에게 티 셰이커를 나누어주고 '레모네이드와 차를 섞고 레시피에 따라 시럽을 적절히 넣은 다음 10초 동안 흔들어주세요. 셰이커 뚜껑을 열고 손으로 흔든 음료를 컵에 따르면 멋진 음료가 완성됩니다.'라고 설명해둔 상태였거든요." 제품 테스트를 관찰한 스타벅스 파트너 팀은 일관성을 높이고 전달하기 쉬운 제품을 만들고자 시험 판매 매장에서 음료를 준비하는 바리스타들에게 직접 질문을 하기도 했다. 바리스타들은 주로 음료 준비의 용이성, 새로 디자인한 셰이커의 기능성, 준비 절차에 대한 바리스타의 생각을 묻는 질문에 대답했다.

케빈에 따르면 평가 과정에서 뜻밖의 이슈가 튀어나왔다. "저희는 파트너들이 음료 흔드는 법을 몰라 편차가 발생한다는 사실을 알게 되었어요. 어이없는 이야기지만 10초는 사람마다 상당히 다를 수 있더라고요. 어떤 파트너들은 20초 가까이 흔들었고 5초 동안만 흔드는 파트너들도 있었어요. 알고 보니 그렇게 흔드는 시간이 달라져서 음료 맛에 큰 차이가 생긴 것이었죠. 그래서 저희는 파트너들이 차를 10회 흔들도록 프로 토콜을 바꾸었어요. 그 결과 이제 매장에 가보면 파트너들이 속으로 1부 터 10까지 세면서 쉐이커를 흔드는 모습을 볼 수 있죠. 그렇게 조정했더 니 제품 일관성에 큰 변화가 나타났어요." 제품에 대한 신뢰를 얻기 위해 스타벅스 리더들은 우선 유능한 인재들로 팀을 꾸리고, 그들이 새로운 아 이디어와 콘셉트를 반복 가능하고 효과적인 전달 시스템으로 발전시켜 나가도록 격려한다. 이 팀들은 고객 및 매장 내 파트너와 함께 그러한 아 이디어를 합동으로 테스트해 봄으로써 제품이나 전달 방법의 면면을 전 략적으로 다듬고 제품 또는 서비스 편차를 제거해 나간다.

일관성 있게, 기대치 이상으로

일관성이 소비자 신뢰에 결정적이라면 스타벅스 리더들은 어떤 방법으 로 안정적이면서도 마음을 끄는 서비스를 제공할까? 고객 기대치를 충족 하고 더 나아가 그것을 넘어서는 서비스의 비결은 무엇일까? 간단히 말 하자면 스타벅스 리더들은 스타벅스에서 '항상' 일어나야 하거나 '절대' 일어나서는 안 될 서비스 행동을 정의함으로써 파트너들을 교육하고 성 장시킨다. 아울러, 교육 자료를 통해 서비스 기본 훈련의 효과가 무엇이 고 일관된 서비스 제공에 대해 리더들이 품고 있는 기대치는 무엇인지 명확하게 전달한다. 예를 들어, 리더들은 바리스타가 스타벅스 서비스 기 본 훈련을 받고 나면 고객과의 소통으로 니즈를 이해한 후 제품 추천을

해야 한다는 기대치를 실정해 두었다. 경영진은 이러한 서비스 기대치에 대한 논리적 근거를 밝히고 거기서 비롯된 '항상/절대' 행동이 고객 신뢰와 직결된다고 강조한다. 제품 추천의 의도가 회사의 이익이 아니라 고객의 이익과 최우선으로 연결되어 있을 때 고객이 신뢰를 느낀다는 사실을 알기 때문이다. 스타벅스 경영진은 파트너들이 고객의 기본적인 서비스 기대치를 넘어설 때 고객들에게 영감 넘치는 순간이 시작된다고 힘주어 말한다. 많은 경우, 이것은 고객이 묻기 전에 직극적으로 개인화된 서비스를 전달하려는 자세와 관련이 있다.

잠깐만요, 이건 제 예상과 다른데요

제품이 소비자의 기대치에 미치지 못하는 상황이 생기면 결정적인 진실의 순간이 다가온다. 고객의 관점에서 내적 대화는 대개 이런 식으로 흘러간다. "이건 아니라고 업체에 알려야 할까, 아니면 이 구제 불능 회사는 그냥 내버려 두는 게 좋을까?" "이 업체가 '손님께서 그렇게 주문하셨는데요.'라고 말하면서 내 탓을 하지는 않을까?" "회사가 제품을 책임져줄까, 아니면 이건 내가 알아서 해야 할 문제일까?" "이 문제를 개선하려는 노력 때문에 내가 얼마나 많은 번거로움을 감수하게 될까?" 회사 입장에서 내적 대화는 '반드시' 다음과 같아야만 한다. "고객이 문제를 맞닥뜨렸을 때 우리에게 알릴 가능성을 높이려면 어떻게 해야 할까?" "어떻게 하면 모든 직원에게 서비스 회복 처리 방법을 주지시킬 수 있을까?" "어떻게 하면 이 실책을 기회로 삼아 진실성을 입증해 보이고 더 높은 수준의 고객 참여를 촉진할 수 있을까?"

불만은 고객들을 다시 끌어들이고 진실성을 입증해 보일 기회이기 때문에, 유능한 리더들은 고객이 우려를 털어놓도록 장려할 방법을 찾는다. 스타벅스의 경우, 스타벅스 매장과 회사 웹사이트에 고객에 대한 약속을 공개하는 것이 그 시작이다. 내용은 다음과 같다. "저희는 여러분께 완벽한 만족을 드리고 싶습니다. 어떠한 이유로든 구매에 만족하지 못하신 경우 상품을 교환해 드리거나 구매 금액을 환불해 드리겠습니다." 그런 약속을 하기는 쉽지만 지키기는 훨씬 더 어렵다. 유머 사이트 zug.com의 설립자이자 『존 하그레이브 경의 말썽 매뉴얼Sir John Hargrave's Mischief Maker's Manual』의 저자 존 하그레이브는 스타벅스의 약속을 시험해 보기로 마음먹었다. 존은 이렇게 썼다. "그런데 스타벅스는 진짜로 무엇이든 교환해 줄까? 확인을 위해 나는 메뉴 중에서 제일 잘 부패할 것 같은 제품을 사서 몇 주 동안 차고에 내버려 두었다가 교환을 시도해 보기로 했다."

존이 제품을 교환하러 가기로 한 시점에 컵의 상태에 관해서는 자세한 설명을 생략하겠다. 단지 컵에 남은 내용물을 플라스틱 용기에 옮겨 담아야만 했다는 정도로 넘어가자. 존은 이어서 썼다. "나는 냄새 때문에 현기증을 느끼며 스타벅스에 들어갔고 타파웨어 용기를 바리스타에게 내밀면서 말했다. '이것 좀 바꿔주시겠어요? 맛이 간 것 같아요.'" 바리스타는 건네받은 물건이 무엇인지 잠시 혼란스러워하다가 대답했다. "'알겠습니다, 손님. 바꿔드릴게요.' 휴지통에 음료를 쏟아버린 그는 괴로운 듯 신음했다. '그런데… 으으으으!!' 매장 전체가 음료의 악취로 가득 차자

그는 울상이 되었다. 다른 바리스타가 재빨리 달려와 휴지통을 봉지째 들어내더니 헛구역질을 하면서 밖으로 가지고 나갔다. … 분명히 말해 두지만 그들은 영수증을 보자고도 하지 않았다. 스티미 크리미Steamy Creamy를 새로 하나 만들어서 미소 띤 얼굴로 나에게 건넸을 뿐이었다." 존이 요구한 것과 같은 제품 교환을 직원들이 미소로 수락하게 하려면 어떻게 해야 할까? 서비스 회복 도구와 기대치를 제대로 교육시키는 것이 하나의 방법일 수 있다.

스타벅스 파트너들에게는 교육 초기 단계부터 고객 불만이나 우려를 해결할 자원과 자율권이 부여된다. 기본적인 고객 서비스 맥락에서 파트너들은 불만이 발생한 고객의 욕구 상황을 파악하도록 장려받는다. 경우에 따라, 음료가 기대치를 충족하지 못한 점을 사과하고 음료를 다시 만들어주어야 할 때도 있고, 거기에 더해 음료 쿠폰 같은 서비스 회복 도구까지 제공해야 할 때도 있다. 첫 바리스타 교육에서부터 지속적으로 이루어지는 경력 개발 교육까지, 스타벅스 파트너들에 대한 경영진의 메시지는 분명하다. 고객의 욕구를 파악하고, 책임감 있는 태도로 대응하며, '손님 탓하기'를 피하고, 신속하게 문제를 시정하되, 해결 조치를 통해 고객이 매우 만족한 상태가 되었는지 다시 확인하라는 것이다. 스타벅스 리더들은 통상적인, 혹은 서비스 회복을 통한 스타벅스 경험에 대한 고객 반응이 '대단히 만족'인 경우 그냥 '만족' 범위 안에 든 경우에 비해 스타벅스를 재구매하고 추천할 가능성이 훨씬 높다는 사실을 직원들에게 주지시킨다. '대단히 만족'은 당신이 역량 있고 진실성 있다는 뜻이지만 '만족'은 고객이 더 나은 제안을 접할 때까지만 당신과 함께할 거라는 뜻이다.

사랑과 열정이 필요한 시대

고객들이 대단히 만족한 상태이고 당신을 역량 있고 신뢰할 가치가 있는 기업이라 여긴다고 치자. 그렇다면 어떻게 해야 고객의 전적인 참여를 이끌어낼 수 있을까? 이 질문에 대한 대답은 2장과 3장에서 이미 언급한 바 있다. 타인에 대한 서비스에 진정으로 재능 있는 사람을 선발해서, 그들에게 제품에 대한 지식과 열정을 갖출 기회를 주며, 제품과 고객 경험의 우수성을 고집한다면 별 문제 없이 고객의 자부심과 열정을 얻을 수 있을 것이다. 나아가, 최적의 고객 경험을 정의하고, 그 전달 방법을 직원들에게 교육시키며, 무질서를 없애고, 고객 여정 중 감각 요소를 개선한다면 사랑받는 브랜드 지위에 한층 더 가까이 다가가게 된다. 그럼 무엇이 빠졌을까? 결국 중요한 건 감성적 가치의 중요성을 전달하고자 하는 경영진의 노력과, 단순히 강한 호감을 얻는 브랜드가 아니라 사랑받는 브랜드가 되겠다는 목표 설정 의지다. 어쩌면 유능한 기업가들은 현실적이고 계산된 행동으로 성공을 달성하는 데 익숙해 있는지도 모른다. 그러기 위해 그들은 감정을 사업적 의사결정을 내리는 데 달갑지 않은 요소로 간주할 수도 있다. 혹은 정서적 가치에 관한 최신 연구에 친숙하지 않을 수도 있다. 거부감의 이유를 떠나서 분명한 건 정서적 가치의 중요성을 전달하고 '사랑받는 브랜드' 혹은 '열정 브랜드'를 최종 목표로 설정한다면 상당한 사업적 우위를 얻을 수 있다는 사실이다.

브랜드 전략 및 코칭 회사 빌러비드 브랜즈Beloved Brands Inc.의 회장 그레이엄 로버트슨은 이렇게 말했다. "스타벅스와 자포스 같은 소수의 브랜드는 사랑받는 브랜드가 되었지만 애석하게도 그들은 특별합니다. 스타벅스처럼 획기적인 브랜드들은 일하는 방식에 뭔가 마법과도 같은 부분이 있습니다."

그레이엄은 브랜드 사랑에 이르는 여정을 가늠해 볼 수 있도록 브랜드 애정 곡선을 개발했다. 리더들은 네 가지 범주 '무관심', '좋아함', '사랑함', '평생 사랑받는 브랜드'를 통해 소비자들의 정서적 유대감을 스스로 평가해볼 수 있다.

그레이엄의 관점에서 기업은 사랑받는 브랜드 지위로 이동할수록 시장에서 더 큰 힘을 얻게 된다. 그는 이렇게 설명했다. "사랑은 힘의 원천입니다. 나를 사랑해주는 고객층이 있다면 사실상 더 강력한 힘이 있는 셈이죠. 나는 그 힘을 행사하면서 더 많은 수익을 내게 됩니다. 나를 따르는 팬들이 있을 경우, 공급업체와 다른 사업 파트너들에게 더 매력적으로

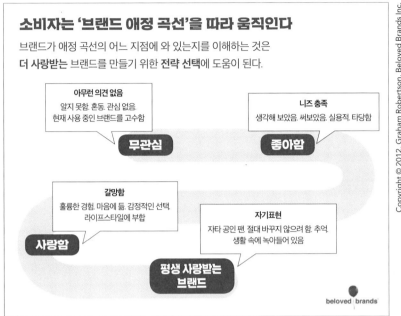

브랜드 애정 곡선

보일 가능성이 높습니다. 필요할 때 이웃과 정부의 지원을 얻기도 훨씬 편하겠죠. 심지어 미디어에서도 힘을 얻게 됩니다. 내가 하는 일마다 기사화될 가능성이 높아질 테니까요. 만약 신제품 스키니 바닐라 커피를 출시한다면 사랑받지 못하는 브랜드와는 달리 그 소식은 뉴스거리가 될 것입니다."

경제학자들조차 소비자 행동과 소비자 충성도에서 감정이 담당하는 역할에 대한 평가를 달리했다. 경제학 역사상 대부분의 기간 동안 이론가와 연구자들은 '완벽한 합리성'이라는 렌즈를 통해 소비자 의사결정을 평가해 왔다. 기본적으로 소비자가 무언가를 구입하는 이유를 구매의 기능성 같은 합리적인 요소와 연결시키는 입장이다. 그러나 1970년대 말과 1980년대 초에 이르러 심리학자 대니얼 카너먼과 에이머스 츠버스키가 의사결정에서 정서적 요인의 역할에 초점을 맞춤으로써 경제학에 일대 혁명을 일으켰다. 그 후로 수십 년 동안 이루어진 소비자 행동 연구는 이성과 감성이 구매 패턴에 영향을 끼치고 고객 유지를 개선하며 직원 몰입도를 높이고 브랜드 에반젤리즘brand evangelism[19]까지 강화하는 방식에 관한 여러 가지 직관적이고 흥미로운 사실들을 뒷받침해 준다.

사람들은 제품의 혜택과 특성 같은 객관적인 요소를 바탕으로 물건을 구입한다고 주장할지 몰라도, 그러한 결정은 개인이 제품이나 브랜드에 부여하는 정서적 가치에 강하게 영향을 받곤 한다. 감정은 또한 고객 충성도, 구매 빈도, 지출 패턴에도 영향을 주는 요소이고, 친구나 동료에게 거래업체를 소개해 주고자 하는 의향에도 뚜렷이 드러난다. 회사와 굉장히 강한 감정적 관계를 맺는 고객들은 실제로 선호하는 브랜드를 자기 개성의 연장으로 인지하고 브랜드를 자신의 리추얼, 생활양식, 정체성 안으로 통합시킨다.

케이트 뉼린은 『열정 브랜드Passion Brands』라는 책에서 고객이 회사와 자신을 동일시할 때의 이익에 대해 이야기했다. 열정 브랜드란 "당신이 친구들에게 온 마음을 다해 추천하고 열렬히 전파하는 브랜드다. 그 브랜드는 당신에게 광명처럼 느껴질 것이고, 만약 친구들이 당신만큼 격

---

19 복음 전도(evangelism)에서 개념을 따와, 특정 브랜드를 전도자(evangelist)처럼 적극적으로 지지하고 홍보하는 소비자들이 생겨나는 일련의 과정을 말한다. —편집자 주

하게 열정 브랜드를 받아들이지 않을 경우, 친구들의 머리 위에서 브랜드의 은총의 빛을 가리는 먹구름의 환상을 볼 정도다. … 구름은 움직이고 우정은 남겠지만 그래도. 대체 무슨 일이 벌어지고 있는 걸까?" 케이트가 제안한 열정 브랜드 테스트 방법은 상당히 간단하다. 친구들이 어떤 브랜드에 대해 자신만큼 열광하지 않아 고객이 실망감을 느낄 정도라면 그 브랜드는 열정 브랜드다.

스타벅스 리더들은 사랑, 열정, 브랜드 로맨스에 대해 주저 없이 이야기해 왔다. 하지만 사랑을 받는 유일한 방법은 사랑하기라는 점도 아주 분명히 했다. 스타벅스 리더들의 관점에서 사랑은 양방향 현상이며, 진심으로 사랑을 줄 때 사랑을 누리게 된다. 그렇다면 당신은 어떠한가? 당신은 역량 있고 정직하게 행동하는 기업으로 인식되고 있는가? 말하자면 고객의 신뢰를 얻었는가? 당신의 기업은 그레이엄 로버트슨의 브랜드 애정 곡선에서 어디에 위치해 있는가? 고객들은 당신을 너무나 열정적으로 사랑하는 나머지 친구들이 함께 열광해 주지 않으면 실망할 정도인가? 단기적인 성공은 운영 탁월성과 만족을 추구하는 것만으로 달성할 수 있다. 그러나 고객들의 전적인 참여를 원한다면 신뢰를 바탕으로 한 인간적 연결에 진정성 있게 앞장서고 사랑받는 브랜드를 향해 나아가기로 진로를 전환해야 할 때인지도 모른다.

요점 정리

★ 만약 고객들이 당신의 회사를 역량 있고 정직한 회사로 간주한다면 당신은 소비자 신뢰에 필요한 환경을 조성한 것이다. 신뢰는 더 높은 수준의 참여로 나아가는 여정에서 관문 역할을 하는 감정이다.

★ 브랜드 품격은 리더들이 기대치에 맞게 행동하려고 진심으로 노력을 다할 때 나타나는 결과다.

★ '옳은 일'을 하려는 노력은 탁월한 리더십의 핵심이다. 게다가 오늘날의 상호 연결된 세계에서는 리더들의 공적인 행동만이 아니라 사적인 행동도 예외가 될 수 없다.

★ 단기적인 수익성만이 아니라 타인을 이롭게 하느냐라는 도덕적 요소를 고려해 성공을 측정해야 한다.

★ 사람과 수익 양쪽 모두에 영향을 끼치는 까다로운 결정들은 기업 가치를 반영하고 측은지심과 슬기로운 판단력을 드러내며 말과 행동의 일치를 보여줄 때 존경을 얻는다.

★ 리더십의 중요한 구성 요소들이 모두 그렇듯 진실성 또한 운영적 차원과 개인적 차원 양쪽에서 고려되어야 한다. 본질적으로 기업의 정직성은 직원들이 다른 사람들의 삶을 개선하도록 돕는다.

★ 리더들은 직원들이 탁월한 제품 전달을 통해 매일, 모든 상호작용에서 고객의 신뢰를 얻고자 노력하도록 고무해야 한다.

★ 불만은 고객들을 다시 끌어들이고 진실성을 입증해 보일 기회이기 때문에, 유능한 리더들은 고객이 우려를 털어놓도록 장려할 방법을 찾는다.

★ 정서적 가치의 중요성을 전달하고 '사랑받는 브랜드' 혹은 '열정 브랜드'를 최종 목표로 설정한다면 상당한 사업적 우위를 얻을 수 있다.

★ 회사와 굉장히 강한 감정적 관계를 맺는 고객들은 실제로 선호하는 브랜드를 자기 개성의 연장으로 인지하고 브랜드를 자신의 리추얼, 생활양식, 정체성 안으로 통합시킨다.

5장

안에서 번창해야 밖에서 느껴진다

직원들을 동업자처럼 대하라. 그러면 그들은 동업자처럼 행동할 것이다.

미국의 라디오 방송인 **프레드 앨런**

단어는 중요하다! 그래서 많은 리더들이 업무 관계에서의 권력 역학을 내포하는 '직원'이라는 단어의 사용을 기피해 왔다. 이 용어는 힘이 더 센 사람, 고용주employer와 힘이 더 약한 사람, 직원employee이 따로 존재한다는 사실을 암시한다. 이뿐 아니라 직원이라는 표현은 금전적 관계 혹은 거래 관계를 나타낸다. 당신이 나를 고용한다employ면 나는 당신을 위해 일하고 당신은 내게 돈을 지불해야 하는 관계가 된다. 직원이라는 말 대신 두 가지 대안이 비즈니스 용어로 인기를 끌게 되었다. 바로 '동료associate'와 '팀원team member'이다. 이 단어들은 조직 내 사람들 사이의 관계를 더 부드럽게 표현하는 동시에, 조금 더 친화적이거나 협력적인 환경을 연상시킨다. 하지만 애석하게도 어떤 회사에서는 동료나 팀원 같은 단어가 공허하게 들리기도 한다. 팀원들에 대한 존중, 신뢰, 감사기 부족해 그들이 진정한 상호 의존적 집단의 일원임이 잘 드러나지 않기 때문이다. 동료라는 표현을 쓰는 조직에서도 리더와 나머지 구성원 사이에서 '동료 의식association'을 찾아보기 어려운 경우가 많다. 그러면 스타벅스에서는 왜 '파트너'라는 단어를 사용할까? 그리고 그 단어는 실제로 현실을 반영하고 있을까, 아니면 그냥 듣기 좋으라고 하는 소리일까?

파트너십은 정말로 존재할까?

파트너십의 비즈니스적 정의는 대개 다음을 비롯한 여러 요소를 포함한다.

* 공동의 목표를 추구하기 위한 두 당사자 사이의 합의
* 그 목표를 현실화하기 위한 공동 투자
* 목표를 추구함에 따라 발생하는 위험과 보상의 분산

대다수의 사업주들은 신입 직원들과 고용 계약을 체결함으로써 양측이 공동 목표를 추구하기를 희망한다. 채용된 사람들은 대개 사업주의 시간, 재능, 재정 자원과 나란히 자신의 시간과 재능을 투자한다. 그러나 직원들은 미리 정해진 급여 계약 외에 사업 수익에서 발생하는 보상을 나누어 받지 못하기 때문에 진정한 파트너십은 존재하지 않는다. 다시 말해, 직원들은 사업이 잘 된다고 더 이득을 보거나 손실이 났다고 해서 책

임을 지지 않기 때문에 절대 파트너가 아니다. 그러면 스타벅스의 '직원' 관계는 사업 파트너십일까? 엄밀한 기준으로 따지자면 파트너십이 아니다. 스타벅스 '파트너'들은 업무 관계로 인한 금전적 책임을 지지 않지만 빈 스톡을 받는다는 점에서 기능상의 파트너십을 누린다.

1991년 무렵 스타벅스는 괜찮은 수준의 수익성을 누리기 시작했고, 하워드 슐츠는 직원들을 위한 주식 보상 프로그램을 만드는 일에 스타벅스 이사회의 지지를 청했다. 스타벅스는 당시 비상장 회사였기 때문에, 직원들의 기본급을 기준으로 계산한 스톡옵션을 전 사적으로 부여하자는 계획이 제안되었다. 하워드는 그러한 프로그램이 직원들의 기여와 스타벅스의 전반적인 시장 가치 사이에 직접적인 연관 관계를 수립해 줄 거라고 믿었다. 이사회 이사들은 이런 유형의 프로그램이 회사에 투자하고 있는 투자자들의 주식 가치를 희석시킬 수 있다는 우려를 표명했지만 결국 이 계획은 만장일치로 승인되었다. 스타벅스는 1991년 빈 스톡 프로그램을 직원들에게 발표하면서 '직원'이라는 용어 사용을 중단하고 모든 사람을 '파트너'라고 부르기 시작했다. 심지어 파트타임 직원들까지도 근무 시작 후 6개월이 지나면 프로그램의 자격 요건을 갖출 수 있었다.

해를 거듭하면서 빈 스톡 프로그램은 파트너들의 이익을 높이는 쪽으로 계속 진화했다. 2010년 11월 스타벅스는 스톡옵션 대신 양도제한조건부주식Restricted Stock Unit, RSU[20]의 형태로 빈 스톡을 지급하기 시작했다. 이뿐 아니라 가장 최근에 추가된 르완다를 포함해 19개 시장 11만

---

20 일정한 제한 조건을 붙여 회사 주식으로 환산할 수 있는 권리를 주는 것. —편집자 주

5,000명 이상의 파트너들로 수혜 대상을 확대했다. 하워드와 이사회는 권한 확정 기간을 단축시켰고, 파트너들이 소유권을 얻으면 스톡옵션 지급 시점부터 행사 시점까지의 평가 차익을 실현하는 대신 스타벅스 주식의 실제 주가를 받을 수 있도록 허용했다. 빈 스톡과 퓨처 로스트 401(k) Future Roast 401(k)[21] 프로그램은 스타벅스의 진보적인 보상 계획에서 가장 핵심이 되는 양대 산맥이다.

2012 회계연도에 스타벅스는 양도제한조건부주식의 소유권을 얻었거나 빈 스톡 옵션을 행사하고 판매한 파트너들에게 2억 1,400만 달러 이상의 세전 이익을 지급하고, 401(k) 가입자들에게 고용주 부담액의 형태로 5,500만 달러 이상을 지급했다. 성공은 나눌수록 커진다는 경영진의 기본 철학을 입증해 보인 것이다. 상황이 좋든 나쁘든 이 철학을 확고하게 지킴으로써 스타벅스 리더들은 대다수 기업의 경영진과 차별화된 모습을 보였다. 2011년 파트너들과의 커뮤니케이션에서 하워드는 이렇게 언급했다. "지난 20년 동안 스타벅스는 주식 프로그램에 파트타임 시간제 파트너들을 포함시킨 유일한 유통업체였습니다. 이것은 다른 조직과 저희를 진정으로 차별화시킵니다. 사람들이 일하고 싶어 하는 직장이 되어서만이 아니라, 지분 소유에 대한 파트너들의 자부심이 고객과의 진정성 있는 관계 형성으로 명확하게 이어지는 회사가 되었기 때문입니다. 빈 스톡 지급으로 여러분께 드린 오랜 약속이 지켜졌습니다. 회사가 성공하면 여러분도 저희와 함께 성공할 거라는 약속입니다. … 저는 여러 파

---

21 401(k)는 미국의 대표적인 퇴직 연금 제도. —역주

트너로부터 회사의 실적 덕분에 가족 부양에 도움이 되고 있다는 내용의 편지를 받고 개인적으로 감동을 받았습니다. 지금은 많은 이들이 어려움을 겪는 시기이고, 그럴수록 저희는 비즈니스의 모든 측면에서 계속해서 고객과 파트너의 신뢰를 확보해야만 합니다."

물론 하워드가 받은 편지 내용을 직접 확인할 수는 없었지만 나는 오랫동안 아껴두었던 빈 스톡이 자신의 삶을 어떻게 바꾸어 놓았는지 열띤 목소리로 이야기하는 파트너들을 제법 많이 만나보았다. 20년 경력의 파트너이자 글로벌 다양성 부문의 프로그램 매니저인 케이시 키이스는 이렇게 말했다. "저는 빈 스톡 덕분에 태국으로 YMCA 자원봉사 여행을 떠났고 발리로 요가 수련을 갔어요. 이 프로그램은 20퍼센트의 주택 보증금을 지불하는 데도 도움이 됐죠. 빈 스톡 프로그램에 담겨 있는 관대함이 아니었다면 저는 보금자리를 마련하는 데 필요한 금액을 감당하지 못했을 거예요. 돈도 물론 훌륭하지만 보살핌을 받는다는 느낌이 들어요."

어느 파트너는 스타벅스 빈 스톡을 세 가지 용도로 사용했다고 밝혔다. 한 번은 집을 리모델링하는 데에, 다른 한 번은 땅을 사는 데에, 또 한 번은 치아 임플란트 시술을 받는 데에 썼으니, 그야말로 빈 스톡 덕분에 미소를 되찾은 셈이다. 자원봉사 여행, 주택 구입, 리모델링, 미소를 되찾는 일까지, 스타벅스의 파트너가 되어 주주 가치를 올리느라 힘쓴 데 대한 보상으로는 그리 나쁘지 않은 것 같다.

2012년 휴스턴에서 열린 글로벌 리더십 컨퍼런스에 참석한 지역 매니저와 점장의 약 5퍼센트는 빈 스톡 계정을 아직 활성화시키지 않은 상태였다. 목표는 한 사람도 빠짐없이 컨퍼런스 부스에 들러 활성화를 완료하도록 하는 것이었다. 13,000달러의 계정 잔고를 처음으로 확인한 파트너는 얼마나 기분 좋은 깜짝 선물을 받은 느낌이었겠는가? 심지어는 계정 잔고가 5만 달러를 넘는 장기근속 파트너도 있었다. 어떤 기업주들은 빈 스톡과 같은 프로그램을 만드는 데 필요한 수익이 나지 않는다고 하소연할지도 모른다. 하지만 그들이 그렇게 수익 문제를 겪는 이유는 더 많은 수익을 올리도록 도와줄 수 있는 사람들에게 충분한 보상을 제공하지 않아서가 아닐까 싶다.

돈을 넘어서서 행복을 돌보다

미국에서 초보적인 형태의 직장 보험은 1800년대 중반에 생겨났다. 증기선이나 철도 사고로 장애를 입은 경우 그 피해를 보장해 준다는 내용의 보험 증권이 직원들에게 지급되었다. 고용주가 지원하는 의료보험은 1920년대에 등장했으나, 그러한 보험이 본격적으로 급증하기 시작한 것은 제2차 세계대전 중 연방 정부가 기업의 임금을 엄격히 통제하는 대신 의료보험 비용을 연봉 총액 계산에서 제외시켜 주었을 때였다. 의료보험 혜택의 강화는 기업들이 전시의 어려운 노동 시장에서 가급적 우수한 직원들을 유인하는 방법 중 하나였다.

이제 시간을 빠르게 돌려 1961년으로 가보자. 당시에는 많은 고용주들이 의료보험을 제공했지만 하워드 슐츠의 아버지는 그런 회사에서 일할 정도로 운이 좋지는 않았다. 그 해에 하워드는 아버지가 근무 중 발목

골절을 당하는 바람에 무보험의 고충을 직접 체감했다. 의료비 전액을 가족이 부담해야 했기 때문이었다. 마지막으로 한 번 더 시간을 빠르게 돌려 1987년으로 가보자. 하워드 슐츠는 투자자 그룹과 힘을 합쳐 하워드의 전前 고용주들에게서 스타벅스를 사들였다. 일 년 안에 회사의 매장 수는 17개에서 55개로 늘어났고, 하워드는 이사회 앞에서 풀타임 직원과 자격을 충족하는 파트타임 직원들에게 의료보험 혜택을 제공하자고 제안했다. 스타벅스는 당시 수익성이 좋지 않았다. 1991년 하워드가 빈 스톡 아이디어를 내놓았을 때와는 상황이 달랐기 때문에, 그는 이사회의 거센 반발에 직면했다. 하지만 이에 굴하지 않고 하워드는 의료보험 혜택을 제공하는 비용이 신규 직원을 채용하고 유지하는 비용의 절반에 불과하다고 주장했다. 그는 당시 고용 인력의 3분의 2가 풀타임이 아니기 때문에 파트타임 직원들까지 보장을 확대해야 한다는 논리를 펼쳤다. 직원 교체의 고정 비용뿐만 아니라, 높은 이직률이 고객 경험에 끼치는 영향에 관해서도 언급했다. 직원들이 바뀔 때마다 단골 고객이 바리스타와 맺는 관계가 단절될 거라고 지적한 것이다.

하워드의 논리는 설득력이 있었고, 이사회는 결국 스타벅스의 의료보험 혜택을 승인했다. 그 결과, 스타벅스는 주 20시간만 근무하는 사람들을 포함해 자격 조건을 갖춘 모든 직원에게 종합적인 의료보험을 제공한 미국 최초의 기업이 되었다. 누군가는 불필요한 비용으로 간주하겠지만 하워드는 이것을 사람에 대한 투자, 스타벅스의 미래를 위한 투자로 여겼다. 이번 장 후반부에서 우리는 파트너 몰입과 유지라는 관점에서 그 투자의 수익성을 따져볼 것이다. 더 나아가, 높은 수준의 직원 몰입도가 혁신과 고객 충성도에 끼치는 영향을 탐구할 것이다.

1988년에 퀵서비스 레스토랑 업계에서 의료보험 혜택을 제공한다는 것은 혁명적인 일이었다. 파트타임 노동자들을 대상으로 의료보험 혜택을 확대한 것도 마찬가지였다. 1994년 미국 대통령 빌 클린턴조차 의료보험 정책을 연구하면서 하워드에게 자문을 구했다. 현재까지도 대부분의 고용주들은 파트타임 직원에게 의료보험을 제공하지 않으며, 제공했던 기업 중 다수가 최근의 경기 침체로 제공을 중단했다. 2012년 키이저 가족재단Kaiser Family Foundation의 고용주 의료보험 조사에 따르면 "2012년 의료보험을 제공하는 전체 회사의 28퍼센트가 파트타임 노동자에게도 의료보험을 제공했다. 2011년 조사된 16퍼센트보다는 크게 증가했지만 2010년 조사된 25퍼센트와 비슷한 수준이었다."

나는 "단어는 중요하다."는 문장으로 이번 장을 시작했다. 스타벅스 파트너들 말에 따르면 회사 전체에 해당되는 의료보험 혜택을 통해 표현되는 배려는 "더 중요하다." 한 바리스타는 블로그에 다음과 같은 글을 올렸다. "나는 스타벅스 덕분에 목숨을 부지했다고 아주 진지하게 말할 수 있다. 스타벅스가 직원들에게 제공하는 '훌륭한' 의료보험이 아니었다면 생명을 위협하던 섭식 장애를 치료하기 위해 거주 치료 센터에 90일 동안 입원할 기회 따위는 얻지 못했을 테니까. 하지만 다행히도 내가 스타벅스에서 파트타임으로 일하면서 가입한 의료보험으로 치료비와 요양비의 상당 부분이 충당되었다. 혼자서는 결코 감당할 수 없었을 금액이었다."

스타벅스의 시프트 슈퍼바이저 후안은 다음과 같이 표현했다. "몇 개월간 주당 20시간만 근무해도 양질의 의료보험과 그 혜택을 받을 수 있다는 게 정말 놀라워요. 저는 최근에 건강상의 문제로 입원을 해야 했어요. 보험은 생명의 동아줄이었고, 선물처럼 느껴졌죠. 의료보험은 제가 여기서 소중하게 여겨지고 진가를 인정받는다고 느끼게 되는 여러 이유 중 하나에 불과해요. 기본적으로 경영진은 제가 하는 일이 의미 있다고 말해주고 있어요. 제가 이 회사에 그토록 강한 애정을 느끼는 가장 큰 이유죠."

이번 장 전체에 걸쳐 나는 스타벅스 리더들이 직원들을 인정해 주고 존중하며 사람에 투자하는 다양한 방식에 관해 이야기할 것이다. 이것이 관계를 만들어나가는 유일한 방법이라거나 스타벅스의 관계 형성 방법이 완벽하다고 말하려는 의도는 아니다. 다만 스타벅스 경영진은 직원 몰입을 위해 헌신하며, 인적 자원의 경쟁력을 유지하려면 그만큼 결연한 노력이 필요함을 강조하고 있다.

성장과 발전에 대한 투자

칼리지플러스CollegePlus는 맞춤형 이중 학점 프로그램[22]과 학사 학위 취득 과정을 개발하는 회사다. 칼럼니스트이자 블로거인 케이틀린 뮈어는 이 회사의 웹사이트에 게시된 한 블로그 글에서 '학자금 대출에서 당신을 구해줄 수 있는 33개 기업'이라는 제목을 처음부터 선택한 건 아니라

---

22 고등학교 재학 중에 대학 학점으로 인정해주는 과목을 수강할 수 있는 제도. —역주

고 털어놓았다. 케이틀린은 이어서 설명했다. "이 글의 원래 제목은 '내가 스타벅스를 사랑하는 이유'였다. 전직 바리스타인 나는 이 회사에서 좋은 대우를 받았다. 저렴한 의료보험, 훌륭한 시급, 유연한 근무 시간 외에도, 내게 정말 도움이 된 것은 바로 등록금 지원 제도였다." 케이틀린은 이 글에서 스타벅스의 이 혜택과 다른 지원들 덕분에 학자금 대출에 짓눌리지 않고 졸업할 수 있었다고 밝혔다.

'성장하고 발전할 수 있는가'의 여부는 직원 몰입을 확보하는 핵심 요인이다. 그러한 성장이 이루어지게 하려면 경영자는 직장 안에서의 기회 제공에 관심을 기울이는 한편 직장 밖에서의 교육 기회도 모색해야 한다. '스타벅스U'는 직무 교육과 공식적인 학업 기회를 통합시킨 하나의 사례다.

스타벅스U는 미국 파트너들을 대상으로 만들어진 프로그램의 명칭이다. 파트너들은 직무의 일환으로 제공되는 교육, 예를 들면 3장에서 언급한 바리스타 교육 과정이나 시프트 슈퍼바이저 교육 등으로 대학 학점을 취득할 수 있다. 스타벅스 리더들은 미국교육협의회American Council of Education, ACE와 협의하여 선별된 교육 과정을 인증받음으로써 파트너들을 위한 학점 인정 요건을 확보했다. 마찬가지로, 경영진은 시애틀 시립대학교 및 스트레이어 대학교와도 협력했다. 기존에 미국과 캐나다의 자격이 되는 파트너를 위해 마련했던 회사의 등록금 지원 프로그램의 영향력을 확대하기 위해서였다. 예를 들어, 시립대학교 프로그램은 자격을 충족하는 스타벅스 파트너들에게 전형료 면제, 모든 학부 및 대학원 등록금 25퍼센트 감면, 독점적인 장학금 등의 혜택을 제공한다. 이와 유사하게 스트레이어 대학교 프로그램은 등록금 20퍼센트 할인, 무료 학업

지도와 상담, 유연한 상시 온라인 과정을 제공한다. 한 파트너는 이렇게 말했다. "저는 작년에 공부를 다시 시작하기로 마음먹었어요. … 스트레이어 대학교에 등록했는데, 처음에 스트레이어에서 주는 장학금 1,000달러를 받았고 등록금도 20퍼센트 할인받은 데다가 스타벅스 직무 교육에 대한 학점까지 인정받았죠. 학교가 시작되고 나서 몇 달 후에는 스타벅스에서 주는 2,500달러의 가을 장학금도 받았어요. 이 모든 것은 제가 스타벅스 파트너이기 때문에 가능한 일이었죠. 스타벅스는 제 삶을 바꾸어 놓았어요. 여기서 일을 시작했을 때만 해도 영어를 거의 못하는 아이티 여자였거든요. 제 인생 최고의 시간이었어요."

직원들의 성장에 관심 있는 리더들은 단독으로는 제공할 수 없는 혜택을 제공하기 위해 다른 기업이나 스트레이어 대학교, 시립대학교 같은 교육 기관과 협업할 방법을 모색한다. 이런 리더들은 전략적 제휴를 통해 직원들의 복지 예산을 확대하고 확장하며, 직원들이 던지는 중요한 질문에 답해 주려고 애쓴다. 이를테면 이런 질문이다. "당신은 내가 업무상의 발전 목표뿐 아니라 개인적인 발전 목표도 달성할 수 있게 도와줄 만큼 나에게 관심을 가지시나요?"

위기에 처한 파트너들을 공동체 안에서 하나로

빈 스톡 프로그램, 퇴직 펀드, 의료보험 보장, 교육 혜택을 통해 파트너들을 지원하는 것 외에도, 스타벅스 경영진은 파트너들의 상부상조를 장려하는 프로그램을 감독한다. 1998년에 시작된 컵 펀드CUP, Caring Unites Partners가 그것이다. 한 무리의 파트너들이 스타벅스 경영진과 힘을 합쳐 극도의 곤경에 빠진 파트너들을 위해 기금을 모으고 나누어주는 제도를 만든 게 발단이었다. 프로그램의 자금은 파트너들의 자발적인 기부와 파트너들이 후원하는 기금 마련 행사의 수익금으로 충당된다. 스타벅스는 펀드의 행정적 운영을 담당한다. 통제 불능의 재난 상황을 맞아 재정적 곤란에 처했다고 판단되는 파트너에게는 최대 1,000달러까지 지원된다. 2012년 미국 북동부 지역의 많은 파트너들에게 피해를 준 초강력 허리케인 샌디의 여파를 예로 들 수 있다. 자금 지원 신청 자격은 파트너가 기부를 한 적이 있는지 여부와 무관하다. 직원 간 펀드는 1990년대 후반부터 많이 눈에 띄기 시작했지만 스타벅스의 컵 펀드는 몇 가지 차원에서 주목할 만하다. 지속성, 인프라, 경영진의 꾸준한 지원, 해외 시장으로의 확장[23], 그리고 컵 펀드가 파트너들을 서로 연결시키고 조직에 대한 자부심을 갖게 해준다는 점에서다.

사람들은 함께 일하는 사람들을 돕고 싶어 하는 자연스러운 성향이 있다. 그러나 그런 도움의 손길 대부분은 임시변통식이거나 별로 체계적이지 못하다. 직원 몰입도는 고용주 지원뿐 아니라 동료 결속력과 연결되기 때문에, 스타벅스 같은 회사의 리더들은 배려의 공동체를 극대화하기 위한 인프라와 시스템을 제공한다. 이것은 컵 펀드 프로그램뿐 아니라 잠시 후 살펴볼 파트너 액세스 연합 네트워크Partner Access Alliance

---

23 6장에서 자세히 살펴볼 것이다.

Network[24]에서도 잘 드러난다. 회사의 프로그램 참여는 대체로 행정적인 차원이지만 워싱턴 시애틀의 스타벅스 지원 센터 8층에 위치한 분주한 스타벅스 매장의 경우처럼 금전적 기부의 형태를 취하기도 한다.

스타벅스 파트너들은 컵 펀드를 통해 도움을 주고받을 수 있는 기회에 감사를 표현한다. 중국 톈진의 톈진대학교 학생인 파트너 샤오 웨이는 스타벅스 바이싱 매장의 파트타임 직원이 된 직후 얼마 안 되는 기간 내에 연달아 두 차례의 슬픈 일을 겪었다. 아버지가 진행성 간암 진단을 받은 데 이어 6개월 뒤 어머니가 종양 제거 수술을 받아야 했던 것이다. 샤오는 이렇게 말했다. "저희처럼 가난한 집안에서 거액의 의료비는 너무나도 큰 부담이에요. 점장님께서 저희 가족에게 갑작스럽게 닥친 일들을 알게 되시고는 근무 시간 조정에 편의를 많이 봐주셨지요. 나중에 저는 여러 곳의 매장에서 일을 해야 했어요. 각 매장의 점장님들과 파트너들은 모두 도움과 지원을 아끼지 않으셨죠. 심지어 제가 컵 펀드를 신청할 수 있도록 도와주셨어요. 컵 펀드의 지원금은 단순한 돈 그 이상이에요. 정신적으로도 든든한 버팀목이죠."

동료들의 지원 덕분에 샤오 웨이는 스타벅스에서 경력을 쌓아나가려고 준비 중이다. "이번 6월에 대학 졸업 예정이에요. 저는 직업적으로 더 성장하기 위해 스타벅스에 남을 계획이에요. 스타벅스는 제게 에너지를 줘요. 스타벅스 덕분에 제가 더 강해지고요. 앞으로 일하면서 저는 커피

---

24 현재의 명칭은 '액세스 연합 파트너 네트워크'다. 다른 파트너 네트워크들의 변동은 따로 언급하지 않았다. ─편집자 주

한 잔 한 잔에 제 열정을 쏟아붓고 모든 고객을 미소로 대할 거예요." 그 동안 컵 펀드의 도움이 필요 없었던 사람들조차 그 가치를 이해한다. 스타벅스 글로벌 러닝 부문의 프로그램 매니저 앨리슨 에드워즈는 부연했다. "컵 펀드의 주목적은 다른 파트너들을 보살피는 거예요. 파트너는 저희 공동체의 구성원이니까요. 요즘처럼 갖가지 어려움이 많은 세상에서는 우리를 보살펴 주고 컵 펀드 같은 안심 담요security blanket[25]를 제공해 수는 공동체가 꼭 필요하죠. 저는 매일 집에 돌아갈 때, 직원들이 사랑받는다고 느낄 수 있고 서로 지지를 보내고 받을 수 있는 회사에서 일한다는 사실이 자랑스러워요."

회사 형편에 따라 팀원들이 어려운 시기에 서로를 지원할 수 있는 프로그램을 만들거나 관리하는 데 도움을 줄 수도 있고 그러지 못할 수도 있다. 그러나 큰 비용을 들이지 않고도 팀원들을 위한 배려에 기존 인프라를 활용할 수 있는 여지는 분명 존재한다. 이에 반해, 회사로 돌아오는 이익은 당신이 들인 자원보다 훨씬 큰 경우가 많다. 예를 들어 샤오 웨이의 경우, 파트타임 일자리로 시작했지만 '직업적 성장'을 추구하는 쪽으로 관심이 옮겨갔고 모든 고객을 미소로 대하겠다고 다짐했다.

스타벅스 파트너 네트워크는 경영진 입장에서 저비용/고수익 투자의 또 한 가지 사례다. 파트너 리소스 그룹에게는 스타벅스의 모임 공간이 제공되고 고위 경영진과 함께 일할 수 있는 기회가 주어진다.

---

25 아이가 어릴 때 안심하기 위해 껴안는 담요에서 온 말로, 사람을 안정시키는 물건을 뜻한다.
　　—편집자 주

스타벅스 파트너 네트워크 그룹

그룹은 자발적인 참여로 이루어지고 모든 파트너에게 열려 있다.

★ **스타벅스 액세스 연합 네트워크** 모든 파트너와 고객이 물리적 장소, 제품, 커뮤니케이션 도구, 정보에 동등하게 접근할 수 있도록 돕는다.

★ **스타벅스 군 네트워크** 스타벅스의 군인 파트너와 그 가족, 전환기에 있는 퇴역 군인을 지원하고 직장에서 군 친화적인 문화를 조성한다.

★ **스타벅스 흑인 파트너 네트워크** 한 번에 파트너 한 명과 고객 한 명씩, 스타벅스에서 아프리카계 미국인의 경험을 양성하고 증진하고 공유한다.

★ **스타벅스 차이나 클럽 네트워크** 중국/아시아-태평양 파트너의 관점을 제시하고 성장 의제를 제안함으로써 사업적 통찰력을 기르고, 문화를 육성하고, 리더를 계발하는 글로벌 공동체.

★ **스타벅스 오라 델 카페 네트워크** 파트너들이 직업적으로 성장하고, 문화적 인식을 높이며, 히스패닉 문화를 기념할 수 있는 환경을 조성하고 지역 사회에 긍정적인 방식으로 영향을 주는 것을 목적으로 하는 히스패닉 친목 단체.

★ **스타벅스 프라이드 연합 네트워크** 스타벅스 내의 LGBT 공동체에 대한 인식을 높이고 긍정적인 변화를 이끌어내기 위해 활동한다. LGBT 파트너, 지지자, 고객들을 위해 공정하고 역동적이며 협력적인 환경을 조성하고자 노력한다.

★ **여성 발전 네트워크** 구성원들의 직업적, 개인적 성장에 초점을 맞춘다. 네트워크의 주력 분야는 공동체, 교육/계발, 인맥 형성의 세 가지다.

글로벌 다양성 부문의 프로그램 매니저 케이시 키이스는 이렇게 말했다. "회사는 저희 네트워크를 정기적으로 활용합니다. 신규 사업에서 최대의 가치를 도출하고, 혁신을 주도하고, 새로운 시장의 타당성을 구축하고, 저희가 서비스하는 글로벌 공동체 안에서 브랜드의 인간애를 강화하기 위해서죠. 고위 경영팀은 네트워크 구성원들의 우려에 귀 기울이고 그들의 활동을 지원해 줍니다. 예를 들어, 액세스 연합 네트워크는 법무팀의 자문을 받아 안내견 정책을 갱신했어요. 그뿐 아니라 브라유 점자와 큰 글씨로 된 스타벅스 메뉴판과 점자 스타벅스 카드를 만드는 데도 활약을 했죠. 군 네트워크 파트너들은 인사/채용 부문과 긴밀하게 협력해 퇴역 군인들이 스타벅스에서 경력을 이어갈 수 있도록 돕고요. 번역 서비스가 필요하거나, 마케팅 자료에 대한 피드백이 필요할 때, 제품 개발에 도움이 필요할 때도 저희 네트워크들이 호출을 받곤 해요."

스타벅스의 선임 재무 분석가 카롤리나 모랄레스에 따르면 오라 델 카페 파트너 그룹의 중요한 프로젝트 한 가지는 브라질 파트너들과 소통하는 것이었다고 한다. "저희 그룹은 히스패닉 유산과의 연결을 활성화하는 데에 주력하고 있어요. 히스패닉 문화, 음식, 음악에 대한 애정을 서로 나누고, 관심 있는 파트너나 경영진과도 함께하죠. 저희는 또한 리더들이 히스패닉 문화의 시선으로 스타벅스 사업을 바라볼 수 있게 도와주고 싶어요. 마침 얼마 전 임원급 후원자 한 분이 저희가 브라질 사무실과 화상 회의를 진행할 수 있도록 조율해 주셨어요. 저희는 브라질 시장에 대한 브라질 파트너들의 열망을 탐색해 보고 도움을 줄 수 있는 방안에 관해 대화를 나누기 시작했죠. 저희 시애틀 지원 센터에는 브라질을 궁금해 하고 그곳의 시장 기회는 어떤지 더 알고 싶어 하는 사람들이 잔뜩 있거든요. 덕분에 교류는 활기차게 시작되었어요. 브라질 파트너들은 미국에 있는 저희가 자신들에게 보여준 열의에 깊이 감동을 받은 듯했어요. 그야말로 애정이 넘치는 자리였죠."

굉장히 중요하지만 비용이 별로 들지 않으면서 팀원들에 대한 배려를 표현할 수 있는 투자 방법이 하나 있다. 바로 물자 지원이다. 서로를 보살피고자 하거나 긍정적인 공동체를 만들고자 하는 직원들이 사용할 수 있게끔 회사가 회의 공간, 사업 인프라, 조직 능력을 제공하면 팀원들은 목표 안에서 서로를 이끌어주면서 역동적이고 건강한 일터를 만들어 나간다.

생각해 볼 문제

❶ 신체적, 정서적, 교육적, 재정적 행복의 관점에서, 직원들은 자신들을 위한 당신의 금전적 지원 수준에 대해 뭐라고 이야기하는가?

❷ 당신은 직원 복지 예산을 확대하기 위해 전략적 파트너십을 모색해 본 적이 있는가? 예를 들어, 직무 훈련 과정을 대학 학점으로 인정받을 수 있게 교육 기관과 협력해 본 적이 있는가?

❸ 팀원들을 물류적으로 지원하기 위한 고가치/저비용 기회를 창출하는 데에 당신의 사업 인프라를 어떻게 활용할 수 있겠는가?

경청과 공감

미국 대통령 윌슨Thomas Woodrow Wilson은 언젠가 "리더의 귀는 사람들의 목소리에 맞춰 울려야 한다."고 말했다. 말하기는 쉽지만 행하기는 어려운 일이다! 실제로 체계적이고 진심 어린 경청은 리더가 할 수 있는 투자 중 가장 경제적이고 차별점이 뚜렷한 투자일지 모른다. 많은 리더들은 너무 바빠서 듣지 않거나 말하는 데 더 관심이 있다. 그 결과, 팀원들의 이야기에 열심히, 정기적으로, 정중한 태도로 귀 기울이는 것은 위대한 리더와 좋은 리더를 판가름낸다.

스타벅스에서 효과적인 경청은 여러 가지 형태를 취한다. 리더들은 개인 또는 팀 차원에서 격식 없이 경청하기도 하지만, 스타벅스는 파트너들의 욕구와 참여 수준을 꾸준히 경청하기 위한 공식 부서를 설립해 두었다. 스타벅스 파트너 서비스 부문의 디렉터 버질 존스는 이렇게 설명했다. "저희 팀은 실문 조사, 포커스 그룹을 실시하고 파트너 집단의 맥박을 지속적으로 체크합니다. 이 부서에서 제가 매일 하는 일 중 가장 중요한 것은 파트너들의 말을 귀담아듣는 거예요. 두 번째로 중요한 일은 파트너들과 계속 소통하면서 거기에 맞게 조정해 나가는 거고요. 기술이 발전하는 속도 때문에, 오늘 파트너들에게 인기 있고 흥미 있고 매력적으로 느껴지는 것들도 지금부터 18개월 뒤면 완전히 달라질 테니까요."

정기적으로 파트너들에게 질문을 던지고 의견을 경청함으로써, 스타벅스 리더들은 끊임없이 변화하는 고용 인력의 특성에 맞추어 직원 관련 자원을 예상하고 조정하고 전환할 수 있다. 버질은 이어서 설명했다. "전체적인 지출액을 살펴보면 401(k), 의료보험, 보상 등 여러 가지 전통적인 틀이 있고, 저희 그룹이 담당하고 있는 +α가 있죠. 인구학적 특성을 꾸준히 살피면서 파트너들의 흥미를 끌 만한 새롭고 혁신적인 프로그램을 생각해 내려고 노력하는 거예요. 예를 들어, 건강과 웰니스, 대학 교육 관련 니즈는 저희 인구 집단에 중요해요. 건강과 웰니스 밑에 파트너 커넥션Partner Connection 프로그램이 포함되어 있죠."

버질에 따르면 스타벅스는 미국 내에 약 400개의 팀과 클럽을 운영하고 있으며, 3만 명의 파트너들이 여기에 참여한다고 한다. 스포츠 팀의 경우 스타벅스가 대개 참가자들의 비용 절반을 부담해 주고, 스타벅스 파트너가 아닌 사람들의 참여도 환영한다. 스타벅스 파트너의 대략 60퍼센트는 기술에 밝은 학생들이기 때문에, 많은 파트너 참여형 서비스가 컴퓨터 및 휴대폰 회사들과 연계된 할인 프로그램으로 진행된다.

스타벅스 유럽, 중동, 아프리카EMEA 부문의 미셸 개스 사장은 스타벅스의 여러 다른 고위 임원들과 마찬가지로 독특한 형태의 정기적이고 개인적인 경청 방법을 통해 파트너 참여를 활성화한다. 이른바 '경청 투어'라는 형식이다. 미셸은 이렇게 설명했다. "저는 EMEA 지역을 정기적으로 다니면서 경청 투어와 원탁 모임을 진행해요. 격의 없는 약 90분간의 만남을 통해 직원들의 생각, 필요, 아이디어에 관심을 기울이는 거죠. 잘 듣는 것도 중요하지만 재빠른 조치를 취해 경험을 향상시키는 일이 무엇보다 중요해요. 이 투어는 일회성 이벤트가 아니라 연결과 발견의 프로세스로서 꾸준히 진행되고 있답니다." 스타벅스의 고위 임원들은 이처럼 다양한 프로세스를 사용해 파트너들과 소통하고 니즈를 발견하며 거기에 적절히 대응한다.

많은 리더들이 가장 먼저 접하게 되는 공감 형성 방법은 바로 몰입 근무 제도다. 미국 사업 부문의 선임 부사장 클래리스 터너는 식음료 서비스 업계에 탄탄한 배경을 갖춘 상태로 스타벅스에 입사했다. 펩시코와 얌 브랜드Yum![26]에서 16년 동안 근무한 경험이 있었고, 스타벅스 합류 직전

---

26 펩시코에서 독립해 나온 미국의 세계적인 외식업체로 KFC, 피자헛, 타코벨 등의 브랜드를 보유하고 있다. —편집자 주

에는 파파 머피스 피자의 사장 겸 최고 운영 책임자였다. 다채롭고 확고한 업계 경험에도 불구하고, 클래리스는 4개월간의 몰입 근무 프로그램에 투입되었다. 시작은 스타벅스 카운터 뒤에서 일하는 것이었다. 클래리스는 이렇게 밝혔다. "당시 저는 속으로 생각했어요. '좋아, 나는 이 업계에 오래 있었잖아. 분명 4개월보다는 빨리 적응할 수 있겠지.' 하지만 이제 와서 돌이켜 보면 그때의 경험은 제가 본격적으로 업무를 개시하고 스타벅스의 본질을 체득하는 데에 가장 큰 영향을 끼친 것 같아요. 정말 선물과도 같은 시간이었죠. 저는 쓰레기를 내다 버리고 화장실을 청소하는 일부터 교육을 받고 실제로 점장 역할을 수행하기까지 매장의 모든 일을 해보았어요. 당시 사업부 수석 부사장으로서 제 역할을 시작하기 전에 지역 매니저, 지역 디렉터, 지역 부사장 교육까지 받았죠. 리더로서 제 역할은 파트너들 속으로 녹아들고 그들과 공감하는 것이라는 점을 처음부터 명확히 알 수 있었어요."

스타벅스 리더들은 첫 몰입 경험의 의미에 대해 심심찮게 이야기한다. 북남미 사장 클리프 버로우스는 이렇게 표현했다. "저는 시애틀 퀸 앤 매장에서 6주 동안 일했어요. 최고의 바리스타였다고는 말할 수 없어도 몰입 근무의 모든 순간이 즐거웠죠. 10년도 더 된 일이지만 거기서 만난 사람들과 거기서 했던 경험은 절대 잊지 못할 거예요. 저희가 하는 일과, 매일 한 번에 한 잔씩 사명을 실천하는 파트너들의 세계를 친밀하고 깊숙하게, 몸소 체험하게 된 계기였죠." 스타벅스에서 몰입 근무 프로그램은 처음에 부사장급 이상의 리더들을 대상으로 도입되었다. 그러나 이제는 조직 전체의 신규 매니저와 리더들에게도 매장과 카운터 뒤에서 바리스타 파트너들의 생활을 더 깊이 이해할 수 있는 기회가 되었다.

리더들은 경청을 수동적인 활동으로 여길 때가 많다. 그러나 스타벅스에서 경청은 연결, 발견, 이해, 공감, 반응과 동의어다. 이러한 경청의 장점은 성장과 규모의 여파로 자칫 민첩함을 잃어버리기 쉬운 브랜드의 기업가 정신과 유연성을 되살린다는 것이다. 리더들이 여러 가지 방법으로 공식적, 비공식적 경청의 태도를 보여줄 때, 직원들의 참여를 이끌어낼 뿐만 아니라 팀원들의 필요와 의견을 파악하는 데 도움 되는 정보를 습득할 수 있다. 물론, 경청은 또 하나의 중요한 리더십 행동인 관찰과 쌍벽을 이루는 기술이다. 관찰은 보통 승인과 인정 프로그램의 형태로 이루어진다.

인정해 주는 리더의 힘

우리는 팀원들의 성취를 정기적으로 인정해 주려고 의도하지만 매일 마주하는 엄청난 양의 도전과 요구 속에서 그러한 의도를 잃게 되는 경우가 태반이다. 스타벅스 리더들은 효과적인 보상과 인정 프로그램을 만듦으로써 탁월함의 인정을 조직의 핵심 역량으로 발전시킨다. 저서 『당근의 법칙』(FKI미디어, 2007)에서 에이드리언 고스틱과 체스터 엘턴은 이렇게 썼다. "'우리 조직은 탁월함을 인정해준다.'라는 질문에 대한 답변에서 하위 4위 안에 포함된 조직들은 자기자본이익률Return on Equity,

ROE[27]이 평균 2.4퍼센트였던 반면, 상위 4위 안에 든 조직들은 평균 8.7퍼센트였다. 다시 말해, 탁월함을 가장 효율적으로 인정해 주는 회사들은 전혀 그렇지 않은 기업들보다 3배 이상 높은 수익률을 올린다는 뜻이다."

마찬가지로, 고스틱과 엘턴은 직원의 기여를 인정해 준다는 항목에서 가장 높은 점수를 받은 관리자들이 대체로 가장 높은 수준의 직원 만족, 고용 유지율, 심지어 고객 만족도를 도출해 냈다고 밝혔다.

탁월함을 인정해 주는 것이 그만큼 중요하기 때문에 스타벅스 경영진은 다양한 인정과 보상 프로그램을 개발해 왔고, 그 가운데 일부를 소개하면 아래와 같다.

성과 보상 프로그램

★ M.U.G. 상	★ 분기의 매니저	★ 그린 에이프런 프로그램
★ 브라보 상	★ 올해의 매니저	★ 팀 스피릿 오브 스타벅스 상
★ 팀 브라보 상	★ 올해의 지역 매니저	★ 스피릿 오브 스타벅스 상

스타벅스의 모든 상과 인정 프로그램의 상세한 내용은 이 책의 범주를 벗어나지만 다양한 포상 방식은 여러 가지 중요한 교훈을 전달해 준다. 이를테면 아래와 같은 것들이다.

---

27 기업이 주주의 자본(자기자본)을 사용해 어느 정도의 이익을 창출했는지를 나타내는 지표.
  ―편집자 주

★동료간 인정의 가치

★개인적인 차원과 팀 차원에서 보상을 확대해야 할 필요성

★사회적 측면에 의존한 인정

★전 사社적인 보상의 중요성

스타벅스에서 제공되는 여러 보상 프로그램은 동료들의 추천이 필요하거나[28], 동료들의 직접적이고 즉각적인 인정을 수반한다.[29] 매니저나 리더에게만 의존해 인정 기준을 충족하는 사람들을 찾는 대신, 조직 전체를 동원해 그 자리에서 혹은 추천으로 탁월한 행동을 돋보이게 하는 것이다.

마찬가지로, 스타벅스는 개인의 노력과 팀 협력 양면에서 탁월함을 표창한다. 나는 전문 강사로 활동하면서 수많은 영업 컨퍼런스, 시상식 연회, 서비스 표창 행사에 참석해 왔다. 이러한 행사에서 단체에 상이 주어지는 경우는 흔치 않다. 하지만 스타벅스에 의하면 '팀 스피릿 오브 스타벅스'와 같은 상은 "일상적인 업무 책임을 뛰어넘어 스타벅스에서 의미 있고 긍정적인 변화를 일으키는 데 크게 기여한 파트너 팀이나 그룹에게 수여된다. 팀 스피릿 오브 스타벅스 상은 독보적이고 예외적인 성과를 달성한 파트너 팀을 인정하는 상이다." 수상 기준에 따르면 그 예외적인 성취는 반드시 스타벅스의 사명을 잘 나타내야 한다. 개인상은 조직 내의 건전한 경쟁을 장려하는 한편 협력을 약화시킬 우려가 있다. 따라서

---

28 브라보 상, 스피릿 오브 스타벅스 상.

29 M.U.G. 상, 그린 에이프런 프로그램.

개인과 팀에 대한 인정 사이에 균형을 맞추어야만 독자적인 탁월성과 협력적인 탁월성을 인정받을 수 있다.

어떤 기업들은 고가의 외재적 보상과 보너스에 연연하는 반면, 스타벅스에서 제공되는 상 대부분은 실질적 가치가 있는 품목을 포함하지 않는다. M.U.G. 상, 브라보 상, 그린 에이프런 표창의 경우, 파트너들은 핀, 손으로 쓴 메모, 증서로 성취를 인정받는다. 이러한 핀은 바리스타들 사이에 사회적 가치가 있어서, 바리스타들은 보통 이것을 자신의 앞치마에 착용한다. 외재적 보상이 내재적 동기를 소멸시킬 수 있다는 사회 심리학 연구 동향에 부합하게, 스타벅스는 상보다 인정에 훨씬 더 중점을 둔다.

예전에 스타벅스 파트너였으며 '스피릿 오브 스타벅스' 상을 받은 적이 있는 케이 코리오는 스타벅스에서 인정이 이루어지는 방식에 관한 견해를 이렇게 밝혔다. "상을 받아서 영광이었죠. 탁월함이 어떤 모습이어야 하는지 경영진이 직접 알려주고 제 노력을 인정받게 되었다는 점이 감사했어요. 저는 스타벅스에서 인정이 중요한 역할을 한다고 믿어요. 저희가 하는 일을 인정받음으로써 행복한 순간을 선물 받기 때문이죠." 고객에게 행복한 순간을 만들어주는 사람들에게 행복한 순간을 선물하는 것. 그것이 스타벅스 경영진의 역할이다.

생각해 볼 문제

❶ 당신은 직원들과 '경청 투어'를 실시하는가? 경청을 위해 어떤 체계적인 접근법들을 사용하는가? 예를 들어, 공식적인 설문 조사나 정기적인 원탁 세션을 실시하는가?

파트너 투자 수익률

그렇다면 왜 그렇게까지 사람에 투자할까? 관대한 마음으로 팀원들의 성장, 발전, 행복을 다독여주는 것은 물론 기분 좋은 일이지만 그게 비즈니스적 관점에서도 합리적인 일일까? 이 문제를 거시 경제적 차원으로 접근해, 스타벅스가 파트너 몰입을 위해 노력함으로써 얻는 구체적인 이득을 살펴보기로 하자.

산업과 지역을 불문하고, 직원 몰입도가 높은 기업들은 개선된 매출, 수익, 주주 가치를 나타내는 것으로 입증되었다. 케넥사 연구소Kenexa Research Institute의 워크트렌드WorkTrends 보고서에서 그러한 사례를 찾아볼 수 있다. 조사 결과에 의하면 "직원 몰입도가 높은 조직은 직원 몰입도가 낮은 조직에 비해 일곱 배 높은 5년 총주주수익률을 달성한다." 다른 연구팀들 역시 직원 몰입도가 상승할수록 업무 착오와 안전사고가 감소한다는 사실을 발견했다. 높은 직원 몰입도는 또한 고객들의 반복 구매 및 높은 고객 지지와도 연관이 있다.

기억하다시피 하워드 슐츠는 처음에 의료보험 혜택을 제공하면 궁극적으로 회사의 이직 관련 비용을 절감할 수 있다는 계산을 근거로 스타벅스 이사회에 승인을 호소했다. 학문적 관점에서도 그러한 주장은 적절하다. 경영자들을 위한 자문회사인 CEBCorporate Executive Board의 조사에 따르면 "직원들의 몰입 수준을 높임으로서 조직은 최대 20퍼센트 포인트의 실적 개선을 기대할 수 있고 직원 이직 가능성을 87퍼센트 낮출 수 있다." 하지만 스타벅스는 정말로 자격을 충족하는 파트타임 직원들을 위한 건강보험 등의 프로그램에 투자한 덕분에 퀵서비스 부문의 다른 경쟁사들보다 높은 직원 유지율을 누리고 있을까? 스타벅스는 풀타임 파트너의 자발적 이직률이 연간 약 12~15퍼센트 수준이라고 밝혔다. 이는 풀타임 파트너의 12~15퍼센트가 다른 기회를 찾아 회사를 떠난다는 뜻이다. 그러나 직원들의 대다수가 파트타임인 탓에 이 비율은 이직률의 전체적인 그림을 반영하지 못한다. 풀타임과 파트타임 직원들을 모두 고려한 분석에 따르면 실제 이직률은 대략 65퍼센트 수준이라고 한다. 일반적인 사람들에게 65퍼센트는 굉장히 높은 수치로 보이지만 저자이자 아나운서, 저널리스트인 존 폴 플린토프는 다음과 같이 관점을 바꾼 해석을 제시한다. "다른 패스트푸드 소매점들은 연간 최대 400퍼센트의 직원 이직률을 보인 반면, 스타벅스의 이직률은 65퍼센트로 비교적 낮은 수준이었다."

이직 비용[30]이 복리후생 비용보다 큰데 직원 이직률이 경쟁사의 6분의 1 수준이라면 그 회사는 장기적인 성공을 위해 대단히 유리한 입장에 서 있는 셈이다. 특히 몰입도 높은 직원들의 도움으로 새로운 프로세스를

---

30 신규 인력의 모집, 선발, 채용, 훈련 과정에서 소용되는 비용. ―역주

혁신하거나 낭비를 줄일 수 있다면 더더욱 그러하다. 스타벅스의 규모를 감안할 때, 몰입한 파트너 한 사람의 간단한 행동 하나만으로도 회사에 놀랍도록 큰 이익을 가져다줄 수 있다. 캔자스주 허치슨의 바리스타 조 영의 사례가 바로 그러하다. 그는 자기 업무를 열심히 수행하다가 프로세스 개선을 통해 스타벅스의 값비싼 식재료인 휘핑크림의 낭비를 없앴다. 클리프 버로우스는 2012년 글로벌 리더십 컨퍼런스에서 그의 성과를 이렇게 발표했다. "조는 매장에서 파트너 경험의 품질, 음료의 품질을 개선할 방법을 찾아내었고 1년 안에 500만에서 1천만 달러 사이의 회사 비용을 절감했습니다." 당신의 직원들은 업무에 몰입해 있고, (조 영과 같은 규모는 아닐지라도) 회사의 비용 절감에 도움이 되는 해결책을 도출해 내고 있는가? 그들은 주인의 시각으로 회사를 바라보는가?

스타벅스에서 직원 몰입의 궁극적인 가치는 매장에서 매일같이 이루어지는 수백만 차례의 상호작용 속에서 실현되고 있다. 관리자가 모든 상호작용을 모니터할 수는 없지만, 리더가 파트너에게 베푼 관심과 배려는 파트너가 고객을 만나는 순간 재량껏 보여주는 애정 깃든 노력으로 고스란히 이어진다. 몰입도 높은 직원은 고객을 위해 시종일관 뛰어난 서비스 경험을 제공하며, 그러한 사례는 스타벅스 고객들에 의해 공유된다.

마이 스타벅스 아이디어 커뮤니티의 한 회원이 올린 블로그 게시물에서 고객은 전에 가본 적 없는 어느 매장을 방문했던 일에 관해 적었다. 전날 밤 아버지가 돌아가셔서, 동생과 함께 장례 절차를 의논하던 중이었다. 자매는 음료를 마시러 스타벅스에 들렀고, 바리스타는 손님이 울었다는 걸 눈치채고 무슨 일이 있느냐고 물었다. 그녀는 파트너에게 아버지가 돌아가셨다고 말했는데, 그 후 벌어진 일에 대해 다음과 같이 설명했다. 바리스타는 "카운터 위로 손을 내밀어 내 손을 토닥이면서 애도의 마음을 전했고 음료값은 자신이 부담하겠다고 말했다. 대수롭지 않은 호의처럼 들리지만 그건 너무나 큰 위로가 되었다. ⋯ 나는 그 친절을 언제고 기억할 것이다." 그 고객을 서비스한 바리스타는 자신의 업무 범위를 벗어나 깊은 슬픔에 빠진 사람을 위로했고, 그 과정에서 행복한 순간을 만든다는 스타벅스의 사명에 깊숙이 몰입했다.

고용 인력의 몰입도가 높다는 것은 직원들이 굳이 지시를 받지 않아도 고객에게 알맞은 행동을 할 수 있다는 뜻이다. 그들은 서비스하는 고객과 뜻깊은 인간관계를 맺기 위해 업무 수행에 필연적으로 따르는 규칙, 프로세스, 절차에 초연해질 수 있다. 결국 직원 몰입은 기억에 남는 친절, 수익성, 지속가능성으로 이어지고 평생 고객을 만들어낸다. 부가적인 효과로, 몰입도 높은 직원들이 쾌활하고 즐겁게 일하는 분위기에서는 인력 관리도 훨씬 수월하다. 팀 내의 몰입도를 높이기 위해 당신은 어떤 조치를 취할 것인가? 고객의 몰입 수준은 직원, 파트너, 팀원, 동료 혹은 그밖에 어떤 이름으로 함께 일하는 사람들을 부르든, '당신'이 그들에게 얼마나 몰입하느냐에 따라 달라진다.

요점 정리

★ 성장하고 발전할 수 있는 능력은 직원 몰입을 확보하는 핵심 요인이다.

★ 직원들의 성장에 관심 있는 리더들은 단독으로는 제공할 수 없는 혜택을 제공하기 위해 다른 기업 및 교육 기관과 협업할 방법을 모색한다.

★ 사람들은 함께 일하는 사람들을 돕고 싶어하는 자연스러운 성향이 있다. 직원들의 상부상조를 장려하는 프로그램을 고려해 보라.

★ 경청은 수동적인 활동이 아니다. 경청은 연결, 발견, 이해, 공감, 반응과 동의어다.

★ 좋은 리더는 고객에게 행복한 순간을 만들어주는 사람들에게 행복한 순간을 선물한다.

★ 매니저나 리더에게만 의존해 인정 기준을 충족하는 사람들을 찾는 대신, 탁월한 행동을 수행하는 개인과 팀을 인정하는 데에 조직 전체를 동원해야 한다.

★ 산업과 지역을 불문하고, 직원 몰입도가 높은 기업들은 개선된 매출, 수익, 주주 가치를 나타낸다.

★ 고용 인력의 몰입도가 높다는 것은 직원들이 굳이 지시를 받지 않아도 고객에게 알맞은 행동을 할 수 있다는 뜻이다.

★ 직원 몰입은 기억에 남는 친절, 수익성, 지속가능성으로 이어지고 평생 고객을 만들어낸다.

★ 몰입도 높은 직원들이 쾌활하고 즐겁게 일하는 분위기에서는 인력 관리도 훨씬 수월하다.

공통 기반을 향해 나아가라

문화인류학자들은 보편주의와 문화 상대주의라는 두 가지 상반되는 관점 사이에서 오랫동안 갑론을박을 펼쳐왔다. 용어는 버겁게 느껴지지만 개념은 비교적 간단하다. 보편주의는 문화적 차이보다 사람들 사이의 근본적인 유사성이 더 크다는 견해다. 반면에, 문화 상대주의는 문화적 차이가 사람들에게 지대한 영향을 끼치기 때문에 '외부인'들이 행동의 적절한 맥락을 완전히 이해하기는 어렵다고 주장한다. 인류학자들이 보편주의와 문화 상대주의를 놓고 논쟁을 벌이든 말든, 대다수 기업 소유주와 경영자들은 토론에서 이기는 데에 별 관심이 없다. 그 대신 공통점을 극대화하는 한편 지역별 조정을 통해 시장의 승인을 얻고 사업을 확장해나가는 데는 관심이 많다.

6장 '보편성 충족하기: 공통된 가치를 추구하라'에서는 스타벅스 리더들이 전세계적인 소구력을 극대화하면서 관계를 만들어가는 방식을 살펴본다. 반대로 7장 '맞춤화: 현장, 지역, 세계에 맞추어 혁신하라'에서는 리더들이 전 세계 현지 고객들에게 의미 있는 관계를 구축하기 위해 제품, 환경, 서비스 전달의 특정 측면을 현지화하는 방식을 들여다본다.

스타벅스 리더들은 보편성과 개별 문화 사이의 균형을 맞추어나가려고 시도하는 과정에서 적잖은 실수를 저질렀다. 좌절과 승리를 모두 겪은 스타벅스는 신규 시장에서 강력하고도 예의 바른 관계를 만들어가는 방법에 관한 유익한 지침이 되어준다. 옆 마을이나 인접한 주state의 고객을 염두에 두고 있든, 글로벌 경제에 걸맞게 온라인 서비스를 고려중이든, 아니면 지구 반대편에 있는 나라에서 매장을 열 생각이든, 그것은 '공통 기반을 향해 나아가는' 기회가 된다.

★

보편성 충족하기:
공통된 가치를 추구하라

모든 것은 차이점을 빼면 똑같고 유사점을 빼면 다르다.

미국 경제학자 **토머스 소얼**

당신은 뉴욕시의 서로 다른 두 자치구, 이를테면 맨해튼과 퀸스 사람들이 비슷한 서비스 경험을 원한다고 생각하는가? 그렇다면 미국 뉴욕과 인도 뉴델리의 사람들은 과연 똑같은 서비스 경험을 원할까? 지금까지 수많은 연구 그룹들이 고객이 서비스를 받을 때 무엇을 원하는지 살펴보았다. 이런 연구는 고객을 업계, 국적, 나이, 성별, 소득 및 그 밖의 무수한 인구학적 특징으로 세분화한다. 다양한 변수에 걸쳐 약간의 차이점이 드러나긴 하나, 서비스 보편성은 상당 부분 때와 장소에 상관없이 그대로 유지된다. 이러한 소비자 조사는 인간의 전반적인 유사성을 연구하는 이론가와 학자들의 연구와도 밀접하게 교차한다.

스타벅스 유럽, 중동, 아프리카EMEA의 미셸 개스 사장은 이렇게 설명했다. "보편성과 지역성 사이의 균형 맞추기는 과학이라기보다 예술에 더 가까워요. 저희는 전 세계적으로 통용되는 브랜드 표준이 있지만 의사결정을 내리는 리더들의 혈관 속에 스타벅스 브랜드가 흘러서 그때그때 좋은 판단을 내릴 수 있기를 기대합니다. 누가 봐도 스타벅스다운 경험을 만들어야 한다고 생각해요." EMEA 사장으로 취임하자마자 미셸은 담당 지역을 돌면서 파트너 및 고객들과 한자리에 앉아 회사와 그 제품 및 서비스에 대한 그들의 시각을 이해하려고 노력했다. 미셸은 스타벅스 매장이 지역적 관련성을 갖추어야 한다는 목소리를 더 많이 들을 것으로 예상했지만 실제로는 정반대였다고 밝혔다. EMEA 지역 고객들은 미국에서 스타벅스 브랜드가 성장하고 사랑받게 된 핵심 요소들을 접하고 싶어 했다.

직원, 고객, 지역에 따라 폭넓은 문화적 차이가 나타나든 아니든, 당신의 '사랑 이야기', 즉 근본적인 브랜드 가치는 전달되어야 하고, 당신의 행동은 서비스 대상 고객들과의 관계 형성에 이바지해야 한다. 스타벅스가 전 세계를 하나로 묶는 기본적인 서비스 플랫폼과 리더십 접근법을 갖추고 있는 것은 보편적 욕구에 대한 이해를 바탕으로 운영되기 때문이다.

이번 장에서 나는 인간의 보편적인 욕구에 관해 이야기하고, 스타벅스 경영진이 거기에 대처하는 방식에 관한 통찰을 곁들일 것이다. 아울러, 관심, 감사, 공동체, 편안함과 다양함이라는 욕구에 초점을 맞춤으로써, 탁월한 인적 서비스에 가까이 다가갈 수 있는 방법을 살펴볼 것이다.

관심

스타벅스 브랜드 전략 디렉터 장마리 실즈는 이렇게 말했다. "전 세계 모든 사람의 일차적인 요구 혹은 욕망은 누군가 나를 봐주고 들어주었으면 하는 것입니다. 스타벅스 브랜드의 마법은 고객을 여러 차원에서 적극적으로 보고 들으려는 의지에서 비롯되죠." 예를 들어, 개인적인 서비스 수준에서 장마리가 일컫는 '보기'와 '듣기'는 고객의 존재를 인지하고 인간관계를 개시하는 첫인사와 함께 시작된다. 미네소타주 앨버트리의 고객 캐런 요아힘은 이렇게 말했다. "저는 무엇을 살 때 투명인간이 된 듯한 기분을 자주 느껴요. 그런데 스타벅스는 달라요. 잠깐에 불과하지만 기억에 남는 관계가 만들어지니까요." 두바이 에미리츠 몰의 고객 디알라는 이렇게 표현했다. "저는 사람과의 교류에서 상대방이 저를 알아봐 주길 원해요. 스타벅스에 가면 여느 상점과 달리 제가 거래할 손님으로 취급되는 게 아니라 사람으로 인지된다는 느낌을 받을 때가 훨씬 많아요."

직원들이 고객 한 명 한 명의 특별함을 인식할 수 있도록 돕는다는 것은 거래량이 많은 기업의 리더에게 확실히 부담스러운 과제다. 스타벅스 북아일랜드의 지역 매니저 바버라 맥매스터는 말했다. "저는 리더로서 모든 고객이 주목받게 해야 할 책임이 있어요. 각 고객은 그날의 첫 손님만큼이나 관심을 받아야 마땅하죠. 공감의 자세로, 나라면 어떤 대우를 받고 싶을지 생각해 보는 게 중요해요. 시선을 맞춘다고 다가 아녜요. 시간을 두고 단골손님을 실제로 알아가야죠. 내 앞에 있는 이 사람은 어떤 사람인가? 이 사람의 니즈는 무엇인가? 내가 무엇을 해줄 수 있는가?" 바버라의 발언에서는 관계의 시작을 위한 첫인사를 넘어서서 서비스 대상인 고객을 진짜로 '알고' 인정해 주어야 한다는 생각이 강조되어 있다. 인사로 당신이 고객을 보았다는 신호를 보낼 수는 있지만, 고객이 자신을 알아준다고 느끼려면 당신이 그들의 특별함에 가까이 다가가려고 시간과 관심을 기울였음을 고객 스스로 체감해야 한다.

이름과 논란

미셸 개스는 스타벅스 EMEA의 사장으로 임명됨과 동시에 경영팀과 함께 담당 지역에서 스타벅스 '고객 알기' 즉 개인적인 관계를 강화하기 위한 작업에 나섰다고 밝혔다. "저희는 인간관계의 보편 원칙으로 되돌아갔습니다. 지구상의 모든 사람이 갖고 있는 게 뭘까요? 이름이죠. 그래서 저희는 고객 한 분 한 분께 이름을 묻고 컵에다 적어주는 방법을 고민하기 시작했어요. 그렇게 했을 때 발생할 수 있는 위험을 둘러싸고 많은 토론을 벌였죠." 그러한 위험 가운데는 문화적 차이로 인해 지역에 따라 반발심을 일으킬 가능성도 포함되어 있었다. 미셸은 설명했다. "저희는 장점을 생각해서 시도해 볼 만한 가치가 있다는 결론을 내렸어요. 충성 고객이 지금은 '모카를 주문하신 키 크고 마른 분'으로 통할지 모르지만 매장으로 들어올 때 저희가 '안녕하세요, 제인 님. 오늘 하루 잘 보내고 계신가요?'라고 인사하면서 알아봐 준다면 훨씬 기분이 좋을 테니까요."

미국 스타벅스의 경우, 고객에게 이름을 묻고 컵에다 적어주는 것은 반드시 지켜야 할 표준이 아니었고 파트너의 유니폼에 명찰을 착용하라고 의무화한 적도 없었다. 그러나 2012년 3월 스타벅스는 EMEA 지역에서 컵 위에 이름 쓰기와 파트너 명찰 달기 캠페인을 개시했다. 고객에게 이름을 묻는 것과 더불어, 스타벅스 바리스타도 앞치마에 명찰을 착용하기 시작한 것이다. 이 콘셉트는 온라인 동영상과 유료 광고 콘텐츠를 통해 영국에 소개되었다.

> 요즘에는 모든 게 좀 비인간적으로 되어버린 걸 눈치채셨나요? 우리는 사용자 아이디, 참조 번호, IP 주소가 되어버렸죠. 그래서 저희 스타벅스는 달라져 보기로 했답니다. 지금부터는 여러분을 '라떼'나 '모카'로 부르지 않고 친구처럼 이름을 불러드릴게요. 맞아요, 아주 사소한 부분이죠. 저희가 커피 한 잔 사 드릴 테니… 여러분을 소개해 주세요. 저희는 스타벅스입니다. 만나서 반가워요.

예상대로 일부 영국인들은 개인화를 위해 '이름'을 부르는 접근법에 회의적이었다. 예를 들어, 로열 홀러웨이 런던 대학교의 마케팅 교수 크리스 해클리는 BBC와의 인터뷰에서 이렇게 말했다. "어떤 사람들은 이름 불리는 걸 좋아할지 몰라도, 많은 이들이 무감각하게 받아들일 것이고 어떤 사람들은 거북하게 느낄 수도 있습니다. 과도한 친밀감의 표현이나 약간은 사생활 침해에 가깝다고 해야 할까요? … 이것은 경제적 관계를 허위로 개인화하는 꼴입니다. 우정은 진짜여야 하는데 말이죠."

나는 오늘날의 고객과 직원들에게 사생활 보호가 무엇보다 중요하다는 의견에 확실히 동의하지만, 컵 위에 쓰거나 바리스타의 앞치마에 착용할 이름을 묻는 행동이 대다수의 사람들에게 위협으로 느껴지지는 않을 거라고 생각한다. 게다가, 고객은 얼마든지 임의로 정한 이름을 제공해도 되고, 내키지 않는다면 아예 제공하지 않아도 된다. 대개, 거부감을 느끼는 고객은 장난기 섞인 이름을 알려주거나, 바리스타가 컵에다 간단하게 웃는 표정 같은 걸 그려주기도 한다. 해클리 교수는 우정은 진짜여야 한다고 지적하지만 나는 스타벅스 리더들이 "저기요, 손님!"보다는 친근하되 우정보다는 덜 친밀한 관계를 추구하고 있다는 의견이다.

독일의 스타벅스 지역 매니저 디르크 니콜라우스는 독일에서 이름을 알려주는 관행이 얼마나 빠르게 받아들여졌는지 이야기했다. "저희가 처음 고객의 이름을 불러드리기 시작했을 때 어떤 분들은 깜짝 놀라셨기 때문에 조금 부담스러운 면이 있었어요. 이제 고객들은 '와! 예전에도 스타벅스에 오면 바리스타들이 저를 알아보고 제가 마실 음료를 기억해 주었는데 이제는 실제로 제 이름까지 불러주네요. 환영받는 느낌이 들어요.'라고 말씀하세요."

컵에 이름을 적어주는 관행은 점점 더 수용되는 분위기지만 실질적인 부작용도 여전히 존재한다. 가령 이름의 철자를 잘못 쓴다거나 그밖에 다른 우발적인 오류들 때문이다. 물론 고객의 이름을 쓸 때 실수는 일어날 수 있고 앞으로도 일어나겠지만, 그런 실수는 모든 인간 상호작용에서 얼마든지 있을 수 있는 일이다. 경영진은 인적 소통이 이루어질 수 있는 적절한 환경을 조성하고 불가피한 이슈가 표면화될 때 직원들이 잘 대응할 수 있도록 돕는 것을 목표로 하면 된다. EMEA 지역에서 명찰과 이름 불러주기 정책이 성공을 거두자 기능적인 이점이 추가로 따라왔다. 미셸 개스는 다음과 같이 설명했다. "고객과 파트너들은 컵에다 이름을 쓰니 음료 전달의 정확도가 높아졌다고 이야기해요. 고객이 선반 위의 컵 여러 개 중에서 자기 컵을 제대로 찾았는지 확신하지 못하면 마음이 상당히 불안해질 수 있거든요. 매장을 나온 후에야 엉뚱한 음료를 가져온 걸 깨닫게 되는 일은 아무도 원치 않죠. 하지만 이제는 이름 덕분에 안심하고 자기 음료를 챙길 수 있어요."

EMEA 지역에서 컵에 이름을 쓰고 파트너가 명찰을 달 때 긍정적인 효과가 나타나자 다른 지역의 리더들도 좀 더 조직적으로 비슷한 프로세스를 도입하기 시작했다. 휴스턴에서 열린 스타벅스 2012 글로벌 리더십 컨퍼런스에서 북남미 사장 클리프 버로우스는 미셸과 EMEA 팀에서 영감을 받아 미국, 캐나다, 남미 지역에도 컵 위에 이름 쓰기와 파트너 명찰 달기를 표준 관행으로 도입했다고 밝혔다. 클리프는 부연했다. "이것은 저희가 혁신할 수 있는 방법이죠. 차별화할 수 있는 방법이고요. 게다가 파트너와 고객 사이의 관계를 강화할 수 있는 방법이기도 해요."

이러한 방침에 따라, 스타벅스 경영진은 고객과의 관계를 강화할 수 있는 훈련 도구를 개발했다. 파트너들이 고객의 이름을 익히고 사용하며 고객의 컵을 개인화할 수 있도록 돕기 위한 훈련이다. 이러한 훈련의 중심에는 바리스타가 고객의 이름을 익히고 적절히 불러줌으로써 고객, 특히 단골고객과 좀 더 깊은 관계를 형성할 수 있는 기회를 얻게 된다는 이해가 깔려있다.

혁신, 차별화, 관계 강화

스타벅스 경영진은 사람들에게 이름을 물어보는 것과 같은 간단한 방법으로 브랜드를 체계적으로 차별화하고 있다. 메러디스 칼리지의 마케팅 교수이자 저서 『신뢰할 수 있는 리더 되기Becoming a Trustworthy Leader』의 공저자인 캐런 미슈라는 관계를 통한 차별화의 힘을 강조한다. 나는 자료 조사를 하다가 캐런이 올린 트위터 게시물을 우연히 발견했다. 스타벅스 컵에 적힌 생일 축하 메시지를 받고 깜짝 놀란 이야기를 공유한 것이었다. 보충 인터뷰에서 캐런은 부연했다. "제가 다니는 스타벅스의 파트너들은 저를 알아요. 타냐가 점장이죠. 저희 부부는 오래전에 더럼에 살다가 몇 년 타지로 떠나 있었는데, 다시 돌아갔더니 타냐가 여전히 저와 남편을 기억하더라고요." 캐런은 타냐가 고객의 이름을 어찌나 잘 기억하고 고객들에 관해 많이 알고 있는지 감탄했다고 말했다.

"신입 직원들을 교육할 때 타냐는 이런 식으로 말해요. '좋아요, 저스틴. 이 사람은 아무개고, 아무개랑 부부 사이고, 두 분이 좋아하는 음료는 이거예요.'" 캐런은 사람을 기억하는 이 능력에 관해 타냐에게 질문한 적이 있었다. 타냐가 대답하길, 손님은 기억되어야 하는 존재이므로 매일 한 명씩 새로운 손님의 이름을 익히는 것을 습관으로 삼고 있다고 한다. 내 시선을 사로잡은 캐런의 그 트위터 게시물은 '고객 알기'에 대한 그러한 헌신에서 비롯된 것이었다. 캐런의 생일날, 남편은 캐런을 더 자게 내버려 두고 아내에게 줄 커피를 사러 스타벅스에 갔다. 왜 캐런과 함께 오지 않았는지 질문을 받은 남편은 오늘이 캐런의 생일이라는 이야기를 꺼

내게 되었다. "저희 둘 중 한 명이 같이 가지 않으면 그 매장의 바리스타들은 컵에다 저희 이름을 쓰고 '안녕하세요' 같이 간단한 메시지를 적어주곤 해요. 그런데 이번에는 그게 '당신의 스타벅스 가족으로부터'라는 서명이 곁들여진 특별한 생일 축하 메시지여서 인터넷에 공유하지 않을 수 없었던 거죠."

타냐 같은 점장이 있고 매장의 모든 바리스타들이 고객을 봐주고 들어주고 알아가려고 신경 써주는 분위기라면 캐런처럼 스타벅스에서 받은 특별한 보살핌에 관한 이야기를 공유하지 않을 수 없을 것이다. 캐런의 컵에다 이름과 생일 축하 메시지를 적어준 바리스타는 아마도 캐런이 마케팅 교수이고 브랜드 신뢰에 관한 책의 저자라는 점을 염두에 두지는 않았을 것이다. 하지만 확실히 그 단순한 인정의 행동은 스타벅스 자체가 인정받게 된 이야깃거리를 만들어내었다.

당신은 봐주고 들어주기를 바라는 고객의 욕구에 관심을 기울이고 있는가? 더 나아가 고객 스스로 이해받고 알아봐 주는 걸 느낄 정도라고까지 말할 수 있는가? 당신의 사업에서는 이름과 선호하는 음료를 기억하는 것 그 이상의 고객 지식이 필요할 수도 있다. 그러나 고객을 알아갈수록 달라진 고객 관계를 통해 스스로를 차별화할 수 있을 것이다.

감사

전 세계 어디나 고객은 거래에 대한 감사를 받고 싶어 한다. 사실, 충성도를 구축할 수 있는 가장 강력한 기회 중 하나는 판매 후에 찾아온다. 당신의 직원들은 감사를 표하고 따뜻한 작별 인사를 건네면서 고객에게 미래에 다시 만날 것을 기약하는가? 경영진 차원에서 당신은 감사의 환경을 조성하고 충성스러운 단골손님에게 감사를 표현할 수 있도록 사업을 구성해 나가고 있는가?

2006년 스타벅스에 관한 첫 책을 집필할 무렵, 나는 앞서 2년 동안 간간이 회사 리더들에게 어째서 고객 카드 프로그램이 없느냐는 질문을 꺼냈던 상태였다. 당시 내게 돌아온 답변은 대개 그런 프로그램이 스타벅스 제품의 인지 가치perceived value[31]를 떨어뜨릴 우려가 있다는 데에 중점을 두고 있었다. 1990년대 후반과 2000년대 초반의 역동적인 경제 환경 속에서 운영되던 많은 기업처럼, 스타벅스 경영진은 단골 거래의 가치를 알면서도 고객 충성도에 딱히 보답해 주지는 않았다. 그러다가 2008년 6월 모든 것이 달라졌다. 스타벅스가 보상 프로그램을 향해 처음으로 의미 있는 발걸음을 내디딘 것이다. 스타벅스의 디지털 상거래·충성도·콘텐츠 부문 부사장 에이미 존슨은 브랜드가 "스타벅스 경험을 더욱 향상시키고 고객과의 관계를 심화하기 위해 대담한 소비자 대면 요소"를 선보이는 것이라며 프로그램의 취지를 설명했다. 계정을 만들고 스타벅스

---

31 제품 가치에 대한 고객의 의견. —역주

카드를 충전하고 연회비 25달러를 지불하는 고객은 스타벅스 리워드 프로그램에 참여할 수 있었고, 대부분의 구매에 대해 10퍼센트 할인, 무료 생일 음료, 2시간 무료 인터넷 등의 혜택을 누릴 수 있었다.[32] 론 리버는 2008년《뉴욕타임스》기사에서 충성도 보상을 위한 스타벅스의 초기 노력을 검토 후 다음과 같이 언급했다. "누구나 충성스러운 단골로 인정받기를 원한다. … 스타벅스는 다른 회사들이 모델로 삼는 기업이다. 스타벅스가 이 프로그램을 어떻게 운영하느냐는 더 고가의 제품을 취급하는 수많은 기업에 영향을 줄 것이다. 그런 의미에서 스타벅스가 실제로 특별한 등급 체계를 고려하고 있다는 건 반가운 소식이다. 또한 스타벅스는 카드 사용으로 결제 속도를 앞당길 방법을 연구 중이고 무료 음료 쿠폰도 더 후하게 나누어줄 방법을 찾고 있다. 크고 야심 찬 로열티 프로그램은 여러 해에 걸쳐 진화하기 마련이다. 따라서 스타벅스가 그 조합에 무엇을 추가할지 지켜보는 것은 흥미로운 일이 될 것이다." 론의 예상대로, 스타벅스는 특별한 등급 체계를 포함하고 사용 방법이 간결하도록 충성도 보상 콘셉트를 계속 다듬어 나갔다. 또, 진입점 역할을 하던 유료 구독을 없앴고 회원 가입과 연계된 특전을 확대했다. 가령, 골드 회원인 나는 정기적인 공지와 함께, 12번째 구매 시마다 받게 되는 무료 푸드나 음료 등의 회원 혜택을 누리고 있다.

현재 '마이 스타벅스 리워드'라는 이름으로 불리는 스타벅스 리워드

---

32 당시에는 와이파이가 일부 스타벅스 매장에서만 사용 가능한 유료 서비스였다. 자세한 내용은 8장에서 다룰 것이다.

프로그램과 관련해 주목할 만한 대목은 이 프로그램이 미국 시장의 요구에 대응한 데서 그치지 않고 소중한 고객으로 인정받고 싶어 하는 전 세계인의 욕구를 채워주고 있다는 점이다. 미국에서 처음 프로그램을 개시한 이후, 스타벅스는 전 세계에 비슷한 보상 프로그램을 점진적으로 도입했다. 2010년 싱가포르의 한 블로거는 "수년간 어떠한 리워드/로열티 프로그램도 없었던 … [스타벅스가] 마침내 카드를 선보였다! … 오랫동안 단골손님이었지만 보상을 받으니 정말 기분이 좋다."고 직었다.

스타벅스 경영진은 2012년 1분기 실적을 발표하면서 2011년 12월까지 로열티 프로그램의 신규 회원이 41만 3,000명 늘어나 전체 회원 수가 370만 명을 넘어섰다고 보고했다. 중국의 리워드 프로그램은 대략 10개월 전 시작된 후 25만 명이 가입할 정도로 기하급수적인 성장세를 보였다. 북미 지역에서 마이 스타벅스 리워드 로열티 프로그램 하에 이루어진 구매액은 스타벅스 카드 구매액의 20퍼센트 가까이를 차지한다.

태국 방콕의 고객 잉은 최고의 소감을 밝혔다. "직원들이 저에게 이용해 주셔서 고맙다고 말하더라고요. 관리자는 직원에게, 리더는 고객에게 감사를 표하는 모습도 보이고요. 스타벅스에 가면 그런 모습들을 보게 돼요. 요즘에는 구매의 대가로 받는 충성도 보상 덕분에, 더 특별히 소중한 고객이 된 기분이 들고 감사히 여겨진다는 느낌을 받아요." 제품과 서비스의 마케팅과 광고에 막대한 투자가 이루어지는 세상에서 '감사합니다'라는 말 한마디나 충성 고객에게 보상을 해주는 간단한 행동은 반복 거래와 정서적 몰입을 확보하는 데에 큰 영향력을 발휘할 수 있다.

공동체

르네상스 시기의 영국 시인 존 던John Donne의 고전 시 '누구를 위하여 종은 울리나'는 대다수의 비즈니스 리더들이 명심해야 할 인간 본성에 관한 고찰로 시작된다. 이 시에서 던은 "누구든 그 자체로서 온전한 섬은 아니다. 모든 인간은 대륙의 한 조각이며, 전체의 일부이다."라고 노래한다. 요컨대, 고객은 개인적으로 당신과 거래를 시작하지만 그중 다수는 생각이 비슷한 사람들끼리 교류하여 공동체의 혜택을 경험할 기회를 추구한다.

개별 고객을 공동체와 연결시키는 데 실패하는 리더들도 있는 반면, 어떤 기업의 리더들은 공동체를 갈구하는 인간 본성을 제대로 이해한다. 나는 1990년대 후반 네바다주 라스베이거스에서 열린《패스트 컴퍼니

Fast Company》 잡지의 '서클 오브 프렌즈Circle of Friends' 그룹에 참관했던 일을 생생히 기억한다. 1997년 이 잡지의 창간인들은 정기 구독자들이 모여서 잡지의 각 호에서 제안된 아이디어에 관해 이야기를 나눌 수 있는 기회를 마련했다. 《패스트 컴퍼니》의 그런 커뮤니티 구축은 당시만 해도 꽤 혁신적인 사건이었다. 그 후로 온라인 그룹과 토론 게시판이 급증했다.

이와 유사하게, 스타벅스 경영진도 고객과 파트너로 구성된 공동체를 구축하는 데에 혁신적인 면모를 보여주었다. 아울러 사회적 행동주의라는 핵심 요소까지 추가했다. 스타벅스의 지역 사회 봉사 활동은 일 년 내내 진행되고, 리더들은 파트너와 고객에게 동기를 부여하기 위해 야심 찬 목표를 수립했다. 의미 있는 영향을 줄 수 있는 사회 공헌 활동에 연간 100만 시간을 기부하겠다는 목표다. 스타벅스는 파트너와 고객의 교류를 돕기 위한 웹사이트 community.starbucks.com도 만들었다. 이 웹사이트에서는 다가오는 프로젝트 목록을 확인하고 지난 활동에 관한 블로그 글과 이야기도 만나볼 수 있다. 이뿐 아니라, 이 웹사이트는 신규 자원봉사자 레벨부터 지역 사회의 변화 주도자 레벨까지 활동 수준에 따라 지역 사회 봉사 가상 배지를 수여해 성취를 인정해 준다.

연중 진행되는 활동 외에도, 지난 몇 년 동안 스타벅스는 4월을 지구촌 봉사의 달로 선포했다. 2012년 4월, 6만 명 가까운 스타벅스 파트너와 고객, 지역 단체, 커뮤니티 회원들은 70만 가지 이상의 지역 사회 봉사 활동에 개별적으로 참여해 34개국 이상에서 의미 있는 변화를 꾀했다. 한 달이라는 기간 동안 총 23만 시간 이상의 봉사 활동이 기부되었고 2,100

개의 지역 사회 봉사 프로젝트가 완료되었다. 목적의식 있는 공동체를 구축하는 프로그램이 전 세계적인 공감대를 얻었다는 것은 전년 수준 대비 완료된 프로젝트 수가 50퍼센트, 자원 봉사 시간이 45퍼센트 늘어난 데서 알 수 있다.

확실히 스타벅스 지구촌 봉사의 달의 높은 참여 수준은 계속 증가 중이며, 프로젝트는 상당히 긍정적인 효과를 내고 있다. 예를 들어, 2012년 지구촌 봉사의 달에는 브리티시컬럼비아주 밴쿠버의 자원봉사자 250명이 도심 청소년 프로그램을 돕는 스트래스코나 주민센터Strathcona Community Center를 지원하여 오솔길 조성, 보관 선반 만들기, 개인 열람실 꾸미기에 나섰는가 하면, 중국 상하이의 자원봉사자 395명은 민항閔行 지구의 구메이古美 지역 사회를 새단장하고 지역 주민들을 도와 폐기물 재사용과 유기농 정원 가꾸기 활동에 참여했다.

스타벅스 리더들은 지역 사회에서 봉사할 수 있는 직접적인 기회를 제공하는 한편, 누구에게 스타벅스 보조금을 지급할 것인지 결정하는 데에도 고객들의 참여를 유도해 왔다. 'Vote.Give.Grow'라는 이름의 2012년 프로그램을 통해 스타벅스 카드 소지자들은 www.votegivegrow.com에 등록할 수 있었다. 등록을 마친 고객들은 4월 한 달 동안 매주 투표에 참여해 스타벅스 재단이 제공하는 연구 자금 4백만 달러의 수혜자를 결정할 수 있었다. 직접적인 기업 기부의 다른 형태에 관해서는 11장에서 설명할 예정이지만 스타벅스 리더들은 이처럼 세상에 '좋은' 일을 하기 위해 고객과 협력할 방법을 계속해서 모색하고 있다.

예를 들어, 아시아 지역의 고객들은 태국 및 다른 태평양 섬나라에서 생산된 아리비카 커피 원두인 무안 자이Muan Jai® 구입을 통해 지역 사회 구성원들과 연대할 수 있었다. 이 커피 블렌드를 구입하는 태국과 다른 지역의 고객들은 태국 북부 지역에 거주하는 산악 부족의 커피 농부들과 그 가족의 환경 및 사회경제적 여건 개선에 일조했다. 무안 자이 블렌드의 수익금 일부는 농부들에게 직접 기부되었다. 아마 의도된 것이겠지만 북부 태국어로 무안 자이는 '진심 어린 행복'이라는 뜻이다.

미국 국내만이 아니라 국경을 넘어 전 세계로 전파된 또 하나의 프로젝트 사례로 스타벅스 경영진과 핸즈온 네트워크HandsOn Network가 연합해 추진한 '동참합니다I'm In!' 캠페인이 있었다. 미국 대통령 버락 오바마의 첫 임기가 시작된 후, 스타벅스는 핸즈온 네트워크를 통해 5시간 봉사 활동을 약속한 사람들에게 무료 음료를 제공했다. 핸즈온 네트워크는 미국 촛불재단Points of Light Foundation의 자회사로서, 16개국에 250곳의 자원봉사 활동 센터를 보유하고 있다. '동참합니다!' 캠페인에 반응해 전 세계적으로 서약된 봉사 활동 시간은 125만 시간이 넘었다.

캘리포니아 샌디에이고의 고객 제러미 톨먼은 스타벅스의 지역 사회 공헌 활동과 인연을 맺게 된 사연을 들려주었다. "저는 제가 일하는 비영리 기구의 출범 기념 파티차 스타벅스에 들렀어요. 비영리 기구의 셔츠를 입은 채였죠. 케이트라는 스타벅스 파트너와 대화를 나누게 됐는데, 케이트는 저희 비영리 기구에 관해 질문하고 행사에 커피가 필요한지도 묻더라고요. 알고 보니 케이트는 점장이었고, 결국 저희 행사에 필요한 커피 전량을 기부해 주었어요. 타조 티 대여섯 박스와 커피바를 꾸미는 데 필요한 부가적인 물품까지 전부요. 심지어 래플raffle[33]에 사용할 스타벅스 바구니까지 마련해 주었어요. 1파운드의 커피와 머그잔 2개가 들어 있었죠. 스타벅스 같은 거대 기업이 이런 소규모 공동체를 위해 후하게 기부하고 관계를 형성할 수 있다는 게 놀랍다고 생각해요." 공동체, 후함, 관계, 놀라움. 제러미가 사용한 이 단어들은 공동체 구축을 통해 고객과 특별한 관계를 형성할 때 리더들이 얻을 수 있는 특별하고 강력한 기회를 함축하고 있다. 모든 리더는 회사를 제품이나 서비스 그 이상을 제공하는 곳으로 바라볼 필요가 있다. 효율적인 관리에 제품의 유형적 편익과 특징 이상을 생각하려는 의지가 어우러질 때, 고객이 소속감과 목적의식을 느끼는 장소를 만들 수 있다.

편안함과 다양함

인간은 예측 가능함에서 오는 편안함과 예측 가능함을 벗어난 다양함에 대한 상반된 욕구가 있는 듯하다. 달리 말해, 우리는 안정적으로 편안함이 유지되길 바라면서도 지루함을 피할 수 있을 정도의 다양함을 원한다. 사회적 맥락에서 보면 사람들은 어디에 살든 스타벅스가 제공하는 것을 누림으로써 모순투성이 삶을 헤쳐 나가고 싶어 한다. 즉 긴장을 풀고 느긋이 쉬며 좋아하는 음료를 음미할 수 있는 기분 좋은 물리적 공간을

---

33 번호가 당첨되면 상품을 받는 일종의 복권. 주로 자선단체의 모금 활동에 활용됨. —역주

원한다는 뜻이다.

『중국몽The Chinese Dream』을 쓴 저자 헬렌 왕은 역사적으로 차를 선호했던 중국 같은 나라에서조차 스타벅스는 적절한 직원 교육과 마음을 끄는 물리적 위치 선정으로 고객의 열망을 키우고 편안함을 높여 성공을 촉진했다고 지적했다. "세련된 인테리어, 편안한 안락의자, 경쾌한 음악은 스타벅스를 경쟁사와 구분지어 주는 차별화 요소일 뿐만 아니라, 현대적인 라이프스타일의 상징으로서 서양의 키피 문화에 환상이 있는 젊은 세대에게 강렬한 매력으로 다가온다. 스타벅스는 [스스로도] 글로벌 브랜드로서의 가치를 이해하고 브랜드 품격을 유지하기 위한 조치를 취해 왔다. 스타벅스의 모범 관행 중 하나는 기존 시장의 우수 바리스타들을 신규 시장으로 보내어 신입 직원들을 교육시키는 것이다. 이 바리스타들은 새로운 지역에 스타벅스 문화를 정착시킬 수 있도록 도움을 주는 브랜드 대사 역할을 하고 각 지역 매장의 서비스가 글로벌 표준을 충족할 수 있도록 보장한다."

브랜드 표준에 따라 균일하게 매장을 운영하고 따뜻한 분위기의 물리적 환경을 꾸준히 조성해 나감으로써, 고객은 습관과 일상을 발전시키고 거기서 편안함을 느낄 수 있다. 한 블로거는 이렇게 말했다. "저는 습관의 동물인가 봅니다. … 방금 출근길에 스타벅스를 들렀어요. … 혼자 사는 사람으로서 실제로 나를 아는 친근한 얼굴을 보면서 아침을 시작하는 게 기분 좋다는 걸 인정하지 않을 수가 없네요. 바리스타 몇 분과 드라이브 스루 창을 통해 묘한 친밀감을 키웠거든요."

고객과의 접촉이 매일같이 반복되지 않는 기업이라면 계절별 제품 출시 또는 연간 행사를 중심으로 리추얼을 구성할 수도 있다. 스타벅스의 경우, 계절에 따른 리추얼로 미국의 추수감사절과 크리스마스 시즌에 맞추어 스타벅스 '레드컵'을 출시하는 관례가 있다. 레드컵이 전 세계적으로 인기를 얻고 있다는 사실은 스타벅스와 제휴 관계가 아닌 웹사이트 countdowntoredcups.com을 통해 증명된다. 컵의 개시 일자가 발표되기도 전에, 이 웹사이트에는 "스타벅스의 공식적인 확인을 아직 기다리고 있기는 하지만 저희는 11월 2일부터 시작될 것으로 예상합니다."와 같은 공지가 올라온다. 이와 함께 웹사이트 운영자가 예상한 날짜를 기준으로 한 카운트다운 시계가 째깍째깍 흘러간다.

레드컵 웹사이트의 카운트다운 외에도, 인터넷은 사람들이 그 해의 첫 레드컵을 들고 찍은 사진들로 넘쳐나고, 다음과 같은 트윗과 블로그 게시물도 올라온다. "바로 오늘입니다! … 자주 가는 동네 스타벅스 매장에 들렀는데 거기서 … 놀랍게도 … 레드컵을 만났네요. 그것만으로도 저는 행복해졌어요. 저 기분 좋은 빨간 컵을 보면 왠지 모르게 연말이 시작되는 느낌이에요. 쿠키를 굽고, 난롯가에서 아늑하게 휴식을 취하고, 가족이나 친구들과의 시간을 즐기고 싶은 그런 기분 아시죠? … 저는 바리스타들과 함께 기쁨의 댄스를 추었어요(남편은 숨어서 저를 모르는 사람인 척하려고 했어요)." 고객이 당신의 팀원들과 기쁨의 댄스를 춘다면 편안함을 주는 리추얼을 만들어내는 데 성공했다고 봐도 좋다.

레드컵의 매력은 특별한 시즌에만 한정되기 때문인 점도 있지만 매년 바뀌는 컵의 디자인에서도 나온다. 예측 가능함과 변화에 대한 기대를 조합해 관심을 높이는 것이다. 늘 예측 가능한 제품을 제공하지만 새롭거나 흥미로운 요소를 덧붙이지 못하는 브랜드들에 싫증이 난 적이 분명 있을 것이다. 혹은 정반대로, 끝없이 나오는 '방금 도착' 혹은 '올해의 신상'을 진열하기 위해 상징적인 제품을 치워버리는 회사에 급격히 흥미를 잃은 경험도 있을 것이다. 스타벅스 경영진은 확고한 핵심 제품을 그대로 두고 시즌별 제품을 도입하면서 매력적인 신제품을 조금씩 선보이는 전략으로, 고객 충성도, 편안함, 열정을 끌어올린다. 한국에서 학생들을 가르치는 미국인 고객 트레이시 올슨은 이렇게 말했다. "저는 스타벅스를 사랑해요. 대구에서 차이 티 라떼를 마실 수 있는 유일한 곳이거든요. 집과 같은 편안함을 누리면서 흥미로운 신제품을 즐길 수 있는 곳이기도 하고요. 제가 속한 한국 문화의 고유함을 살린 제품들도 만나볼 수 있죠." 트레이시의 말은 예측 가능함과 다양함이 적절히 어우러졌을 때 도출되는 편안함을 잘 보여준다. 스타벅스가 제품 선정, 환경, 서비스 전달에 특별한 요소를 가미하는 방식에 대해서는 7장에서 더 자세히 살펴볼 것이다.

생각해 볼 문제

❶ 당신의 직원과 고객들은 무엇을 가치 있게 여기는가? 어떤 대의, 행사, 교육 기회가 고객 공동체를 하나로 모으거나 고객과 직원들의 화합에 도움이 될 수 있는가? 당신은 비슷한 생각을 가진 사람들 사이의 사회적 관계 형성에 어떤 식으로 조정자 역할을 할 수 있는가?

❷ 당신이 제공하는 제품이나 서비스의 어떤 면이 고객들에게 편안함 혹은 안정감을 선사하는가? 어떻게 하면 회사가 주는 편안함을 높일 수 있는가? 일정하게 유지되어야 할 핵심 제품은 무엇인가?

❸ 당신은 어떤 브랜드들이 기존 제품이나 서비스를 일관성 있게 전달하면서 새

증거는 카페 안에 있다

당신이 제품, 서비스, 지역 사회 참여를 통해 인간의 내재적 필요에 부응
할 방법을 찾았다고 가정해 보자. 더 나아가 얼마 전 새로운 지역에 회사
의 지점을 설립했다고 가정해 보자. 지금 거주하는 나라의 반대편이나 아
예 다른 대륙이라도 좋다. 당신의 브랜드가 잘 받아들여질지 어떻게 알 수
있는가? 또한 지속 가능한 관계를 만들어 나가고 있는지 어떻게 판단할
것인가?

스타벅스 경영진의 경우, 개점을 기대하는 사람들의 열의나 개점 후
늘어선 줄을 통해 신규 시장에서의 초기 수용 여부를 판단한다. 예를 들
어 2012년 10월 스타벅스는 합작 투자 파트너 타타 커피 그룹Tata Coffee
Group과 손잡고 뭄바이에 플래그십 스토어를 내면서 오랫동안 기대를
모았던 인도 시장 진출에 성공했다.

개점 후 대략 열흘이 지난 뒤, 쉬만타 아소칸은 《가디언》지에 다음과
같은 기사를 썼다. "지난 열흘 동안 뭄바이 시내의 한 오래된 식민지풍 건
물 바깥에는 많을 때는 50여 명이 땀 흘리며 줄을 섰고, 경호원은 한 명이
나오면 한 명을 들여보내는 방침에 따라 출입 인원을 통제했다. 기대에

인도 뭄바이의 스타벅스 매장

들뜬 이 사람들은 새로 생긴 멋진 나이트클럽에 들어가거나 그곳을 찾아온 정치인과 악수하려는 게 아니었다. 그들은 스타벅스에 가기 위해 최대한 시간을 대기 중이었다." 유명인사도 아니고, 잘 나가는 엔터테인먼트 공간도 아닌, 인도에 들어온 첫 스타벅스 매장일 뿐이었다.

고객인 헤이즐 하르디저는 전 세계 시장에서 스타벅스 개점을 기대하는 사람들의 열렬함을 이해한다. 헤이즐은 이렇게 말했다. "2007년경 [암스테르담의] 스키폴 공항에 스타벅스가 들어왔어요. '우리만의' 스타벅스가 생긴다는 것이 굉장히 특별한 일로 다가왔던 걸 기억해요. 저는 당시꽤 여행을 다녀본 상태여서 다른 나라에서 스타벅스를 경험한 적이 있었기 때문에, 사람들에게 '이미 가봤고 다 해봤다'고 자랑삼아 이야기할 수가 있었죠. 스타벅스 커피 경험의 특별한 즐거움을 만끽했어요." 고객들이 '자신만의' 새 매장이 생기기를 열렬히 바라거나 매장 개점일에 한 시간 동안 줄 서기를 마다하지 않는다면 당신의 제품은 소구력이 있다고 보아도 좋다. 그러나 홍보 효과와 신선함이 가시고 난 후에도 열광을 이어나가고 계속해서 금전 등록기를 울릴 수 있을까?

스타벅스가 국제 시장에서 성공을 거두었다는 사실은 세계 여러 지역에서 나타난 재무 지속성이나 성장으로 입증된다. 미국 내에서의 성공담과 아주 흡사하게, 스타벅스는 세계 경제가 호황이고 브랜드 평판이 긍정적인 시기에 상당히 빠른 속도로 성장했다.[34] 세계 경제의 불황이 계속되는 동안에도 스타벅스는 북미와 유럽 전역에서 안정적인 성장세를 이어갔고, 남미와 아시아에서도 활발한 성장이 두드러졌다. 예를 들어, 2012년 스타벅스는 라틴 아메리카의 최대 프랜차이즈 업체인 CFA와의 합작 투자 파트너십으로 코스타리카에 첫 매장을 냈고 콜롬비아에 농가지원 센터도 열었다. 2015년까지 브라질에 신규 매장 수백 개를 내고 아르헨티나와 멕시코에 300개 이상의 신규 매장을 개점한다는 라틴 아메리카 성장 계획도 수립되었다.

신흥 시장을 전문 분야로 하는 기자 겸 논평가 판 콴 육은 "스타벅스가 등장하기 전의 미국처럼 라틴 아메리카에는 책이나 노트북을 가지고 앉아서 여유롭게 시간을 보낼 수 있는 곳이 거의 없다."고 지적했다. 북남미 나머지 지역에서도 안정적인 성장이 유지되고 있는 가운데, 스타벅스는 2012년 캐나다에서의 25주년을 맞이했다. 캐나다는 스타벅스의 해외

---

34 가끔 예외적인 시장도 있긴 했다. 7장 참고.

시장 중에서 가장 역사가 길고 규모도 크다. 스타벅스는 2013년 50개 주 전역에 11,000개에 가까운 매장을 운영하며 미국에서 창립 42주년을 맞았다.

스타벅스는 아시아 전역에 걸쳐 가장 큰 폭으로 성장하고 있다. 아시아에서는 2013 회계연도 중 500개의 신규 매장 개점이 계획되어 있었으며, 이 가운데 절반 이상이 중국에서 문을 열었다. 또한 2013년은 스타벅스가 일본에서 1,000번째 매장을 여는 해이기도 했다. 일본은 스타벅스가 처음으로 북미 지역 바깥으로 진출한 시장이다.

2012년 8월《MSN 머니》의 보도에 따르면 아시아는 스타벅스 수익의 약 13퍼센트를 차지했다. 당시 스타벅스 중국과 아시아 태평양 지역 사장 존 컬버는 "높은 매장 마진과 낮은 매장 침투율, 국가의 규모를 감안할 때 우리는 이 시장이 최종적으로 다다를 수 있는 수준에서 아주 초보적인 단계에 와 있을 뿐이다."라고 말했다. 중국은 미국 바깥에서 가장 큰 스타벅스 시장으로 캐나다를 앞지를 가능성이 충분하다.

종합해 보면 2012 회계연도 개시 시점에 스타벅스는 1,200개의 신규 매장 개점을 전망했고, 이는 하루에 대략 3개 매장 꼴의 성장 속도였다. 그 가운데 대부분은 미국 밖에서 문을 열 가능성이 높았다. 이 같은 숫자는 스타벅스 커넥션이 전 세계적으로 왕성하게 뻗어 나가고 있음을 시사한다. 아주 다양한 배경의 고객 니즈에 부합하는 제품을 내놓고 공통의 정서적·사회적·라이프스타일 니즈를 충족할 수 있도록 브랜드를 포지셔닝하는 리더십의 역량이 큰 몫을 한 덕분이다. 그러나 광범위한 지역을 아우르며 성공한 모든 기업이 그렇듯이, 그렇게 탄탄한 보편적 플랫폼을 갖춘 상태에서도 스타벅스 리더들은 제공하는 제품과 서비스의 지역적 관련성을 높일 방법을 찾아야 했다. 이것이 바로 7장에서 우리가 살펴볼 내용이다.

★ 고객은 누군가 자신을 봐주고 들어주길 바란다.

★ 문화적 차이가 표현 방식에 영향을 줄 수는 있지만 고객과 개인적인 연결을 추구하고자 하는 의지는 당신의 회사를 경쟁사보다 돋보이도록 도와줄 것이다.

★ 경영진은 인적 소통이 이루어질 수 있는 적절한 환경을 조성하고 불가피한 이슈가 표면화될 때 직원들이 잘 대응할 수 있도록 돕는 것을 목표로 하면 된다.

★ 고객을 알아감으로써, 경청하지 않고 물건을 팔기만 하려는 많은 브랜드와 스스로를 차별화할 수 있을 것이다.

★ 충성도를 구축할 수 있는 가장 강력한 기회 중 하나는 판매 후에 찾아온다. 그 기회는 직원들이 감사를 표하고 따뜻한 작별 인사를 건네면서 고객에게 미래에 다시 만날 것을 기약할 때 생긴다.

★ 리더는 감사의 환경을 조성하고 충성스러운 단골손님에게 감사를 표현할 수 있도록 사업을 구성해 나가야 한다.

★ 모든 리더는 회사를 제품이나 서비스 그 이상을 제공하는 곳으로 바라볼 필요가 있다. 리더는 고객이 소속감과 목적의식을 느끼는 장소를 만들 수 있다.

★ 고객과 직원들로 구성된 공동체를 구축하는 데에 혁신적인 면모를 보여주어라. 아울러 사회적 행동주의라는 요소까지 추가하는 방안을 고려해 보라.

★ 인간은 편안함이 안정적으로 유지되길 바라면서도 지루함을 피할 수 있을 정도의 다양함을 원한다.

★ 고객 접촉이 매일 같이 반복되지 않는 기업이라면 계절별 제품 출시 또는 연간 행사를 중심으로 리추얼을 구성할 수도 있다.

7장

맞춤화:
현장, 지역, 세계에 맞추어 혁신하라

유사성은 우리를 공통 기반으로 모아주고, 차이점은 우리로 하여금 서로에게 매력을 느끼게 한다.

미국 소설가 **톰 로빈스**

시장 확장은 도전을 요하는 일이다. 기업들은 종종 무리수를 두거나 새로운 시장의 지역적 니즈를 파악하지 못하기도 한다. 이번 장에서는 스타벅스가 글로벌 무대에서 관련성을 확보하고자 시도하며 직면했던 도전 과제들을 살펴볼 것이다. 하지만 먼저 인튜이트Intuit를 통해 얻을 수 있는 중요한 교훈을 짚고 넘어가기로 하자. 인튜이트는 미국에서 큰 성공을 거둔 세금 신고 소프트웨어 퀴켄Quicken을 만든 회사로 1983년에 창립되었다.

제품의 미국 출시 후 10년이 지난 뒤 인튜이트는 캐나다와 영국 시장에 성공적으로 진출했다. 이어서 이 회사 경영자들은 영국을 제외한 유럽, 남미, 멕시코, 일본 시장에도 제품을 출시했다. 각국에서 도입과 함께 미디어의 상당한 관심을 받았음에도, 인튜이트의 매출은 첫 주문이 이행된 순간부터 떨어졌다. 결국 이 회사는 영국, 캐나다, 미국을 제외한 모든 국가에서 운영 조직을 철수했다. 확장 노력이 실패한 이유를 설명하면서 인튜이트의 창립자 스콧 쿡은 다음과 같이 말했다. "근본적인 원인은 해당 국가에 대한 깊은 연구 없이 제품을 구축하기로 한 초기 결정에 내재해 있었습니다. 저희는 미국에 이미 출시된 제품을 바탕으로 제품을 구축했거든요. … 저희가 미국 시장에서 성공한 이유는 잠재 고객을 누구보다도 잘 알고 있었기 때문이었습니다. 고객을 완벽하게 이해했고 고객이 일하는 방식에 꼭 맞는 제품을 구축했죠. … 해외 시장에 대해서는 그렇게 하지 않았습니다. 미국에서 만든 제품을 그대로 갖다 판 거예요."

이들 시장에서 철수한 후 인튜이트는 10년 이상 글로벌 확장을 자제했다. 스콧 쿡은 이어서, 인튜이트가 글로벌 성장 계획을 재개했을 때, 대대적인 첫 시도에서 얻은 교훈이 도움이 되었고, 이번에는 "제대로 된 접근법으로 현지 인력을 채용해 고객을 완벽히 파악하고 미국 시장에 고착된 솔루션이 아니라 현지 고객에게 맞는 솔루션을 설계할 수 있었습니다."라고 말했다. 인튜이트는 접근 방식을 수정한 후, 싱가포르, 인도, 남아프리카, 뉴질랜드까지 성공적으로 진출했다.

이번 장에서는 제품, 서비스, 물리적 환경의 지역적 관련성을 극대화하기 위해 스타벅스 경영진이 사용한 핵심적인 접근법과 조정 요소들을 살펴본다. 가장 먼저 들여다볼 부분은 운영 조직의 지역화 모델이다. 이번 장은 또한 현지 비즈니스 파트너십의 역할을 탐구하고 해당 문화 고유의 욕구와 필요를 충족하기 위해 제품과 서비스를 맞춤화하는 구체적인 방법을 개괄적으로 소개한다.

탈중심화와 시장 활성화

원래 스타벅스는 스타벅스 미국과 스타벅스 인터내셔널, 두 개의 중앙 법인으로 운영되었고, 둘 다 워싱턴주 시애틀에 자리하고 있었다. 그러다 점차 커져가는 도전 과제를 해결하고 세계 시장 곳곳에서 떠오르는 기회를 포착하기 위해 2011년 운영 조직을 극적으로 변화시켰다. 스타벅스 고위 경영진은 탈중심화를 선언하고 세 개의 지역 모델로 조직을 분리했다. 이 책 곳곳에 이미 각 지역의 리더들이 한 말이 인용되었지만 리더와 담당 지역을 명확하게 정리해 두자면 아래와 같다.

중국 및 아시아 환태평양: 존 컬버 사장

호주, 중국, 홍콩, 인도, 인도네시아, 일본, 마카오, 말레이시아, 뉴질랜드, 필리핀, 싱가포르, 한국, 대만, 태국, 베트남을 포함한다.

유럽, 중동, 아프리카EMEA: 미셸 개스 사장

오스트리아, 바레인, 벨기에, 불가리아, 키프로스, 체코 공화국, 덴마크, 이집트, 핀란드, 프랑스, 독일, 그리스, 헝가리, 아일랜드, 요르단, 쿠웨이트, 레바논, 모로코, 네덜란드, 노르웨이, 오만, 폴란드, 포르투갈, 카타르, 루마니아, 러시아, 사우디아라비아, 스페인, 스웨덴, 스위스, 터키, 아랍 에미리트 연합국, 영국을 포함한다.

북남미: 클리프 버로우스 사장

아르헨티나, 아루바, 바하마 제도, 브라질, 캐나다, 칠레, 코스타리카, 퀴라소, 엘살바도르, 콰테말라, 멕시코, 페루, 푸에르토리코, 미국을 포한한다.

이러한 스타벅스 구조 개편의 원동력은 덜 미국 중심적이면서도 스타벅스의 장점을 글로벌 시장에 의미 있는 방식으로 이용하는 모델을 만들자는 생각이었다. 구조 개편에 따라 지역 사장은 자신이 책임져야 할 지역을 할당받고 담당 지역의 사업 목표에 맞는 전략 계획을 수립할 전권을 부여받았다. EMEA의 미셸 개스 사장은 사업 전략 개발이 지역적으로 이루어져야 하는 이유와 관련해 이렇게 말했다. "EMEA 사업은 절대수치 기준으로 계산하든 백분율 기준으로 계산하든 세 지역 가운데 가장 수익이 낮은 사업부라고 말할 수밖에 없으니까요." 미셸과 EMEA 경영팀은 상당히 많은 시간을 들여 이 지역을 두루 돌아본 후, 해당 지역에서 관찰된 내용과 인지된 필요를 바탕으로 전략을 수립했다. 이를테면 제공하는 커피의 지역적 관련성을 탐구해 보고, 영감을 주는 매장 환경을 조성하며, 지역 내 고객의 생활양식에 맞게 접근성과 가용성을 높여 커피라는 '일상의 리추얼'을 확대하고자 시도했다.

이번 장 뒷부분에서 우리는 EMEA 지역에서 에스프레소 음료에 변화를 주고, 새로운 매장 디자인 접근법을 시도하며, 이동 중인 고객의 스타벅스 제품과 음료 이용률을 높인 사례들을 구체적으로 살펴볼 것이다. 그러나 여기서는 일단 미셸 같은 고위급 임원들은 더 이상 워싱턴주 시애틀의 스타벅스 지원 센터에 앉아 글로벌 사업을 관리하려고 시도하지 않으며, 완전한 독립성을 가지고 해당 지역에 필요한 일을 하기에 좋은 입장이 되었다는 점에 주목하도록 하자. 분명 중국 및 아시아 태평양 시장의 존 컬버가 직면해 있는 과제는 유럽, 중동, 아프리카의 미셸이 직면해 있는 과제와 사뭇 다르다. 예를 들어, 존은 중국에서 스타벅스가 일하기 좋은 직장으로 여겨질 수 있게 지원하고 인도와 중화권에서의 확장과 유통 기회에 솜씨 있게 대처하는 한편, 베트남 같은 신흥 지역 시장에서도 여러 가지 기회를 모색해야 한다.

스타벅스는 구조 개편 덕분에 지역별로 새로운 경영 체계를 갖추고 자율적인 사업 계획 수립이 가능해졌을 뿐만 아니라, 다른 지역에서 유용성이 입증된 우수 관행을 미셸, 존, 클리프 같은 리더들이 공유할 수 있게 되었다. 우리는 6장에서 스타벅스 북남미 지역 사장 클리프 버로우스가 미셸이 EMEA에서 전개한 '컵 위에 이름 쓰기'와 '파트너 명찰 달기' 접근법을 채택하여 얼마나 좋은 효과를 보았는지 이미 확인한 바 있다.

현지 감독을 위해 경영진을 재배치하는 것은 나름대로 장점이 있지만 그렇다고 해서 글로벌 성공을 위한 만능 해결책은 아니다. 스타벅스의 각 사업 리더는 여전히 해당 지역의 문화적 니즈와 뚜렷한 브랜드 연계성 사이에서 균형을 맞추어야 한다. 스타벅스 브랜드를 문화적 차이 밑으로 흡수시키거나, 미국식 스타벅스 경험을 전달하여 지역 시장의 고객 니즈를 내리누르는 것이 목표가 아니다. 실제로 연구자들은 스타벅스 같은 브랜드가 공동체를 형성하기도 하고, 지역 문화에 의해 스타벅스 같은 브랜드가 형성되기도 한다고 주장해 왔다. 크레이그 톰슨과 제이넵 아르셀은 《소비자 연구 저널Journal of Consumer Research》에 다음과 같이 썼다. "최근의 인류학 연구는 소비자들이 글로벌 브랜드의 의미를 자신의 목적에 맞게 사용하고, 새로운 문화적 연상을 창조적으로 덧붙이며, 양립 불가한 부분은 탈락시키고, 나머지 부분을 지역의 문화 패턴과 생활양식에 맞게 변형시킨다는 … 설득력 있는 경험 사례를 확정지었다. … 이러한 관점에서 보면 글로벌 브랜드를 현지 문화에 주입시키는 행위는 글로벌 브랜드가 여러 가지 지역화된 의미를 취하면서 이질성을 띠게 되는 역설을 가져온다." 요컨대, 성공하는 브랜드는 지역 문화에 의해 형성될 필요가 있고, 거꾸로 스스로가 대상 문화를 형성하는 힘으로도 작용한다는 사실을 깨달아야 한다.

현지 파트너 찾기

이번 장 시작 부분에서 나는 인튜이트가 글로벌 확장 노력을 펼치는 과정 중 초반에 직면한 어려움을 자세히 다루었다. 창립자 스콧 쿡은 성공을 위해 브랜드를 다시 포지셔닝하면서 제대로 된 글로벌 성장에는 "고객을 완벽히 파악하고 알맞은 솔루션을 설계할 수 있는 현지 인력 채용"이 꼭 필요함을 시사했다. 스타벅스의 경우, 각 시장에서 채용은 매우 중요한 일이지만 합작 투자 사업 파트너의 선택도 채용 못지않게 중요하다. 스타벅스는 신중하게 선별한 사업 파트너의 도움으로 알아채기 어려운 미묘한 문화 차이를 인식할 뿐만 아니라 필수적인 비즈니스 관행, 최적의 부동산 위치 선정, 심지어 현지 소비자 행동과 관련한 운영적 지식까지 습득한다.

2007년에 나는 인도 전역에서 강연과 컨설팅을 진행할 때, "스타벅스가 언제 인도에 들어오나요?"와 같은 질문을 여러 차례 받았다. 나의 전형적인 대답은 "회사가 적절한 현지 사업 파트너를 찾아 이곳에서의 성공에 확신을 얻을 때가 아닐까 생각합니다."였다. 인도가 보유한 13억 인구는 중간 연령이 25세 정도로 비교적 젊고, 늘어나는 현지 카페를 통해 카페 문화에 이미 노출된 상태라는 점 때문에 오래전부터 스타벅스에게 매력적인 시장으로 인식되었다. 2011년 1월 스타벅스 경영진은 타타 커피와 구속력 없는 양해 각서를 맺고 탐색전을 심화했다. 결국, 이 관계는 합작 투자 파트너십 체결로 이어졌다.

타타 커피는 봄베이 증권거래소에서 거래되는 상장 기업으로, 여섯 개 대륙 80개국 이상에서 7개 사업 부문을 운영하고 있는 다국적 대기업 타타 그룹의 자회사다. 타타 커피는 1922년에 창립되었고 '세계 최대의 커피 플랜테이션 기업'으로 일컬어져 왔다. 타타와의 파트너십으로 스타벅스는 문화적 관련성의 지렛대 효과를 얻었을 뿐만 아니라 원료 조달과 로스팅을 위한 플랫폼까지 마련했다. 타타 커피 플랜테이션으로부터 아라비카 생두를 조달하고 타타의 기존 로스팅 시설을 이용해 생두를 로스팅하는 공급 체인이 완성되었기 때문이다.

스타벅스는 뭄바이에 첫 매장을 연 후 일주일 뒤 3개 매장을 추가로 열었다. 하워드 슐츠는 스타벅스의 인도 진출에 왜 그리 오랜 시간이 걸렸냐는 질문을 받은 뒤 타타와의 계약 체결을 통해 큰 위험을 회피하고 투자의 정당성이 확보될 때까지 기다리는 게 중요했다는 취지의 답변을 내놓았다. "[인도는] 진출하기 아주 복잡한 시장입니다. 한때 저희는 단독으로 여기에 들어올 수 있다고 생각했고 복잡성을 과소평가했습니다. 하지만 타타 측 사람들을 만나고 보니, 타타와 스타벅스의 자산이 매우 상호 보완적이라는 사실을 금세 깨달았고, 덕분에 힘을 합쳐 아주 특별한 전략을 수립할 수 있었습니다. 인도에 스타벅스를 들여오고 장기적으로 아주 실질적이고 의미 있는 사업을 함께 구축해 나간다는 전략입니다."

하워드의 답변은 파트너십의 역할을 강조할 뿐 아니라 글로벌 환경에서 성공하려면 끈기 있고 장기적인 헌신이 중요함을 시사한다. 스타벅스 중국 및 아시아 대평양 사장 존 킬버는 이렇게 말했다. "글로벌 시장에서의 성공은 하루아침에 이루어지지 않습니다. 글로벌 파트너와 진출하려는 지역 사회가 장기적으로 성장하고 발전할 수 있게 당신이 힘쓰고 있다는 걸 그들이 알아야 해요. 그들이 원하는 건 도움을 주고 생사고락을 함께하면서 지속적인 성공과 긍정적인 결과를 이루어나갈 좋은 기업 시민corporate citizen35이죠. 일관성 있게 이러한 모습을 보여준다면 파트너와 지역 사회는 당신에게 장기적으로 도움을 줄 것입니다." 하워드 슐츠는 특히 스타벅스의 인도 합작 투자와 관련해, 타타와 스타벅스가 "인도 고객들에게 비교 불가의 경험을 전달"하고 있다면서, "우리는 장기적인 안목으로 투자 중이며 인도에서 성장이 가속화될 잠재력이 크다고 본다."고 덧붙였다. 사업 파트너를 신중하게 선별하고, 탈중심적 경영을 펼치며, 끈기 있는 전략 실행으로 브랜드의 본질을 지역적 니즈와 통합시키고, 장기적으로 헌신하는 것은 자국 시장 밖에서 성공하기 위한 공식이라 할 만하다.

---

35 기업도 사회를 구성하는 시민의 일원이라는 인식에서 등장한 표현. —역주

물리적 환경을 통해 균형 맞추기

지역 사회에 진출한 많은 브랜드가 '동떨어져' 보이는 이유는 새로운 지역 사회의 물리적인 자산이나 역사를 이해하지 못하거나 이를 받아들이려는 시도 자체를 하지 않았기 때문이다. 글로벌 디자인과 건축 지원 서비스의 프로그램 매니저 킴벌리 셔먼은 스타벅스가 한동안 매장 디자인을 조정해 지역적 관련성을 부여하는 일에 소홀했음을 시인했다. "저희는 점차 흔하디흔한 카페가 되어 간 반면, 독립적인 카페들은 흥미로운 공간을 제공해 지역 공동체 안에서 자신을 부각시킬 수 있었죠. 그들의 위치 선정은 유행에 더 민감했고 서비스 대상 지역 사회와 더 관련성이 깊었어요. 저희는 디자인 접근법을 새롭게 바꿀 필요가 있다는 걸 인정해야만 했어요. 경기 침체 이후, 디자인 콘셉트의 고유성과 적합성을 본격적으로 재평가하기 시작했죠."

이러한 재평가 과정을 통해, 스타벅스 디자인 리더들은 좀 더 고객 중심적인 매장 디자인 접근법을 도출해 냈다. 스타벅스는 고성장기에 매장 인테리어의 일관성과 규모의 경제economies of scale[36]에서 이득을 보았다. 매장 디자인을 그대로 자기 복제하면 테이블, 의자 및 다른 비품들을 비용 면에서 효율적으로 구매할 수 있었지만 매장이 점점 비슷해지면서 지역적 관련성이 최소화되었다. 이런 천편일률적인 디자인 접근법은 아마도 스타벅스 경험의 특별함을 떨어뜨리고 고객 충성도에도 영향

---

36 기업 등에서 생산량을 늘릴수록 제품 하나당 생산 비용이 하락하는 현상. —편집자 주

을 끼쳤을 것이다. 독특한 디자인을 위해 자유를 더 허용하는 것이 전환 전략의 핵심이었다. 결과적으로 스타벅스는 확장성 있고 변형 가능하며 혁신적인 해법을 개발했다. 헤리티지heritage, 아티즌artisan, 리즈널 모던 regional modern이라는 명칭의 특색있는 매장 디자인 콘셉트가 그 시작이 었다.

킴벌리는 덧붙여 설명했다. "저희는 콘셉트 매장 테스트를 통해 깨달음을 얻고 멋진 아이디어를 모아들인 뒤, 핵심적인 가르침들을 주요 매장의 표준 요소로 적용해요. 각 콘셉트 스타일 내에서 현지 매장 디자이너가 선택할 수 있는 가구나 비품의 폭은 꽤 넓은 편이죠. 전 세계 어디서든 디자이너들이 원스톱으로 이용할 수 있는 디자인 리소스 센터 웹사이트도 운영 중이고요. 그 사이트에서 디자이너들은 디자인 가이드라인을 확인하고, 서비스 대상 지역 사회에 어울리고 영감을 주는 매장 요소를 선택할 수 있죠. 그런 다음 지역색이 물씬 나는 예술 작품, 끝손질 등으로 독특함을 조금 더 가미하기도 해요."

킴벌리의 관점에서 표준 항목과 지역적 변형의 기회를 동시에 제공하는 이 혼합 접근법은 핵심적인 목표를 충족한다. 킴벌리는 이어서 말했다. "저희는 지역에 녹아들고 싶었어요. 그래서 개별 매장을 이용하는 고객들에게 통할 만한 디자인을 원하죠. 디자이너들은 매장의 건축학적 측면뿐 아니라 이웃, 고객층, 경쟁사를 이해할 필요가 있어요. 건축과 관련한 역사적인 측면이나 흥미로운 요소를 찾아 활용하거나 배제하기도 하죠. 바리스타들이 고객을 위해 음료를 맞춤화하듯, 저희는 지역과 시장을 위한 맞춤 솔루션으로 고객 특성에 꼭 맞는 제3의 환경을 만들고 있어요."

스타벅스 디자이너들이 어떤 방법으로 지역 공동체와 어울리는 매장을 만드는지 더 깊이 이해하려면 2012년 런던 올림픽을 앞두고 영국에서 진행된 디자인 변경 작업만 살펴보아도 충분하다. 스타벅스 영국의 디자인 디렉터 톰 브레슬린은 디자인 변경 작업이 때로 파트너와 고객의 불편을 초래할 수 있다고 말했다. 하지만 톰은 그러한 작업을 통해 이 파괴적인 투자를 정당화할 만한 기능적, 재무적, 창조적 이익을 얻을 수 있다고 믿는다. 그러므로 현지인들의 이용 패턴부터 살펴보라고 조언한다. "해당 지역의 문화적 영향을 고려하는 것은 시장 관련성을 확보하는 데 중요한 디자인 프로세스죠. 저희는 우선 파트너와 고객의 필요를 귀담아 듣고 관찰해요. 그것은 고객과 대화를 나누고 파트너의 의견을 경청하는 솔직한 커뮤니케이션 과정이면서, 집단 경험의 관점으로 상황을 파악하는 방법이기도 하죠. 파트너들은 이 환경에서 많은 시간을 보내기 때문에, 만약 저희가 파트너들에게 적합한 경험을 디자인하는 데에 실패한다면 그들이 고객과 효과적으로 소통할 수 있는 물리적 공간을 만들기가 어려워요. 디자인은 지역 사회의 열망과 욕구를 넘어선 멋진 모습의 매장으로 동네를 떠받쳐주고, 사람들이 저희 브랜드와 정서적 관계를 키워 나갈 수 있도록 돕는 일이에요."

　　스타벅스가 브랜드 관계 형성 방법의 하나로 현지의 건물 디자인을 활용한 사례는 많이 있다. 일본 다자이후시市에 위치한 다자이후텐만구오모테산도太宰府天満宮 表参道점의 경우를 살펴보도록 하자. 이 공간은 건축가 쿠마 켄고가 설계했으며, 바닥에서부터 작은 물건들을 쌓아 올리는 일본과 중국의 전통 건축 양식을 융합하여 2,000개 이상의 나무 막대를 얼기설기 쌓아서 만든 격자가 특징이다. 영국 디자인 전문 잡지《디진 Dezeen》의 기사에 따르면 "이 스타벅스의 위치는 다소 독특하다. 일본의 대표적인 신사 중 하나인 다자이후텐만구의 주 진입로에 자리하고 있기 때문이다. 서기 919년에 세워진 이 신사는 '학문의 신'을 모시는 곳으로 매년 약 2백만 명의 방문객들이 학업의 성공을 기원하러 이곳을 방문한다. … 이 프로젝트는 그러한 도시 풍경과 조화를 이루는 구조물을 만드는 것을 목표로 삼았다. 이를 위해 가느다란 목재를 대각선으로 엮는 독특한 공법이 사용되었다."

매장 디자인이 기능적이면서도 서비스 대상 공동체와 지역적 관련성이 있어야 하는 것처럼, 그러한 공간에서 제공되는 제품 또한 현지인의 취향에 맞게 달라져야 한다. 스타벅스에서 제품 변형은 대개 음식류 중심으로 이루어지지만 경우에 따라 음료 혁신을 통해 이루어지기도 한다.

제품의 혁신과 진화

스타벅스에서 검은깨 녹차나 월병을 먹어본 적이 있는가? 없다면 당신은 중국 스타벅스 매장 근처에 살지 않거나 한 번도 그 매장에 가본 적 없는 사람임이 분명하다. 스타벅스 중국의 벨린다 옹 사장은 "중국 고객들이 푸드와 음료 전반에 걸쳐 지역적 관련성이 있는 혁신 제품을 더 많이 보고 싶어한다."고 밝혔다. 스타벅스의 현지 음식과 음료 혁신은 너무 많아서 여기에 모두 나열할 수 없지만 몇 가지만 소개하자면 인도의 무르그

티카[37], 일본의 아즈키 마차 프라푸치노[38], 브라질의 파오 데 케이주[39], 터키의 모자이크 파스타[40] 등이 있다.

북아일랜드의 지역 매니저 바버라 맥매스터는 맞춤형 제품으로 지역의 중요한 맛 취향을 충족시키는 방식에 관해 이야기했다. "저희는 제공하는 푸드류에 끊임없이 변화를 주고 잉글랜드와 이곳 북아일랜드 고객들이 납득할 만한 선택 항목을 늘리려고 노력 중이에요. 한 가지 사례가 바로 베이컨 버티bacon butty죠. 베이컨 버티는 사람들이 커피 한 잔에 곁들여 먹곤 하는 샌드위치인데 일종의 추억의 음식comfort food 역할을 하거든요. 저희는 원래 이것을 아침 메뉴로 배치했었는데, 고객들의 요청에 따라 지금은 온종일 제공하고 있어요. 베이컨 버티를 라인업에 추가한 것은 올바른 결정이었고, 소비자 조사를 실시한 결과 고객이 원하는 맛 경험을 제공하고 있다는 걸 확신하게 됐죠."

스타벅스의 현지화 제품 대부분은 해당 지역의 취향에 맞춘 고유의 품목들이지만 스타벅스 스위스와 오스트리아의 마케팅 디렉터 서맨사 야우드는 이렇게 덧붙였다. "현지인 입맛에 맞추기 위해 전통적으로 제공해오던 제품들을 조금씩 조정해야 할 때도 있어요. 가령 스위스와 오스트리아 고객들은 아메리칸 스타일을 경험하려고 스타벅스에 와서 양질의 미국식 음료와 머핀, 도넛, 치즈케이크 같은 푸드류를 찾아요. 팬케이크

---

37 탄두리 오븐으로 구운 닭.
38 마차 그린티에 팥을 섞고 콩가루를 뿌린 블렌디드 음료.
39 전통적인 치즈 빵.
40 현지에서 인기 있는 초콜릿 케이크. 터키어 'pastasi'는 케이크를 뜻한다.

는 미국 스타벅스의 일반적인 메뉴에 올라 있지 않은데도, 지희 지역이나 유럽의 다른 지역에서는 미국식 팬케이크가 꿀이나 시럽, 과일과 함께 제공되지요.”

지역적 관련성을 추구하는 데에는 분명히 트레이드 오프[41]가 따른다. 현지 기호를 접목시킴으로써 이익을 얻을 수는 있지만, 고객들은 스타벅스 아닌 다른 곳에서도 얼마든지 현지 음식을 즐길 수 있기 때문이다. 스타벅스 같은 글로벌 브랜드들은 핵심 제품과 비슷한 품질 수준으로 현지 음식을 제공할 자신이 있는지도 고려해야 한다.

생각해 볼 문제

❶ 당신은 새로운 시장의 고객들에게 똑같은 제품을 판매하려고 하는가, 아니면 그 고객들의 니즈를 이해하고 거기에 맞게 당신의 솔루션을 맞춤화할 생각인가? 당신은 지역적 관련성을 얻기 위해 어느 정도까지 노력할 수 있고 또 노력할 것인가?

❷ 새로운 시장에서 관련성을 얻기 위해 당신은 얼마나 효과적으로 파트너십을 추구해 왔고 경영 구조를 변경했는가?

❸ 당신은 새로운 시장 내에서 브랜드와 지역적 니즈를 잘 조화시켜 '장소감sense of place'[42]을 창출한 적이 있는가?

---

41 어느 것을 얻으려면 반드시 다른 것을 희생하여야 하는 경제 관계. —편집자 주
42 특정 장소에 대해 개인이 느끼는 주관적인 애착 감정. —역주

어디까지 할 수 있는가?

지금까지 언급된 음식과 음료의 현지화 사례는 신규 시장에 특화된 혁신 제품이거나 중요하긴 하지만 핵심적이지는 않은 제품을 살짝 조정하는 형태였다. 그 정도 변화는 소비자 조사 결과를 참고하여 진행되지만 스타벅스의 라떼 레시피나 에스프레소 로스트 같은 핵심 제품은 아무리 현지 소비자들이 조정을 선호한다는 조사 결과가 나오더라도 변화를 감행하기가 어려울 것이다. 아니, 정말 어려울까?

스타벅스 영국과 아일랜드의 매니징 디렉터 크리스 엥스코브는 이 지역에서 다소 이례적으로 라떼 레시피가 변경된 사례에 대해 언급했다. "스타벅스 라떼는 전 세계인이 마시고 저희 지역에서도 가장 잘 팔리는 음료입니다. 역사적으로 저희는 다른 주요 커피 제품들과 마찬가지로 스타벅스 라떼의 맛이 어디서나 항상 똑같아야 한다는 생각을 고수해 왔습니다." 이런 전통적인 시각에도 불구하고, 영국과 아일랜드 스타벅스에서는 '더 진한' 라떼를 원하는 고객의 목소리가 들려왔고, 5년에 걸친 기간 동안 이 지역 매장에서는 라떼에 에스프레소 샷을 추가하는 고객들이 약 60퍼센트 증가한 것으로 드러났다.

크리스는 제품의 진화에 얽힌 이야기를 이어갔다. "저희는 에스프레소 샷 추가를 기본으로 해서 라떼를 더 진하게 만드는 방안을 고민해 보았습니다. 이 아이디어를 시범 판매해 보았더니 그 레시피는 대히트를 쳤죠. 저희 고객들을 대상으로 한 맛 테스트에서만이 아니라 중요 경쟁사의 고객들을 대상으로 한 테스트에서도 성공이었어요. 경쟁사 고객의 60퍼센트는 경쟁사가 만든 라떼보다 저희 라떼를 더 좋아했어요. 그래서 서희는 톨 사이즈 라떼를 고객의 추가 비용 없이 투샷 에스프레소 음료로 바꾸었습니다." 얼마 지나지 않아 런던 《텔레그라프》지에는 '에스프레소 샷 추가에 탄력받은 스타벅스 영국 매출'이라는 헤드라인의 기사가 실렸다. 이 기사는 라떼와 카푸치노 매출이 사람들이 "돈에 쪼들리고" "경제적으로 어려운 시기"임에도 9퍼센트 늘었다고 전했다.

프랑스에서도 스타벅스 에스프레소 로스트와 관련해 비슷한 이슈가 발생했다. 스타벅스 프랑스의 매니징 디렉터 롭 네일러는 이렇게 말했다. "저희는 에스프레소 로스트에 변화를 주었으면 좋겠다는 고객들의 이야기를 전해 듣고 있었습니다. 에스프레소 로스트는 40년 이상 브랜드의 절대적 기반이었기 때문에, 변화를 꾀한다는 건 상상할 수 없는 일이었다는 점을 이해해 주셔야 합니다." 롭은 변화를 주저하면서도 소비자 조사를 실시했다고 한다. 기존 에스프레소 로스트는 예상대로 높은 비율의 프랑스 소비자층에게 '매우 좋음'이라는 평가를 받았다. 그러나 그 테스트에서 상당수의 젊은 여성들은 좀 더 가벼운 에스프레소 로스트를 선호했다. 롭은 고객 1,000명을 대상으로 한 표본 데이터를 받았고, 그 결과를 미셸 개스와 하워드 슐츠에게 보고했다.

"전달하기 곤란한 메시지였지만 하워드는 흔쾌히 이렇게 말했어요. '사람들이 원하는 걸 주어야죠. 최상급 품질의 커피이고, 윤리적으로 조달되고, 우리 브랜드와 가치에 부합하는 방식으로 제공할 수 있다면 한 번 시도해 봅시다.'" 그렇게 해서 스타벅스는 프랑스 시장을 위해 스타벅스 블론드 에스프레소 로스트를 만들게 되었다. 기본 원두와 블론드 에스프레소 로스트 원두를 나란히 놓고 보면 기본 원두는 거의 검정에 가까운 암갈색에 반들반들한 윤기가 흐르는 반면, 블론드 에스프레소 로스트 원두는 색깔이 더 밝아 밤색에 가깝고 향미 프로필도 사뭇 다르다는 걸 알 수 있다.

미국에서는 브루드 커피가 영업에 핵심적인 견인차 역할을 하지만 프랑스에서는 롱 에스프레소라고도 불리는 스트레이트 에스프레소가 매장의 성공을 좌우한다. 롭은 이 제품 추가의 의미에 대해 다음과 같이 설명했다. "블론드 에스프레소 로스트는 이제 저희가 판매하는 전체 에스프레소의 약 25퍼센트를 차지합니다. 저는 이것이 소비자 의견을 경청하고 들은 내용을 과감하게 실행에 옮긴 훌륭한 사례라고 생각해요. 저희는 과거에 푸드와 같은 여러 분야에서 조사를 진행해 왔고 점진적 개선을 이루었지만 프랑스에서처럼 구체적으로 시장의 필요에 따라 새로운 에스프레소 블렌드를 추가한 것은 ⋯ 저희에게나 고객들에게도 획기적인 사건이었죠!"

영국의 새 라떼 레시피와 프랑스의 블론드 에스프레소 로스트에서 얻을 수 있는 중요한 교훈은 각 사례가 현지 시장에 연관성 있는 방식으로 소비자의 선택권을 늘린다는 점이다. 영국에서 톨 사이즈 라떼의 기본 레시피는 이제 에스프레소 투 샷이지만 표준 레시피를 선호하는 고객들은 그냥 싱글 샷 음료를 요청하면 된다. 블론드 에스프레소 로스트의 경우에도, 전통적인 블렌드는 여전히 구입이 가능하고 시장에서 가장 큰 규모를 차지한다.

스타벅스의 리더들은 선택의 폭을 극대화하는 것이 오늘날 글로벌 소비자에게 반드시 필요하지만 선택에는 책임이 따른다는 사실을 이해한다. 새롭게 도입하는 제품도 우수한 기존 제품에 상응하는 수준으로 제공할 수 있어야 한다는 뜻이다.

장소에 따른 현지화

유래는 여전히 논란의 대상이지만 "장소, 장소, 장소location, location, location"라는 슬로건이 처음으로 지면에 인쇄된 것은 1926년 《시카고 트리뷴》지의 한 부동산 광고였다. 이 문구가 나온 지 87년 이상이 흘렀지만 장소는 새로운 시장에서 매장을 여는 데 있어서 지금도 아주 중요한 요소로 여겨진다. 예를 들어, 스타벅스는 캘리포니아 타호 호수 근처의 스쿼 밸리에 카페를 열었다. 스키어들은 부츠나 스키를 벗을 필요 없이 스키를 신은 채로 들어왔다가 그대로 나갈 수 있다. 이 독특하고 현대적 의미가 있는 장소에서 고객들이 매장을 이용하는 모습을 보려면 http://tinyurl.com/onq59kl을 방문하거나 아래의 QR 코드를 스캔해 보기 바란다.

커피를 즐기는 일상의 리추얼과 제품 이용 패턴은 전 세계적으로 큰 차이가 있어서, 부지 선정이 매우 중요하다. 스타벅스 매장 개발 부문의 부사장 롭 소프킨은 스타벅스 매장 개점에 따르는 경제적 위험 요소를 이해하기 쉽게 설명했다. "매장 하나를 여는 결정을 내릴 때마다 투자금 약 100만 달러가 왔다 갔다 합니다. … 부지 선정은 예술과 과학의 혼합인 동시에 전략과 기회의 조합인 경우가 많죠."

스타벅스 스위스와 오스트리아의 매니징 디렉터 프랑크 부벤은 전략과 기회의 조합으로 2013년에 스위스 연방 철도 기차 내에 스타벅스 매장을 선보이기로 계획한 이야기를 들려주었다. "저희는 항상 고객들이 계신 곳에서 스타벅스 기회를 제공하려고 노력합니다. 기본적으로는 고객의 통행량이 많은 생활 속 장소에 자리 잡으려고 하죠." 프랑크는 스위스 연방 철도의 승객 수송 책임자가 오랫동안 열렬한 스타벅스 고객이었고 승객들의 기차 이용 경험을 바꾸는 데 열심이었다고 귀띔했다. 스위스 연방 철도에서 해당 직책을 맡게 된 직후 그녀는 "홈 온 트랙Home on Track"이라는 프로그램을 개시했고, 스타벅스가 매장에서 만들어내고 있는 것과 같은 경험을 스위스 기차에서도 만들어 보고 싶다는 뜻을 프랑크에게 전했다. 프랑크는 설명을 계속했다. "저희는 프로젝트 팀을 구성했고 6개월 안에 두 대의 이층 기차 안에 모든 장비를 완전히 갖춘 매장 두 개를 내도 좋다는 허가를 받을 수 있었습니다."

많은 국가에서 스타벅스는 통행량이 많을 뿐만 아니라 공동체의 구심점 역할을 할 수 있는 지역에 입점하고자 노력한다. 일례로 중국의 경우 스타벅스가 "도시의 젊은 인구층을 겨냥하고 있으며, 찾아가기 편리하고 친목의 장 역할을 할 수 있는 곳을 매장 위치로 선정해 비좁은 아파트를 벗어나 한숨 돌릴 여유를 선사한다."고 비즈니스 전략가 겸 저자 모에 나와즈는 설명했다. 유동 인구의 접근성이 좋고 다른 사람들과의 친목도 고려한 위치 선정 전략은 문화적 가치와 현지 소비자의 생활양식, 이용 패턴에 대한 이해에서 나온다.

스타벅스 리더들은 고객이 있는 곳을 찾아감으로써 고객이 일부러 찾아 나설 필요가 없게 할 방법을 모색한다. 그들은 현지인의 생활양식에 부합하게 제품을 포지셔닝해야 할 필요성을 이해한다. 또한 브랜드를 신선하게 유지하고 어떤 새 아이디어가 지역 사회의 공감을 얻을지 알아보기 위해 대담한 콘셉트를 실험해 보기도 한다.

관련성을 높이기 위한 실험

스타벅스 영국의 디자인 디렉터 톰 브레슬린은 간명하게 표현했다. "혁신하고 개조하고 끊임없이 관련성을 모색하지 않으면 죽습니다." 암스테르담에 있는 '더 뱅크The Bank'라는 매장도 활발한 혁신의 결과물 중 하나다. '더 뱅크'라는 이름이 콘셉트의 혁신에 기대를 건다bank on는 뜻에서 나왔다고 생각할 수도 있지만 그것은 단지 이 매장이 과거의 은행 지하 금고 자리에 위치해 있다는 점 때문에 붙게 된 이름이다.

네덜란드 태생의 디자이너이자 스타벅스 콘셉트 디자인 디렉터인 리즈 멀러는 35명의 공예가 및 예술가와 함께 지역적 관련성이 있으면서도 LEED®, 즉 에너지 및 환경 디자인 리더십Leadership in Energy and Environmental Design 기준을 따르는 지속 가능한 지하 매장을 만들었다.[43] 스타벅스 유럽, 중동, 아프리카의 선임 부사장 리치 넬슨은 더 뱅크를 가리켜 "최상에 다다른 커피, 디자인, 공동체의 궁극적인 표현"이라고 묘사했다.

비욘드 필로소피Beyond Philosophy의 최고 운영·컨설팅 책임자 쿨파 디비히는 더 뱅크를 직접 방문해 보고 디자인과 공동체 측면의 유효성을 다음과 같이 평가했다.

"모든 진열품과 재료와 디자인이 네덜란드 것이다. … 이 공간은 고객들끼리, 혹은 고객과 직원들 사이에서 활발하게 상호작용이 이루어지도록 설계되어 있다. 밴드가 라이브 음악을 연주할 수 있는 공간이 있고, 큼직하고 긴 공용 테이블이 배치된 중앙 구역이 있다. 카운터는 모두 허리 높이보다 약간 높아서 시야 장벽을 최소화한다. 이 매장은 고유의 트위터 해시태그 #starbucksthebank가 있어서 직원들은 다음에 갓 구운 쿠키가 언제 나오는지 등을 트윗한다. … 이뿐 아니라 '슬로우 바'에서는 바리스타가 특별하게 추출한 커피를 만들어준다. 이곳에서 제공되는 커피는 특별히 소량으로 포장된 원두를 사용하며 '블랙'으로 즐기는 것이 정석이다. … 커피 프레스, 핸드 드립 방식인 슬로우 브루, 새로운 기술인 '클로버' 브루잉 시스템, 이렇게 세 종류의 추출 방법이 제공된다."

물론 더 뱅크를 비롯한 최첨단 콘셉트의 매장은 디자인의 확장성이 떨어진다. 각 매장은 특정 지역 사회에 맞춤화된 경험을 부각시키고 가능성을 탐색해 볼 실험 기회를 제공해 준다. 그렇게 소비자 행동을 탐구하

---

43 친환경 건축 표준에 대해서는 11장에서 자세히 다룰 것이다.

고 관찰함으로써 스타벅스는 지역적, 세계적으로 관계 형성에 도움이 될 새로운 아이디어를 채택, 조정, 확대 적용할 수 있다.

특별한 감수성

광범위한 지역에서 비즈니스 성공을 달성하는 데 필요한 현지화 이슈들은 대부분 이번 장에서 이미 다루었다. 그러나 시장 진출 시점부터 성숙한 시장 입지를 확보할 때까지 지역마다 고려해야 할 특유의 뉘앙스가 있음을 인식하는 게 중요하다. 이 때문에 스타벅스의 경우, 로고 표시부터 로열티 프로그램의 구조까지 다양한 부분에 걸쳐 세심하게 관심을 기울인다.

미묘한 문화 차이는 다양한 욕구에 대한 대응 방식에 영향을 끼친다. 6장의 로열티 프로그램 관련 내용에서 살펴보았듯이, 이러한 편차는 소중한 고객으로 인정받고 싶은 욕구에까지 영향을 준다. 그래서 스타벅스 리더들은 지역 사회의 가치관과 일치하고 문화적으로 관련성 있는 고객 보상 프로그램을 만들어야 했다. 예를 들어, 스타벅스 리더들은 중국에서 현지 디지털 마케팅 회사와 손잡고 옥외 간판, 소셜 미디어, 위치 기반 서비스를 포함하는 홀리데이 프로모션을 진행했다. 스타벅스가 디지털 옥외 간판을 사용해 프로모션의 내용을 설명하자, 고객들은 자신의 모바일 기기를 사용해 장쑤성江蘇省과 저장성浙江省에 있는 스타벅스 매장에 체크인했고 그 과정에서 가상 배지를 받았다. 3만 개의 배지가 배포되는 순간, 상하이 래플스 시티 백화점의 대형 전자 전광판은 특별한 크리스마스 소원들로 환하게 밝혀졌고, 스타벅스 이벤트 웹사이트에는 가상의 크리스마스 트리에 조명이 들어왔으며, 고객들은 음료 업그레이드 알림을 받았다. 이 프로모션은 협동적인 중국 문화에서 좋은 효과를 발휘했다. 고객들은 친구와 가족들에게 문자를 보내 자신이 사는 지역에 가상의 크리스마스 트리 조명이 켜질 수 있도록 스타벅스 매장에 체크인해 달라고 부탁했다.

스타벅스의 해외 시장 매니저 펭 바오는 "이와 마찬가지로 중국의 로열티 프로그램도 개인별 구매 실적을 토대로 개인적 보상을 얻는 것보다 친구나 가족과 경험을 공유하는 데에 더 초점이 맞추어진다."고 설명했다. 시장 진출에서든, 차별화된 서비스 전달에서든, 아니면 프로모션과 로열티 프로그램의 구조에서든, 문화는 사람들이 브랜드와 맺고 싶은 관계의 형태에 영향을 미친다.

문화는 국가를 넘어선다

지금까지는 대륙 또는 국가별 차이라는 맥락이 중심이 되었지만 현지화의 필요성은 국경선에 따라 정의되지 않는다는 점을 강조하고 싶다. 예를 들면 중국의 경우 스타벅스는 국가 내의 지역차를 바탕으로 관계를 형성해 왔다. 작가인 헬렌 왕은 다음과 같이 설명했다. "중국은 하나의 단일 시장이 아니다. 중국 안에 여러 개의 중국이 있다. 중국 북부의 문화는 동부와 매우 다르다. 내륙 소비자들의 구매력은 해안 도시 소비자들의 구매력과 같지 않다. 중국 시장의 이러한 복잡성에 대응하기 위해 스타벅스는 확장 계획의 일환으로 3개의 지역별 사업 파트너와 협력했다. … 각 파트너는 서로 다른 강점과 지역적 전문성으로, 스타벅스가 중국 지방 소비자들의 입맛과 취향에 대한 통찰을 얻게 해 주었다."

놀이공원을 통해 뚜렷한 기업 문화와 테마화된 고객 경험을 내세우는 월트디즈니사와 협업할 때도, 스타벅스 경영진은 주변의 압도적인 디즈니 환경과 잘 어우러질 수 있게 제품을 맞춤화하여 제시했다. 2012년 4월 스타벅스는 디즈니랜드와 디즈니 월드에 6개 매장을 개점하겠다고 발표했다. 이 가운데 첫 번째 매장은 디즈니의 캘리포니아 어드벤처 테마파크에 있는 '피들러, 파이퍼, 프랙티컬[44] 카페' 안에 문을 열었다. 카페 내에 근무하는 바리스타들의 이름표와 앞치마는 디즈니 캐릭터에서 따왔고, 복장의 전반적인 테마는 1920년대 로스앤젤레스를 연상시킨다.

---

44 디즈니 만화 영화 <아기 돼지 삼형제>에서 따왔다.

매장은 전통적인 스타벅스 제품을 판매하는 구역과 수프나 샌드위치 등의 곁들임 메뉴를 판매하는 구역으로 나뉜다. 고객인 니콜 맨치니는 이렇게 적었다. "스타벅스는 이곳에 머무는 내내 나의 구심점이었다(주말 동안 세 번 방문함). … 이 카페는 메뉴의 음식을 제공하기도 하지만 놀이공원의 혼잡을 피할 수 있는 조용한 쉼터가 되어준다. 전반적으로 나는 디즈니와 스타벅스가 힘을 합친 덕분에 놀이공원에 더 나은 선택권이 생겼다는 점이 무척 반갑다. 질 좋은 제품에 대한 헌신과 책임 있는 사업 관행을 위한 노력을 볼 때, 두 회사는 장기적으로 함께 협력하면서 반드시 성공을 얻게 될 것이다. 카페에 줄을 선 사람들이나 스타벅스 로고가 새겨진 음료를 들고 공원을 활보하는 사람들의 숫자를 보면 충분히 예측할 수 있는 명백한 사실이다."

인간 본성에 내재하는 공통점은 대단히 많고 사람들이 관계에서 기대하는 점도 상당히 유사하다. 이와 동시에, 미묘한 지역적 차이는 상당히 깊어서 브랜드 확장의 성공과 실패를 판가름낼 수 있다. 스타벅스 리더들은 적극적으로 지역적 관련성을 추구하고 그에 따라 제공하는 제품과 서비스를 조정한다. 리더들이 적절한 사업 파트너를 찾고 고객들이 원하는 것을 주려고 의식적으로 총력을 기울일 때, 그 회사는 지속적인 관계를 형성하고 큰 성공을 달성할 수 있다.

요점 정리

★ 시장 확장은 도전을 요하는 일이다. 기업들은 종종 무리수를 두거나 새로운 시장의 지역적 니즈를 파악하지 못하기도 한다.

★ 성공적인 확장을 위해서는 타깃 고객의 니즈와 희망 솔루션에 나타나는 미묘한 문화 차이를 이해할 수 있도록 도와줄 적절한 현지 사업 파트너를 영입해야 하는 경우가 많다.

★ 매장 디자인은 반드시 기능적이면서도 서비스 대상 공동체와 지역적 관련성이 있어야 한다.

★ 선택의 폭을 극대화하는 것은 오늘날 글로벌 소비자에게 반드시 필요하지만 선택에는 책임이 따른다. 새롭게 도입하는 제품도 우수한 기존 제품에 상응하는 수준으로 제공할 수 있어야 한다는 뜻이다.

★ 리더들은 고객이 있는 곳을 찾아감으로써 고객이 일부러 찾아 나설 필요가 없게 할 방법을 모색한다.

★ 경쟁이 점점 더 치열해지는 시장에서 브랜드를 신선하게 유지하고 어떤 새 아이디어가 지역 사회의 공감을 얻을지 알아보려면 대담한 콘셉트를 실험해 보는 것이 중요하다.

★ 소비자를 관찰함으로써 지역적, 세계적으로 관계 형성에 도움이 될 새로운 아이디어를 채택, 조정, 확대 적용하라.

★ 전 세계 사람들은 여러 가지 공통의 니즈가 있지만 문화는 사람들이 브랜드와 맺고 싶은 관계의 형태에 영향을 미친다.

제 4 원칙

연결을
활성화하라

지금까지 우리는 스타벅스가 매장 환경 안에서 고객들과 형성하는 유대감을 주로 살펴보았다. 유형有形의 공간 안에서 맺어지는 연결 고리는 친밀한 일대일 관계를 발전시키는 멋진 기회가 되곤 하지만, 오늘날 상거래의 상당 부분은 전통적인 상가 건물 바깥에서 이루어진다. 사람들은 컴퓨터 앞에 앉아서 구매를 하고, 모바일 기기를 통해 브랜드와 관계를 맺는다. 이번 비즈니스 원칙 '연결을 활성화하라'에서는 스타벅스가 스타벅스 매장 안에서 형성한 관계를 강화하고 그 관계를 고객의 집, 사무실, 슈퍼마켓 경험으로 확장시키는 방식을 들여다볼 것이다. 나아가 스타벅스 리더들이 기술을 활용해 고객층과 다채널 관계를 완성해 나가는 방식을 탐구한다.

많은 비즈니스 리더들이 기술과 애증의 관계를 맺고 있다. 한편으로 기술 발전은 훌륭한 비즈니스 기회를 제시해 준다. 다른 한편으로 기술 변동에 따르는 인프라 비용과 빠른 기술 변화의 속도는 전략적, 운영적 도전 과제를 던져준다. 어떤 비즈니스 리더들은 기술 자체를 사랑하기도 하지만, 스타벅스의 경우 고객에 대한 애정과 그 고객들이 기술과 맺는 관계에 대한 이해를 바탕으로 디지털, 소셜, 모바일 도구를 기능적으로 활용하는 편이다. 하워드 슐츠의 표현을 빌면 기업은 "사람들이 생활을 영위하는 방식대로 사람들과 함께 달려야" 한다. '기술을 활용해 관계를 성장시켜라'라는 제목의 8장에서는 경영진이 스타벅스 디지털 네트워크와 같은 기술을 활용해 매장 내 경험을 개선한 방법을 알아본다. 또한 모바일 앱 같은 내부 자산과 소셜 미디어 같은 외부 자산을 포함해, 스타벅스가 구사하는 종합적인 디지털 전략을 탐구한다.

9장 '관계의 전파: 받은 사랑을 더 많은 제품으로 되돌려주기'에서는 스타벅스 리더들이 채택한 채널 간 전략 덕분에 고객들이 스타벅스 매장 내에서만이 아니라 집, 사무실, 다른 상점을 비롯한 사실상 모든 장소에서 스타벅스 제품을 구입할 수 있게 된 경위를 탐구한다. '관계의 전파'에서는 8장의 개념들을 바탕으로 기술과 마케팅을 조화시켜 고객이 다양한 채널에 걸쳐 제품과 서비스를 탐색해 보도록 장려할 수 있는 방법을 살펴본다. 9장의 내용은 또한 합리적으로 감당할 수 있는 수의 장소에서 고객들에게 제품을 제시할 방법을 고려할 때도 도움이 될 것이다. 스타벅스는 더 이상 그냥 커피 브랜드가 아니고 눈에 보이는 매장에 국한된 기업도 아니다. 스타벅스 로고를 재디자인함으로써 원 안에 갇혔던 사이렌이 자유로워진 것처럼, 스타벅스 커넥션은 스타벅스 매장의 테두리를 이미 벗어났다.

기술을 활용해 관계를 성장시켜라

정보 기술과 비즈니스는 갈수록 복잡하게 서로 연결되고 있다. 나는 그 누구도 하나를 빼놓고 다른 하나를 의미 있게 이야기할 수 있다고 생각하지 않는다.

마이크로소프트 창립자 **빌 게이츠**

2012년 《타임》지의 한 설문에서는 사람들에게 지갑, 점심 도시락, 모바일 기기 중 출근할 때 가져갈 물건을 하나만 고르라고 지시했다. 그 결과, 66퍼센트는 점심 도시락 대신 모바일 기기를 선택했고, 44퍼센트는 지갑 대신 모바일 기기를 선택했다. 같은 연구에서 성인의 68퍼센트는 잘 때도 휴대폰을 곁에 두고 잔다고 밝혔고, 89퍼센트는 휴대폰을 사용하지 않는 날이 단 하루도 없다고 말했다.

2006년 미국에서 출간된 『스타벅스 경험 마케팅』에서 나는 기술이나 모바일 커뮤니케이션, 상호연결성의 미래에 관한 논의에 지면을 거의 할애하지 않았다. 대신 스타벅스 리더들이 카페를 어떻게 고객들에게 제1의 공간인 집과 제2의 공간인 직장을 대신하는 '제3의 공간'으로 포지셔닝했는지 이야기했다. 그러는 사이 스타벅스 리더들은 시야를 넓혀 제 1의 공간과 제2의 공간에서 고객 참여를 이끌어내는 한편[45], 모바일 세계에서 관계의 혁신을 꾀함으로써 집, 직장, 스타벅스 매장 이외에 고객이 갈 수 있는 모든 장소를 아우르게 되었다. 하워드와 함께 이러한 변화에 대한 이야기를 나누던 중, 그는 이렇게 말했다. "저희는 디지털 혁명이 있기 전에 사업을 시작했습니다. 제3의 공간은 저희 매장이었죠. 그러나 이제는 모두가 전에는 존재하지 않았던 방식으로 중요한 정보를 얻고 소통하는 정도까지 모바일 환경이 진화했습니다. 제 생각엔 기술이 됐든 소프트웨어가 됐든 이러한 메커니즘을 통해 사람들의 정신과 마음속에 의미 있는 위치를 확보하지 못한다면 어떠한 기업이나 조직도 미래에 존재할 수 없습니다. 저희는 아주 좋은 출발을 했다고 생각하지만 이것도 잠깐뿐일 수 있다는 걸 잘 알고 있습니다. 따라서 꾸준히 투자하고 관련 기술에 대한 이해를 갖추어야 하죠. 디지털 세계에서는 많은 브랜드들이 자꾸 나타났다 사라질 것입니다. 물리적 사업장을 통해서보다 온라인상에서 신뢰와 관련성을 유지하기가 더 어렵기 때문입니다."

스타벅스는 디지털 플랫폼, 소셜 미디어 참여, 혁신 부문에서 인정받는 선두주자가 되었다. 예를 들어, 스타벅스는 2011년 《포브스》가 선정한 20대 혁신 기업 중 하나였고, 2012년 리서치 업체 제너럴 센티멘트의 QSRQuick Service Restaurants 미디어매치 보고서에 의해 퀵서비스 레스토랑 부문에서 영향 가치 1억 1,100만 달러로 영향 가치가 가장 높은 기

---

45 여기에 대해서는 9장에서 좀 더 설명하겠다.

업으로 인정받기도 했다. 영향 가치는 기업이 끌어모으는 광범위한 논의와 전반적인 노출을 바탕으로 브랜드의 도달 범위를 평가하고 금전적 가치를 추정해 결정된다. 아울러 스타벅스 카드 모바일 앱은 2011년 최고의 소매, 쇼핑, 상거래 애플리케이션으로 무선 애플리케이션 및 모바일 미디어WAMM 상을 받았다.

스타벅스의 성공적인 디지털 전략에는 광범위한 대중 시장부터 일대일까지, 고객 관계를 형성하고 하는 모든 비즈니스 리더들이 염두에 두어야 할 몇 가지 상호 연관된 요소들이 자리하고 있다. 이 디지털 전략의 다섯 가지 핵심 요소는 ① 상거래, ② 회사 소유의 웹과 모바일 채널, ③ 로열티/고객 관계 관리Customer Relationship Management, CRM/타깃 데이터베이스, ④ 소셜 미디어, ⑤ 유료 디지털 마케팅이다.

모바일 애플리케이션을 통해 고객 확보하기

스타벅스의 현 모바일 전략에서 가장 큰 비중을 차지하는 구성요소는 스타벅스 카드를 통한 상거래와 연결이다. 6장에서 설명한 로열티 카드 프로그램을 개시하기 전에, 스타벅스 경영진은 스타벅스 기프트 카드를 만들어둔 상태였다. 카드 사업의 다양한 차원을 이해하기 위해 당신이 10달러짜리 스타벅스 카드를 구입해 친구에게 선물로 준다고 가정해 보자. 친구는 10달러를 사용한 후 카드를 그냥 내버릴 수 있다. 아니면 스타벅스 매장에 머무는 동안 카드에 금액을 추가해서 선불카드로 사용을 계속

할 수도 있다. 그것도 아니면 카드를 온라인에 등록해 스타벅스 로열티 프로그램에 참여할 수도 있다. 스타벅스 웹사이트에서 카드를 등록하는 순간, 그 친구는 보관된 신용카드 정보로 스타벅스 카드를 수동 또는 자동으로 충전할 수도 있고 계산대에서 카드에 금액을 추가할 수도 있다. 이상의 옵션을 모두 고려할 때 스타벅스 카드 자체는 수십억 달러 규모의 사업이다. 고객의 절반은 스타벅스 카드를 기프트 카드로만 사용하고, 나머지 절반은 로열티 카드나 선불카드 개념으로 활용한다.

2011년 1월부터 아이폰, 아이팟 터치, 블랙베리를 사용하는 미국 내 고객들은 스타벅스 카드 모바일 앱을 다운로드하고, 스타벅스 카드를 추가하고, 리워드를 관리하고, 페이팔이나 신용카드로 카드를 충전할 수 있게 되었다. 이어서 스타벅스는 앱의 기능성을 향상시켜 안드로이드 기반 운영 시스템을 사용하는 휴대전화에서도 사용할 수 있도록 하고, 매장 찾기를 비롯한 다른 기능들을 기존 앱에 추가했으며, 미국 이외의 국가에서도 사용할 수 있도록 서비스를 확대했다. 최고 디지털 책임자 애덤 브로트먼은 이러한 개선의 중요성과 거기에 따르는 어려움에 대해 다음과 같이 이야기했다. "모바일 결제 앱을 안드로이드로 확대하고 기존 앱의 기능을 하나의 매끄러운 앱 경험으로 통합해내는 것은 저희에게 엄청나게 중요한 일이었습니다. 저희가 처음에 아이폰과 블랙베리용 앱을 개발하는 사이 안드로이드가 빠르게 보급되었죠. 그래서 이 폭발적으로 증가하는 휴대폰 고객층을 겨냥해 통합적인 앱 개발 작업을 가능한 한 서둘러야 했습니다."

이러한 노력을 통해 스타벅스 리더들은 복합적이지만 사용하기 간편한 모바일 결제 및 소셜 앱을 만들어내었다. 이 앱은 또한 안드로이드와 iOS 모바일 플랫폼에서 풍성한 부가적 경험을 제공해 주었다. 모바일 결제는 고객이 앱에서 '터치하여 결제하기'를 선택하고 스타벅스 바리스타가 스캔하기 좋게 휴대폰을 내밀기만 하면 될 정도로 간편하다. 결제의 간편함에 더하여, 고객들은 구매 내역을 추적하고 리워드까지 진척 상황을 확인하며 모바일 편지함으로 메시지를 받고 푸드와 음료에 관한 정보를 모으고 e-gift를 신댁할 수 있다.

스타벅스 모바일 앱은 미국에서 이런 형태의 모바일 결제 프로그램이 널리 사용된 첫 번째 사례였고, 실용적이고 혁신적인 발걸음으로 모바일 무대에 진입하려는 경영진의 의지를 보여줬다. 스타벅스 리더들은 모바일 결제의 기술 표준을 선언하려고 시도하지 않았다. 향후 신용카드 회사들이 스퀘어Square Inc.[46], 구글, 아마존, 페이팔, 마이크로소프트, 애플 같은 업체들과 협력해 어떤 기준을 내놓을 거라 믿었기 때문이다. 대신, 스타벅스 리더들은 실리적이고 융통성 있는 접근법을 취했다. 당시로서 가장 쉽게 이용할 수 있는 2D 바코드 기술을 활용한 것이다. 스타벅스 리더들은 회사의 포스POS 시스템을 대대적으로 업그레이드하면서 2D 스캐너를 구입했고 이를 포스에 통합시켰다.

최초 시행에 앞서 광범위한 테스트를 마친 후, 애덤 브로트먼은 이렇

---

46 미국의 모바일 결제 서비스로, 스마트폰을 간이 포스처럼 쓸 수 있는 정사각형(square) 신용카드 리더기에서 시작해 현재는 기업용 포스 단말기 등 여러 분야에 진출하고 있다. — 편집자 주

게 설명했다. "모바일 결제는 스타벅스에서 가장 빠른 구매 방법입니다. 거래가 신속하게 이루어질 뿐만 아니라, 카드를 재충전하는 고객들 때문에 줄이 지체되지도 않죠. 모두에게 좋은 방법입니다. 많은 고객들이 휴대폰을 내밀어 호응하고 있고, 모바일 결제를 원합니다." 모바일 결제를 수락하기 시작하고 약 1년 반이 지난 후, 스타벅스에서는 1억 건 이상의 거래가 이루어졌고, 2012년 하반기가 되자 매주 2백만 건 이상의 모바일 결제 거래가 발생했다. 애덤은 덧붙였다. "모바일 결제는 가속화되고 있지만 저희는 모든 고객이 로열티 프로그램의 회원이 되지는 않을 거라는 점도 인식하고 있습니다. 모두가 스타벅스 카드를 소유하고 그걸로 결제를 하고 싶어 하지는 않을 테니까요." 스타벅스 카드 거래는 스타벅스 지불 수단의 25퍼센트를 차지하지만 리더들은 고객들에게 더 많은 선택권을 제공하길 원했다. 사실은 모바일 결제 앱을 통해 얻은 모바일 모멘텀(추진력)을 살려 더 넓은 고객층에게 도달하고 싶었던 것이다. 그리하여 고객이 자신의 모바일 기기를 사용해 직불카드나 신용카드로 직접 구매할 수 있는 모바일 월렛 도입을 검토하게 되었다.

2012년 8월, 스타벅스는 스퀘어와 전략적 제휴를 맺고 2,500만 달러를 투자해 모바일 월렛 솔루션을 도입하겠다고 발표했다. 스퀘어는 2009년에 주로 소규모 자영업자를 대상으로 한 모바일 신용카드 인식·결제 솔루션을 선보여 폭넓은 관심을 받았다. 소형 신용카드 캡처 장치를 아이폰의 헤드폰 잭에 꽂는 형태의 솔루션이었다. 스퀘어가 이처럼 모바일 결제 기술을 주도해 나가고 있었기 때문에, 스타벅스 경영진은 스퀘어의 기존 월렛 소프트웨어를 스타벅스 매장에서 확대 활용하기로 선택했다. 스타버스 최고 정보 책임자 커트 가너는 설명했다. "전통적인 신용카드와 직불카드로 지불하는 스타벅스 고객이 상당히 많습니다. 방문 빈도가 낮아서일 수도 있고 선불카드를 사용하지 않는 편을 선호해서일 수도 있겠죠. 스퀘어는 그런 고객들을 위한 옵션입니다. 모바일 결제의 편의성과 함께 구매 기록 추적이나 디지털 영수증과 같은 혜택을 모두 누릴 수 있죠. 이뿐 아니라, 스퀘어의 모바일 월렛은 스퀘어 플랫폼에서 모바일 지불 수단을 수락하는 인근 업체들의 디렉터리를 제공합니다." 스타벅스와 스퀘어 협업이 본격화되면 위치 추적 기술을 활용해 모바일 결제만이 아니라 모바일 주문까지도 가능해질 것으로 기대된다.

스타벅스와 스퀘어의 업무 제휴가 발표된 지 3개월 안에 스퀘어 월렛 모바일 결제 옵션이 시행되었다. 우선 미국 내 7,000개의 스타벅스 직영 매장에서 모바일 결제가 가능해졌다. 론칭 당시, 《와이어드WIRED》 잡지의 비즈니스 담당 기자 마커스 올슨은 모바일 결제 혁명이 스타벅스에서 시작될 것으로 전망했다. "개방적이고 매끄러운 접근법 때문에, 스타벅스에 진출한 스퀘어는 다른 어느 기술보다도 모바일 결제 상용화를 앞당길 수 있는 진입 관문이 되기에 유리한 입장에 놓이게 되었다. … 스타벅스에서 스퀘어로 결제하기는 간단하다. 사람들은 문자로 영수증 받기와 같은 자잘한 혜택 때문에 사용을 시작할 것이다. 머지않아 터치 한 번으로 팁을 지불할 수도 있게 될 것이다. 7,000개 스타벅스 매장마다 몇 십 명의 고객들만 사용한다고 계산해도, 파급 효과는 시작된다. 고객은 이 다음에 앱에서 본 다른 업체에서도 스퀘어를 사용한다. 스타벅스 옆 업체들은 디렉터리에 오르기 위해 스퀘어를 도입하기 시작한다. 이러한 선순환

이 계속되고, 스퀘어, 즉 휴대폰은 비용을 지불하는 또 하나의 방법으로 자리 잡는다."

스퀘어 월렛과 스타벅스 카드 모바일 앱 모두 구매 과정 중 고객 편의를 제공한다. 이러한 앱들은 또한 고객에게 가치 있는 정보를 전달한다. 로열티 프로그램의 폐쇄 루프 시스템[47]은 로열티 카드나 로열티 앱 사용 중 획득한 매출 정보를 통해 마케팅 활동의 효과성을 추적할 수 있다. 이를 활용하여 업체는 고객에 대한 정보를 얻고 고객에 맞추어 제품과 서비스를 개선할 수도 있다. 스타벅스의 최고 디지털 책임자 애덤 브로트먼은 고객 분석, 고객 관계 관리 정보, 타깃 데이터베이스 접근법을 통합할 때 발휘되는 힘과 관련해 구체적인 사례를 제시했다. 애덤에 따르면 스타벅스 로열티 프로그램의 회원은 1,000만 명이 넘고, 그 가운데 약 550만 명이 스타벅스의 커뮤니케이션, 마케팅 메시지, 제안을 수신 선택했다고 한다. 평균적으로 이 550만 명의 옵트인opt-in 고객, 즉 정보 수신에 동의한 고객들은 스타벅스로부터 매주 한 통의 이메일을 받는다. StarbucksStore.com 웹사이트에서 상품을 구입하고 그 플랫폼을 통해 별도로 커뮤니케이션 수신 신청을 하는 고객들에게는 그 빈도가 더 높다. 이메일 발송 빈도는 공휴일이 가까워지면 증가하는 경향이 있다.

애덤은 이러한 이메일의 표적화 방법에 관해 다음과 같이 설명했다. "저희는 서로 다른 내용으로 대여섯 가지 묶음의 이메일을 작성합니다.

---

47 신용카드 등 외부 카드를 사용할 수 없고 스타벅스 카드에 미리 충전한 금액만 사용할 수 있기 때문에 '폐쇄 루프'라고 부른다. —편집자 주

고객에게 보다 연관성 높은 제안을 하기 위해서죠. 예를 들어, 저희는 마이 스타벅스 리워드의 회원 데이터베이스를 살펴보고 푸드를 정기적으로 구매하는 고객들을 따로 분리했습니다. 그런 다음 이 그룹의 다른 특성들을 살펴보기 시작했죠. 어떤 음료를 구매하는지, 어느 시간대에 방문하는지, 다른 인구학적 혹은 심리적 변수는 없는지 등을 검토한 거죠. 그러고 나서 마이 스타벅스 리워드 고객 데이터베이스의 나머지 고객 정보를 들여다봄으로써 예측 모델을 만들었습니다."

쉽게 말해, 애덤의 팀은 리워드 고객 데이터베이스 내에서 스타벅스에서 식품류를 구입하지 않는다는 점만 제외하면 행동학적, 인구학적 특성이 정기적인 푸드 고객과 비슷한 사람들을 추려냈다. 그런 다음 이 사람들을 겨냥한 메시지를 작성해, 할인 혜택을 제공하지는 않고 스타벅스 식품류 구입을 고려해 보라고 권했다. 이메일에는 먹음직스러워 보이는 스타벅스의 음식 사진을 사용했다. 행동학적 특성이 정기적인 푸드 고객과 비슷한 고객 수십만 명에게 이 타깃 이메일이 발송되었다. 애덤에 따르면 푸드 이메일을 받은 고객들은 예전보다 7배나 더 자주 푸드를 구입했다고 한다. 초반의 매출 상승은 지속적으로 꼬리를 물고 이어졌고 이 타깃 그룹은 대조군과 비교해 700퍼센트 높은 구매 실적을 나타냈다.

스타벅스는 데이터 수집, 분석, 데이터 모델링 접근법을 활용해 관련성 높은 메시지를 작성하고 고객들과의 관계를 형성하고 있지만, 애덤을 비롯한 스타벅스의 리더들은 이러한 프로세스를 자동화하기 위한 도구를 더 만들기 위해 아직 노력 중임을 시인했다. 아울러 리더들은 스타벅스 카드 모바일 앱의 기능인 모바일 편지함을 이용해 더 효율적이고 개인적으로 소통할 방법을 모색하고 있다. 커뮤니케이션을 전통적인 이메일에 국한시키는 대신, 모바일 앱을 통해 메시지를 보낸다면 앞으로 앱을 일대일 연결 플랫폼으로 활용할 수 있는 멋진 기회를 얻게 될 것이다. 그리고 언젠가는 개별 사용자에 관한 지식을 바탕으로 회사 웹사이트와 모바일 앱의 외양과 느낌을 개인화할 수도 있을 것이다. 고객의 특성에 따라 스타벅스 웹사이트와 앱을 다르게 제시한다는 뜻이다.

스타벅스 카드 모바일 앱의 기능성과 중요성에 대한 이야기를 마무리하기 전에, 이 앱이 '게이미피케이션gamification', 즉 게임화 전략을 통해 고객들의 참여를 이끌어내는 방식을 잠시 짚고 넘어가기로 하자. 모바일 앱 기업 비트지오의 최고 제품 책임자 아미시 샤는 게이미피케이션을 '게임과는 무관한 영역에 게임적 내용을 적용시켜 효율성, 고객 충성도, 참여를 높이는 행위'라고 정의했다. 스타벅스와 관련해 아미시는 이렇게 말했다. "스타벅스는 자사의 인기 있는 로열티 프로그램에 게임의 역학과 설계를 접목시켰다. 여러 단계의 보상 레벨과 진행 상황 트래커를 통해 스타벅스 커피 애호가들은 브랜드와 관계를 유지해 나갈 유인을 지속적으로 부여받는다." 시각적으로 이 '진행 상황 트래커'는 스타벅스 카드 모바일 앱에서 가상의 금색 별이 가상의 컵 안으로 떨어지는 형태를 취하는데, 이것은 스타벅스가 게이미피케이션 원칙을 적용한 한 가지 사례에 불과하다.

디지털 기술에 관여하는 스타벅스 리더들과 대화를 나누다 보면 인기 온라인 게임의 역학이 화제의 중심에 오르곤 한다. 그들은 월드 오브 워크래프트, 진가 포커Zynga Poker, 앵그리버드 같은 게임의 재미와 연출법을 인정하는 데서 나아가, 이런 게임이 성공하게 된 공통적인 동력인 성취감, 보상 빈도, 발전을 공개적으로 보여줄 수 있는 기능 등에 주목한다. 이러한 인식을 바탕으로 스타벅스 리더들은 모바일 기기를 통해 고객 참여를 이끌어내는 방식에 게임 이론의 정서적 동력을 접목시키고 있다. 스타벅스가 게이미피케이션을 적절히 활용한 한 가지 사례로, 미국의 팝 가수 겸 작곡가 레이디 가가와 손잡고 2주 동안 진행한 7라운드의 보물찾기가 있었다. 라운드마다 고객들은 스타벅스 매장에 들어가고, 모바일 QR 리더기를 사용하고, 스타벅스의 디지털 자원과 블로그를 방문해 단서를 해독해야 했다. 보물찾기는 고객들이 팀 단위로 협력하면서 경험을 공유할 수 있도록 디자인되었다. 이 행사는 스타벅스와 레이디 가가 모두에게 도움이 되었다. 레이디 가가는 보물찾기 행사 기간 중 새 앨범을 발매했고 고객들은 스타벅스 디지털 네트워크에서 그 앨범을 독점으로 접해볼 수 있었다. 각 라운드를 깬 사람들은 스타벅스와 레이디 가가로부터 상품을 받았다. 스타벅스/레이디 가가 마케팅과 게이미피케이션 사례는 소셜 미디어 영향력이 있는 인물이나 조직과 협력하고 고객들에게 특별한 접근 권한을 부여하거나 즐겁게 상호작용하도록 유도할 때 발휘되는 힘을 보여준다.

생각해 볼 문제

❶ 당신이 온라인상에서 맺고 있는 관계가 신뢰와 관련성 면에서 얼마나 성공적이라고 평가하겠는가?

❷ 당신은 디지털 및 모바일 솔루션과 관련해 다면적이면서 통합적인 전략이 있

는가?

❸ 당신은 게임의 역학을 활용해 효율성, 고객 충성도, 참여를 높이고 있는가? 어떻게 하면 인기 게임의 공통적인 동력을 당신의 디지털 전략에 더 성공적으로 적용할 수 있는가? 이를테면 성취나 빈도를 보상하거나 대중에게 성취를 공개할 수 있게 하는 등의 방법을 고려해 볼 수 있다.

소셜 미디어의 세계에서 이야깃거리 제공하기

여러 가지 면에서 스타벅스는 기업 문화 자체가 소셜 미디어와 잘 부합했다. 무엇보다 스타벅스 리더들은 정서적 참여와 고객 및 지역 사회와의 관계를 가치 있게 여기기 때문이다. 하지만 다른 한편으로 디지털과 소셜 전략에 온전히 몰입하기 위해 리더들은 사고를 전환해야 했다. 크리스 브루조는 채널 브랜드 관리의 선임 부사장으로서 소셜 공간에 스타벅스를 출범시킬 책임을 맡게 되었다. 크리스는 사람들 사이의 관계가 스타벅스 브랜드의 본질이며 카페는 그 속성상 사교 모임 네트워크를 활성화한다고 이야기한다. "어떤 면에서 카페는 최초의 소셜 네트워크 역할을 해왔죠. 하워드는 2007년 크리스마스 무렵 제게 전화를 걸어서 이렇게 말했어요. '우리는 소셜과 디지털 공간에 진출할 필요가 있어요. 사람들이 한동안 제게 그런 메시지를 전해 왔지만 이제는 정말 움직일 때가 됐네요. 우리가 지금 고객의 목소리를 들으려 애쓰고 있으니, 디지털 방식으로도 이 문제에 접근해야겠어요.' 하워드는 저희를 재촉해 2008년에 '마이 스타벅스 아이디어' 고객 아이디어 사이트를 론칭했고 얼마 지나지 않아 트위터에 진출했습니다."

3장에서 나는 고객의 목소리를 듣는다는 측면에서 MyStarbucksIdea. com 사이트의 장점에 관해 이야기했다. 이 사이트는 추후 소셜 미디어의 성공을 위해 꼭 필요한 쪽으로 스타벅스 문화를 바꾸는 데에도 도움이 되었다. 가령 고객 아이디어 사이트가 운영되기 전 고객과 주고받는 메시지는 대부분 스타벅스 지원 센터에 있는 브랜드 커뮤니케이션 사업부를 거쳐서 전달되었다. 하지만 마이 스타벅스 아이디어 덕분에 고객과 스타벅스 분야별 전문가들 사이에 훨씬 폭넓고 더 직접적인 대화가 가능해졌다. 그러한 배경을 바탕으로 스타벅스는 곧이어 활발한 상호작용이 이루어지는 마이크로블로그 플랫폼인 트위터 진출에 착수했다.

크리스 브루조는 적절한 인물이 적절한 시기에 적절한 리더에게 접근해온 덕분에 스타벅스 트위터(@starbucks)를 마침맞게 론칭할 수 있었다고 이야기했다. "어느 날 기술에 밝은 젊은 직원 한 명이 제 방문을 두드리더니 말했어요. '크리스, 저는 조직 안에서 성장하기를 원하고 소셜을 통한 비즈니스 개발에 보탬이 되고 싶어요. 제 생각에는 트위터가 그런 공간이 될 수 있을 것 같거든요.' 이것은 트위터라는 개념이 잘 알려지기 전의 일이었고, 솔직히 저는 트위터의 장점이나 그게 우리에게 얼마나 효과가 있을지 완전히 이해하지 못한 상태였습니다. 하지만 이 파트너는 바리스타로 일한 경험이 있었고 '바리스타의 관계 형성을 온라인으로 확대할 수 있는 수단'으로서 트위터를 떠올리고 있었기 때문에, 저는 한번 시도를 해봐야 한다고 생각했죠. 스타벅스는 트위터가 브랜드를 위한 공간이 될 것으로 생각한 그 파트너 덕분에 다른 어느 소셜 미디어보다도 먼저 트위터를 시작했습니다. 페이스북은 당시에 기업들에게 큰 매력을 얻지 못하는 상태였고요. 계정이 만들어진 첫날, 스타벅스는 팔로어가 600명이 되었고, 둘째 날 1,500명이 되었습니다. 2013년 중반이 되자 스타벅스의 팔로어 수는 3백만 명을 넘어섰죠."

외부 분석가들은 고객과 직접 소통하고 고객 서비스 이슈에 대응한다는 점에서 스타벅스의 트위터 접근법을 칭찬한다. 카일리 제인 웨이크필드는《콘텐트 스트래티지스트The Content Strategist》에 다음과 같이 썼다. "스타벅스의 트위터 타임라인을 확인해 보면 대부분의 트윗이 사용자를 향하고 있다는 점을 알 수 있다. … 실제로 스타벅스의 트윗은 '그런 일이 있었다니 유감입니다!' 혹은 '안타까운 소식이네요!'로 시작하여, 실망한 고객들에게 문제에 대한 해결책을 제시해 주는 내용이 대부분이다. 불만에 찬 고객을 영영 잃어버리는 대신, 스타벅스는 문제를 해결하고 해당 고객이 결국은 만족할 수 있도록 직접 대응한다. … 고객에게 직접 회신하고 최선을 다해 문제점을 시정함으로써 스타벅스는 자사 제품을 구입하는 사람들에 대한 배려를 보여준다."

소셜 미디어 관점에서 트위터는 '행복한 순간'과 개인적인 관계에 초점을 맞추는 스타벅스와 잘 어울린다. 그 결과, 스타벅스의 트위터 전략은 자기 자랑이나 마케팅용 메시지를 마이크로블로깅하는 게 아니라 고객들과 직접 이야기를 나누는 형태가 되었다.

스타벅스는 트위터에 쉽게 진입한 반면, 페이스북 페이지의 경우 사전 기초 작업이 필요했다. 글로벌 디지털 마케팅 부사장 알렉스 휠러는

2006년 소셜과 디지털 이슈에 대응하기 위하여 스타벅스 브랜드 팀의 일원으로 처음 채용된 사람이었다. "저희가 페이스북에서 공식적인 입지를 구축하는 데에는 약간의 노력이 필요했습니다. 이를 위해 저희는 십여 개정도의 기존 페이스북 팬 페이지를 운영하는 관리자들에게 일일이 연락을 취했어요. 이 십여 개 페이지에는 모두 합쳐 대략 3만 명의 팬들이 있었죠. 저희는 페이지 관리자들에게 이 모든 페이지를 통합하여 공식 페이지를 구축하려 한다는 뜻을 전했어요. 모두가 환영하는 분위기였고 통합에 대해 높은 기대감을 표했죠. 그게 페이스북 여정의 시작이었습니다."

스타벅스 페이스북 전략의 핵심 요소 두 가지는 진정성과 흥미로운 콘텐츠다. 스타벅스는 물건을 팔려 하지 않고 친구를 만들기 위해 노력한다. 기본적으로 스타벅스 소셜 미디어 팀은 사람들에게 회사를 팔로우하도록 유인하는 대신 확실한 관심사를 제공하고자 한다. 알렉스와 소셜 미디어 팀 동료들은 스타벅스 페이지가 '미끼'에서 멀어질 수 있게 힘써왔다. 미끼란 추가 콘텐츠를 보기 위해 페이지를 '좋아요'하게 유도하는 낚시성 포스팅을 말한다.

진정성 있는 양질의 콘텐츠뿐 아니라 스타벅스 리더들은 메시지의 빈도와 일관성에도 신경 쓴다. 예를 들어, 소셜 미디어 팀은 매일 트윗을 하고 정기적으로 페이스북에 게시물을 올리지만 너무 과하지 않게 선을 지킨다. 특히 페이스북 피드는 콘텐츠로 스타벅스 팔로어를 압도하지 않으면서 취향을 저격해야 한다는 게 이 팀의 신념이다. 소셜 미디어 팀은 또 사람들이 페이스북 담벼락에 올리는 게시물을 읽고 그들과 적극적으로 소통한다. 이 팀에게 아주 부담스러운 과제 한 가지는 이런 사이트에서 이루어지는 활동의 규모를 관리하는 일이다. 예를 들면 하나의 상태 업데이트에 3만 개의 댓글이 달린 경우도 있었다. 전략적 관점에서 보면 규모를 관리할 필요가 생겼다는 건 행복한 고민이다. 트위터 게시물과 페이스북 피드는 메시지로 폭격을 퍼붓지 않고 팔로어들의 취향을 공략해야 한다. 트위터와 페이스북은 관계 형성이 중요하다. 판매와 계약에 더 알맞은 환경은 따로 있다.

스타벅스는 페이스북뿐 아니라 유튜브, 구글 플러스Google+[48], 포스퀘어Foursquare[49], 인스타그램, 핀터레스트에서도 탄탄한 소셜 입지를 다지고 있다. 또한 채용팀은 비즈니스 전문 소셜 미디어인 링크드인LinkedIn을 적극적으로 활용해 왔다. 유튜브와 관련해 마케팅 자동화 솔루션 파돗Pardot의 마케팅 콘텐츠 전문가 맷 웨슨은 이렇게 평가했다. "스타벅스는 콘텐츠 채널을 꾸준히 확장하고 고객과의 소통을 위한 새로운 포맷을 탐색하고 있다. 내 생각에 동영상을 활용한 브랜드 스토리 전달에 가장 뛰어난 기업이 아닐까 한다. 이 회사의 유튜브 채널에 올라온 250개 이상의 동영상은 회사의 가치를 집중적으로 조명하고, 이면의 통찰을 전달하며, 고객의 개인적인 경험을 공유한다."

새로운 플랫폼으로 요령 있게 확장하고 분석가들에게 칭찬을 받으면서도, 스타벅스 리더들은 한발 앞서 움직이며 소셜 미디어 전략을 혁신

---

48 구글이 런칭한 소셜 네트워크 서비스. —편집자 주
49 위치 기반 소셜 네트워크 서비스로, 사용자가 방문한 장소를 체크인(check-in)하여 위치를 공유하고 그곳에 대한 정보를 남길 수 있다. —편집자 주

할 새로운 방법을 지속적으로 모색한다. 애덤 브로트먼은 이렇게 말했다. "앞으로 유튜브를 더 많이 활용할 생각에 들떠 있습니다. 동영상을 통해 이야기를 전달하면 그 동영상을 Starbucks.com 홈페이지의 플레이어에도 끼워 넣을 수 있고 페이스북에도 쉽게 게시할 수가 있거든요. 유튜브는 동영상을 통해 소통하고 이야기를 전하기 위해 저희가 활용하는 여러 채널 중 하나입니다. 디지털 공간의 변화 속도를 감안할 때, 현재에 안주하거나 자만해서는 절대 안 되니까요." 유능한 리더는 기술을 통해 새롭게 부상하는 옵션을 활용하고 소셜 플랫폼에서 회사를 좀 더 효과적이고 전략적으로 포지셔닝할 방법을 끊임없이 모색한다.

스타벅스가 소셜 미디어에서 성공하는 이유

대표적인 분석 기반 마케팅 커뮤니케이션 조사업체 페이스원PhaseOne은 자동차, 외식, 식음료, 소매, 서비스, 기술의 여섯 가지 수직 시장[50]의 상위 75개 브랜드에 대한 연구를 실시했다. 소셜 참여도를 평가하기 위해 페이스원은 페이스북 좋아요, 클라우트Klout 지수[51], 넷베이스Netbase[52] 평판 분석과 같은 기준을 사용해 조사 대상 브랜드를 분석했다. 그 결과, 스

---

50 제품이나 서비스를 유사한 방법으로 개발하고 마케팅하는 기업이나 산업. —역주
51 소셜 네트워크 영향력 평가 서비스인 클라우트에서 개발한 소셜 미디어 평가 지표. —편집자 주
52 소셜 미디어 분석 플랫폼. —편집자 주

타벅스는 소셜 미디어 사용자의 참여 유도 항목에서 1위를 차지했다. 이러한 결과를 언급하면서 페이스원 연구원들은 다음과 같이 설명했다. "이렇게 성공적인 소셜 미디어 참여도를 달성하기 위해 스타벅스는 웹페이지, 페이스북 페이지, 텔레비전 광고를 개인 및 그 사람이 브랜드와 맺는 개인화된 경험에 집중시켰다. 예를 들어, 스타벅스 페이스북 페이지는 방문자의 커피 취향과 개인적인 이야기에 호소해 관심을 이끌어낸다." 개인화된 경험과 고유의 취향은 스타벅스가 소셜 미디어에서 성공을 거두게 된 중대한 요인이지만, 참여하는 각 소셜 플랫폼에 대해 사려 깊고 신중한 접근법을 취하는 것 또한 비결이다. 이렇게 전략적이고 꼼꼼한 접근법을 취해 스타벅스는 결국 각 플랫폼의 참가자들을 브랜드 쪽으로 잡아당긴다.

많은 기업이 열의를 갖고 새롭게 뜨는 소셜 플랫폼에 뛰어든다. 그러나 스타벅스 리더들은 좀 더 계산적인 진입 방법을 취한다. 스타벅스의 소셜 미디어 팀원들은 새로운 플랫폼 기회를 하나하나 살펴보고 브랜드의 본질인 인적 연결과 부합하는 면이 있는지 판단한다. 아울러 플랫폼 공동체의 기존 구성원들을 존중하고자 노력하면서 해당 플랫폼에 효과적으로 관여할 자원이 충분한지도 살핀다. 애덤 브로트먼은 이렇게 설명했다. "저희는 꽤 작은 규모의 팀이어서, 현재까지의 도달과 참여 수준을 고려해 새롭게 뜨는 플랫폼에 대한 몰두 여부를 아주 신중하게 검토합니다. 핀터레스트를 예로 들어볼까요? 핀터레스트는 저희가 반드시 들어가야 한다고 판단했던 개인 플랫폼입니다. 핀터레스트가 막 인기를 얻기 시작했을 무렵, 저희는 핀터레스트를 사용하는 수많은 고객을 보았죠. 어서

다가가 친해지고 싶었으나 약 6개월 동안 론칭에 대한 의견을 나누었습니다. 빨리 플랫폼에 진출하지 못하는 것이 내심 괴로웠지만 하려면 제대로 하자는 마음도 있었죠. 핀터레스트에 가보시면 사람들과 관계를 맺는 방법이나 무례하지 않은 과시 방법이 따로 있음을 깨닫게 될 거예요. 트위터, 페이스북, 인스타그램의 경우와 마찬가지로, 핀터레스트에도 커뮤니티의 관심을 끄는 데 필요한 진정성 있는 접근법이 있어서, 저희는 브랜드의 본질을 표현하는 방식에 그걸 접목시켜야 했습니다. 마침내 '스타벅스의 사랑Starbucks Loves'이라는 콘셉트로 핀터레스트를 시작했고, 저희 소유가 아닌 콘텐츠 또한 많이 게시하고 저장하게 됐어요. 저희는 핀터레스트 보드에 올리는 게시물에 상당히 많은 생각을 기울입니다."

'스타벅스의 사랑'이라는 주제의 맥락에 걸맞게 스타벅스는 커피, 음식, 음악, 영감 같은 콘텐츠를 저장한다. 그에 따라 '진짜 음식', '커피와 함께하는 순간', '영감을 주는 장소' 등의 스타벅스 보드를 운영하고 있다. 이러한 주제는 브랜드의 핵심일 뿐만 아니라 스타벅스 고객들의 마음을 두드린다.

개인화된 경험, 고유의 취향, 사려 깊은 플랫폼 선택, 플랫폼 공동체에 대한 존중을 통해 소셜 미디어 관계를 구축함으로써, 스타벅스는 마케팅 자료를 고객들 앞으로 들이미는 게 아니라 자사의 콘텐츠로 고객들을 끌어당긴다. 경영자문회사 싱크오빗thinkORBIT의 창립자인 마크 본체크 박사는 이것을 '중력 창출'이라고 표현한다. "전통적인 기업들이 메시지와 제품을 밖으로 밀어내는 반면, 이런 회사들은 고객을 안으로 끌어당긴다. 고객을 수동적인 표적으로 취급하는 대신, 능동적인 참가자로 대우하는 것이다. 태양계의 태양처럼 그들은 중력장을 만들어 고객들을 궤도 안으로 끌어당기면서, 고객 충성도를 뛰어넘어 고객 중력을 창출한다."

이 중력 덕분에 스타벅스는 많은 브랜드가 말만 하는 목표를 이미 이루었다. 소셜 미디어와 디지털 지출을 투자 수익으로 전환하는 데 성공한 것이다. 스타벅스 글로벌 디지털 마케팅의 부사장 알렉스 휠러는 이렇게 설명했다. "무료 페이스트리 데이를 진행했던 2009년은 스타벅스의 소셜 미디어 여정에서 정말 중요한 순간이었습니다. 저희는 디지털상으로만 새로운 푸드 플랫폼을 론칭하기로 했어요. 저희로서는 아주 이례적인 결정이었죠. 문제는 디지털 홍보와 무료 푸드 제공으로 방문자 수를 늘릴 수 있을까였습니다. 하지만 결국 디지털/소셜의 힘으로 그날 100만 명이 스타벅스를 찾았고, 저희는 약 150만 개의 페이스트리로 인지도를 높일 수 있었죠." 공짜 페이스트리를 받으려고 스타벅스 매장을 찾은 그 많은 사람들을 눈으로 확인하는 것과는 별개로, 스타벅스는 디지털 투자가 효율적인 비즈니스 동력임을 보여주는 객관적 데이터를 정기적으로 수집하고 있다. 알렉스의 말처럼, 디지털 참여가 직접 마케팅과 유료 마케팅 투자에 끼치는 증폭 효과는 이미 검증되었다.

소셜 미디어의 증폭 효과가 유료 디지털 광고에 끼치는 혜택

스타벅스 리더들은 순전히 전략적인 차원에서 볼 때 소셜 미디어와 유료 디지털 광고 모두 고객과의 관계 형성에 중요한 역할을 한다고 여긴다. 유료 광고는 브랜드의 도달 범위를 넓힌다. 하지만 소셜 미디어는 참여, 재미, 브랜드 구축이라는 요소와 함께 도달 범위를 넓힌다. 스타벅스 리더들은 소셜 미디어를 통해 팬과 팔로어를 만들고 그 공간에서 홍보나 참여를 목표로 한 활동의 개시 시점을 결정한다. 가령 참여를 노리는 경우, 리더들은 '바이럴 효과viral effect'[53]를 일으키고자 시도한다.

애덤 브로트먼은 이렇게 설명했다. "소셜에서 누군가가 어떤 회사를 좋아하거나 그 회사의 댓글을 좋아하면 그 사람의 친구, 가족, 팔로어에게도 그 사실이 표시됩니다. 또, 사람들이 소셜에서 어떤 브랜드의 게시물을 리트윗하면 브랜드의 도달율이 실질적으로 증폭되고 확대되죠. 소셜의 장점은 사람들이 우리와 소통하고 관계한다는 것입니다. 사람들은 친구들에게 자신이 스타벅스에 들렀다고 이야기합니다. 보통은 포스퀘어에 체크인하는 방식으로 그 사실을 알리는데, 포스퀘어 계정은 페이스북이나 트위터나 인스타그램과 연결되어 있죠. 그래서 저희는 유료 디지털 광고를 소셜 전략과 통합시킵니다. 정기적인 피드로 내보내는 메시지의 바이럴 효과를 누리는 한편, 소셜 공간의 유료 디지털 광고와 연계해 그 메시지를 지능적으로 강화하는 거죠. 결국 페이스북과 트위터에 프로모션 트윗이나 프로모션 스토리를 올리면 각 유료 노출의 비용을 효율적으로 낮추면서 그만큼 더 많은 고객과 관계를 맺을 수 있습니다."

블링크 미디어BLiNQ Media의 최고경영자 데이브 윌리엄스는 페이스

---

53 사람들의 입소문으로 특정 콘텐츠가 바이러스가 퍼지듯이 빠르게 확산되며 화제가 되는 일. —편집자 주

북을 세계에서 가장 큰 칵테일 파티에 비유하면서, 이 미디어의 목표는 플랫폼에서 적극적인 판매를 시도하는 게 아니라 마치 파티에서 명함을 받듯 '좋아요'를 얻는 것이 되어야 한다고 말했다. 데이브는 소셜과 유료 미디어를 통합하는 스타벅스의 접근 방식을 바람직한 우수 관행이라고 평가했다. "소비자 주도형 광고는 페이스북에서만이 아니라 다른 소셜 네트워크에서도 광고의 미래라 할 수 있다. 페이스북의 스폰서 스토리는 브랜드가 아닌 소비자가 주도하는 광고로, 영리한 데이터 마이닝[54] 활용 방법 중 하나다.[55] 좋아요, 게시물, 체크인, 사용한 앱과 같은 자잘한 상호작용이 친구들에게 연쇄적으로 전달되고 은밀한 프로모션 콘텐츠로 전환되면서, 사용자는 브랜드 대변자 역할을 하게 된다. 스타벅스는 스폰서 스토리를 잘 활용해온 대표적인 브랜드다. 꾸준히 팬 기반을 구축한 후, 소셜 그래프[56]를 사용해 커피 타임 무렵의 대화 내용이나 그때 즐기는 여러 가지 음식과 음료를 파악해 사회적 맥락에 부합하는 광고를 내놓는 방식을 사용한다."

소셜 미디어 전략에 관해 스타벅스가 보여주고 있는 리더십을 감안해, 나는 애덤 브로트먼에게 이 책의 독자들을 위한 조언을 부탁했다. 그의 대답은 솔직했다. "저는 고객과 관계를 형성하고 브랜드의 이야기를 들려주고 도달을 확보하는 데에 디지털보다 더 막강한 공간을 떠올릴 수

---

54 방대한 양의 데이터에서 유용한 정보를 발견해내는 과정. —편집자 주
55 이용자가 특정 스폰서를 언급하거나 '좋아요'하면 친구들에게 '○○님이 ○○를 좋아합니다.'와 같은 문구와 함께 스폰서 배너가 뜨는 광고 형식. —편집자 주
56 이용자가 페이스북에서 활동하며 생기는 다양한 정보. —편집자 주

없습니다. 디지털은 웹사이트부터 디지털 마케팅, 심지어 충성도까지 모든 것과 직결돼요. 스퀘어가 훌륭한 사례입니다. 물리적 점포가 있는 상인에게 스퀘어는 단순히 간편한 신용카드 결제를 위한 효율적인 방법만을 제공해준 게 아니라, 소상인과 그 고객 사이에 완전한 운영 체제를 만들어준 셈이죠. 그 운영 체제는 트위터와 페이스북, 매력적인 웹사이트로 보완될 수 있습니다." 애덤은 또한 기업마다 커뮤니티 관리, 브랜드 구축, 디지털을 통한 마케팅에 관심을 기울일 담당자 또는 전담팀이 있어야 한다는 의견을 피력했다. 기업이 작다면 한 사람이 여러 다른 직무와 함께 그러한 책임을 맡을 수도 있겠지만 어쨌든 그 책임은 일관성 있고 전술적으로 다루어져야 한다는 것이다. 애덤은 이렇게 제안했다. "시간을 할애해 비즈니스와 고객 인터페이스에 부합하는 플랫폼에 대해 생각할 누군가가 반드시 필요합니다. 소셜 미디어만이 아니라 자체 웹사이트, 로열티 프로그램, 결제를 커뮤니케이션의 한 형태로 활용하는 방식, 고객 관계 관리 시스템의 속성, 데이터를 마케팅과 참여 전략의 길잡이로 삼는 방법에 관해서도 생각해야죠. 회사에 직원이 두 명이든 2천 명이든 전략은 반드시 있어야 해요. 내용 면에서 확장이나 축소, 조정이 가능할 수도 있겠지만 경로를 구상하고 모니터할 사람은 반드시 있어야 합니다."

생각해 볼 문제

❶ 브랜드가 참여할 소셜 미디어 플랫폼과 관련해 당신의 결정은 얼마나 전략적인가?

❷ 당신은 소셜과 미디어 전략의 투자 수익률과 증폭 효과를 측정할 방법을 찾고

기술로 사명을 완수하다

스타벅스 경영진은 기술에 막대한 투자를 해왔다. 일부는 고객과 파트너들이 쉽게 알아차릴 만한 투자였지만 보이지 않는 곳에서 이루어진 투자도 있었다. 이러한 자본 지출 대부분은 행복한 순간을 전달하고 스타벅스 커넥션을 향상시키는 것을 목표로 한다. 제일 확실한 변화 중 하나는 매장 내 원터치 무료 와이파이로의 전환이었다. 스타벅스의 전前 최고 정보 책임자는 스타벅스가 시대에 뒤떨어져 있음을 깨닫게 된 사건이 있었다고 말했다. 시애틀 스타벅스 지원 센터 밖에 있는 타코 트럭에 갔는데, 트럭에서 원클릭 무료 와이파이를 제공하고 있더라는 이야기였다. 그런데 당시 스타벅스는 고객들에게 하루 2시간만 와이파이 서비스를 제공했고, 그것도 스타벅스 카드를 등록하고 최소 5달러의 충전금액을 유지한 경우만 이용 가능했다. 그래서 2009년에 스타벅스는 와이파이를 끊김 없이 간편하게 이용할 수 있도록 투자를 감행했다. 이와 동시에 콘텐츠 파트너들과 협업하여 '스타벅스 디지털 네트워크'를 만들었다. 매장 내 와이파이 네트워크를 사용하는 고객들이 다양한 제휴사가 제공하는 무료 인터넷 콘텐츠에 액세스할 수 있는 서비스였다. 예를 들어, 고객들은 아이튠즈에서 금주의 선곡을 다운받고, 스퀘어 디렉터리에서 근처의 업체들을 확인할 수 있으며, 가까운 레스토랑 리뷰를 훑어보거나, 전자책 서비스인 뉴 워드 시티New Word City를 통해 책을 읽을 수도 있다. 프리미엄 콘텐츠부터 지역 관련성이 있는 정보까지 스타벅스 디지털 네트워크는 스타벅스의 매장 내 경험을 개선하는 부가가치를 제공한다.

앞의 사례처럼 명확하게 겉으로 드러나지는 않지만 매장 내 소통을 강화하기 위해 기술이 사용된 경우는 또 있다. 매장의 포스를 심포니 Simphony라는 시스템으로 교체한 일이다. 별 것 없어 보이지만 거대한 규모의 이 프로젝트에 관해 스타벅스의 최고 정보 책임자 커트 가너는 다음과 같이 설명했다. "구형 포스에서 주문을 받으려면 반드시 특정 순서에 따라 입력해야 했습니다. 사이즈 먼저 입력하고, 음료의 종류를 그 다음에 입력하고, 이후에 추가 정보를 입력해야 했죠."

리더들은 주문 상호작용을 관찰한 결과, 정확한 음료 주문 순서를 숙지한 스타벅스 단골 고객마저 가끔 실수를 저지른다는 사실을 알게 되었다. 예를 들어, 어떤 사람이 평소에는 혼자 스타벅스에 오지만 특별한 경우 자녀를 동반한다고 가정해 보자. 이 고객은 "더블 쇼트 페퍼민트 모카하나, 핫 초콜릿 하나, 오트밀이랑 터키 베이컨 브렉퍼스트 샌드위치도 하나씩 주세요."라고 주문한다. 이렇게 주문을 받은 바리스타는 핫 초콜릿을 곧바로 입력하지 못하고 기억해 두었다가 처음으로 되돌아가 고객에게 사이즈를 확인할 수밖에 없다. 당연히 그런 시스템은 바리스타에게 상당한 인지적 부담을 주었고 완전한 몰입을 방해했으며 주문 착오를 발생시켰다. 새로운 고객이 와도 앞서 밝힌 순서를 따르지 않고 주문을 할 가능성이 있었다. 바리스타는 포스기 입력에 필요한 순서대로 주문 내용을 되풀이했지만 그게 고객의 귀에는 고객의 잘못을 바로잡는 것처럼 들리기 쉬웠다.

커트는 설명했다. "그러한 관찰을 통해 대화형 주문이라는 아이디어가 탄생했습니다. 음료 입력 순서를 알아서 해결하도록 기술에 맡긴다는 개념이었죠. 바리스타는 고객의 주문 패턴에 맞게 어떤 순서로든 시스템에 음료를 입력할 수 있게 되었습니다."

실제로 컴퓨터는 화면상에 음료를 구성하면서 레시피 중에서 기본이 되는 부분은 밝은 회색으로, 컵에 표시되어야 할 내용은 어두운 녹색으로 표시해준다. 커트와 동료들은 새 포스의 대화형 주문 방식이 신입 바리스타들에게 특별히 도움이 될 것으로 예상했다. 하지만 뜻밖에도 경험 많은 바리스타들까지 주문을 정확하게 입력했는지 시각적으로 확인할 수 있어 편리하다며 새 시스템에 고마움을 표했다.

커트는 덧붙여 말했다. "저희는 또한 심포니 포스 솔루션 도입을 계기로, 기술을 통해 미래 지향적인 조치들을 취할 수 있었습니다. 그중 하나는 네트워크화된 솔루션을 만드는 것이었죠. 예전에는 금전 등록기가 사내의 다른 시스템과 단절된 상태로 카운터 위에 덩그러니 앉아 있었고, 하루 한 번 시스템을 연결해 매출 데이터를 뽑아야 했어요. 이제는 등록기마다 네트워크 IP 주소가 부여되어 있으니 언제든 등록기의 매출을 집계하고 수시로 정보를 보내고 받을 수 있죠. 달라진 포스 아키텍처 덕분에 API^Application Programming Interface[57]나 다른 루틴과의 연결이 가능해져 스캐너 같은 기기를 꽂아 작동시킬 수도 있게 되었고요."

스타벅스의 기술 비용 가운데 상당 부분은 조직 내 커뮤니케이션 합리화라는 명목으로도 지출되고 있다. 소규모 조직 안에서도 경영진의 메시지를 일관성 있게 전달하기란 어려운 일인데, 스타벅스 리더들은 전 세계 수십만 명의 파트너들과 소통해야 한다는 부담을 안고 있다. 그 결과, 스타벅스 경영진은 바쁜 점장들에게 의존하는 대신 모든 메시지가 단계적으로 전달될 수 있도록 통합적인 기술 솔루션을 개발하기 위해 꾸준히 노력하고 있다.

스타벅스에게 기술과 디지털의 미래가 어떤 모습일지 묻자, 알렉스 휠러는 간명하게 대답했다. "기술은 진화하고 사람들은 변화할 것입니다. 하지만 사명이 저희를 이끌어줄 것입니다. 기술은 사명 완수에 도움을 줄 것이고, 저희는 파트너와 고객이 시간을 보내고 싶어 하는 곳 어디서든 그들의 관심을 끌기 위한 전략을 펼칠 것입니다. 저희는 그들과의 관련성을 잃지 않고 인간적인 관계를 통해 행복을 선사하고자 노력할 것입니다."

기술이 불가피하게 비인격화로 이어질 거라고 여기기보다 기술을 인간관계를 개선하는 하나의 방법으로 바라볼 때 그 힘은 막강해진다. 기술을 활용해 인간성을 높인다는 대목과 관련해, 스타벅스 리더들은 다른 산업 분야에까지 흥미롭고 예기치 못한 파급 효과를 일으켰다. 예를 들어, 스퀘어의 최고경영자 잭 도시는 스타벅스 경영진 덕분에 '사용자^user'라

---

57 응용 프로그램을 만들 때 사용하는 인터페이스. —역주

는 단어의 사용을 중단했다. 잭에 따르면 스퀘어의 이사회 이사인 하워드 슐츠는 사석에서 왜 스퀘어가 고객을 사용자라 지칭하는지 질문했다고 한다. 잭은 회고했다. "'사용자'라는 용어는 공유 단말기 초기 전산 분야에 처음 등장했죠. … 기술적이지도 창의적이지 않은 사람, 리소스를 사용하기만 할 뿐 무엇을 만들거나 생산할 능력이 없는 사람을 가리키는 용어로 해커 문화 안에서 굳어진 거예요. 때로는 비하의 뜻을 담아 '루저 luser'라 불리기도 했고요."

하워드의 도발적인 질문 탓이었는지, 잭은 스퀘어가 '사용자'라는 단어를 '고객'이라는 단어로 대체할 거라고 밝혔다. 잭의 관점에서 이 단순한 단어 변경은 서비스의 초점이 좀 더 인간성을 강조하는 쪽으로 전환됨을 의미한다. 특히 그는 스퀘어가 "다른 경쟁사 대신 우리 제품을 선택해준 '사람들'에게서 스스로 거리 두기를 중단해야 한다."면서 "우리가 애써 얻은 고객들이잖아요. 그들은 최고의 존중, 관심, 서비스를 받을 자격이 있죠."라고 말했다.

나는 5장에서 '파트너'라는 단어에 대해 이야기하면서 "단어는 중요하다."고 말했다. 부디 이 책에 제시된 교훈들이 기술의 도움으로 만들어 나갈 수 있는 강력한 '인간관계'를 이해하는 데 도움이 되길 바란다. 기술은 그 자체가 목적이 아니고, 기술 '사용자'만을 위한 것도 아니다. '사람'과 '고객'에게 서비스를 제공하고 그들과 소통할 수 있는 도구다!

★ 유형의 공간 안에서 맺어지는 연결 고리는 친밀한 일대일 관계를 발전시키는 멋진 기회가 되곤 하지만, 오늘날 대다수 브랜드는 전통적인 상가 건물 바깥에서 개인적인 관계를 쌓고 확장해야 하는 과제에 직면해 있다.

★ 종합적인 디지털 전략의 핵심 요소는 ① 상거래, ② 회사 소유의 웹과 모바일 채널, ③ 로열티/고객 관계 관리CRM/타깃 데이터베이스, ④ 소셜 미디어, ⑤ 유료 디지털 마케팅이다.

★ 오늘날 잘 나가는 기업들은 온라인 상거래, 실제 방문자 수, 고객 참여, 소비자 충성도를 구축하기 위해 디지털 자산을 통합할 방법을 찾는다.

★ 트위터와 페이스북 접근법은 관계 형성을 목적으로 메시지를 전달하되 일관성 있지만 과하지 않은 커뮤니케이션에 초점을 맞추어야 한다.

★ 새롭게 부상하는 소셜 미디어 플랫폼 참여를 고려할 때 세 가지 측면을 염두에 두어야 한다. 플랫폼이 브랜드와 부합하는가? 참여를 계속 유지해 나갈 자원이 충분한가? 해당 플랫폼에서 사람들이 선호하는 상호작용 방식을 완전히 이해한 상태인가?

★ 개인화된 경험과 고유의 취향을 중심으로 소셜 미디어 관계를 구축하면 고객을 콘텐츠로 끌어당길 가능성이 높아진다.

★ 기업의 규모를 불문하고, 리더들은 소셜 미디어 전략 책임자를 임명해야 한다.

★ 기술이 사명에 도움이 되어야지, 그 반대가 되어서는 곤란하다.

★ 기술이 불가피하게 비인격화로 이어질 거라고 여기기보다 인간관계를 개선하는 하나의 방법으로 바라볼 때 그 힘은 막강해진다.

★ 기술이 '사용자'를 위해 마련된 것으로 보아서는 곤란하다. 기술은 '사람'과 '고객'에게 서비스를 제공하고 그들과 소통할 수 있는 도구로 여겨져야 마땅하다!

9장

관계의 전파:
받은 사랑을 더 많은 제품으로 되돌려주기

광고는 사람이 제품을 향해 움직이게 하고, 판매 전략은 제품이 사람을 향해 움직이게 한다.

미국의 광고인 **모리스 하이트**

직원과 고객 사이에 개인적인 관계가 형성되고 기술을 통해 강화되었다면 그 정서적 연결을 바탕으로 새로운 제품을 제공해도 좋다는 허락이 내려진 셈이다. 스타벅스는 매장 내에서 형성된 사람과 사람 사이의 관계를 확장해 포장 소비재Consumer Packaged Goods, CPG 범주에서 활용하는 방법을 모범적으로 보여준다. 이를테면 개인용 인스턴트커피인 스타벅스 비아VIA® 레디 브루, 사서 바로 마실 수 있는 RTDReady-to-Drink 음료, 대용량 포장 커피와 차, 외식업체들이 판매하는 타조 및 스타벅스 소유 브랜드의 제품 등을 통해서다. 인적 관계를 시장 가치로 환산하는 관계 자본relational capital에 관한 사례 연구에서 란제이 굴라티, 세라 허프먼, 개리 닐슨은 스타벅스가 포장 소비재 제품을 판매해도 좋다는 시장의 승낙을 얻었다고 밝혔다. "하워드 슐츠가 스타벅스 경험을 세심하게 키우고 발전시킨 덕택에 회사는 갈수록 강력해지는 브랜드를 이용해 다양한 제휴를 맺고 스타벅스 커피를 판매하고 스타벅스 이름을 붙인 새로운 제품을 개발할 수 있었다. 이러한 관계 구축의 목표는 회사의 소매 점포 바깥에서 브랜드를 계속 발전시킴으로써 다수의 접점을 통해 고객들에게 도달하는 것이었다…"

하지만 스타벅스가 원래 커피 추출 사업이 아닌 원재료 판매업으로 출발했다는 사실을 알면 많은 사람들이 깜짝 놀란다. 원조 스타벅스 매장은 강배전한 원두를 소분하여 매장을 찾는 고객과 통신 판매 소비자, 주변 레스토랑 주인들에게 판매했다. 기본적으로 스타벅스의 시작은 포장 소비재 기업이었다. 나중에 경영진의 전략적 포지셔닝에 따라 브루드 커피와 에스프레소 기반 음료를 제공하는 글로벌 서비스 경험 기업이 된 것이다. 리더들은 제3의 공간인 매장 기반의 관계를 통해 브랜드를 글로벌 거대 기업으로 키웠지만 보다 최근에는 연결을 활성화하여 제1의 장소인 집과 제2의 장소인 사무실로도 진출했다. 스타벅스 매장 안에서 이룬 성공, 연결, 사랑 덕분에 리더들은 B2B^Business to Business 영역에서도 상당한 규모의 시장을 개척할 수 있었다. 이에 더하여 경영진은 소비자의 활동적인 생활양식에 부합하는 신제품 혁신을 장려해왔다.

이번 장 전반에 걸쳐, 우리는 스타벅스가 제품의 제작, 출시, 전달에 사용하는 다채널 접근법을 살펴볼 것이다. 커피와 인접 부문 양쪽에서의 혁신을 탐구하고, 고객이 스타벅스 브랜드가 붙은 장소를 군이 찾지 않아도 원하는 곳에서 제품을 사용할 수 있도록 제품을 포지셔닝하는 방식도 알아볼 것이다. 이번 장은 스타벅스가 전략적 사업 제휴, 혁신, 인수를 통해 새로운 분야에서 의미 있는 제품과 서비스를 도입하는 방식을 이해하는 데 도움이 될 것이다. 아울러 당신이 고객과의 기존 관계를 활동적인 생활방식에 맞추어 확장할 수 있도록 도와줄 것이다.

매장 내 커피 판매 전략을 쇄신하다

대부분의 고객은 스타벅스 매장을 커피 한 잔 사러 가는 곳 혹은 음료나 음식을 즐기면서 담소를 나누는 곳으로 여기지만, 각 매장에는 한정된 규모의 상품 판매 공간도 마련되어 있다. 2장에서 이야기했듯이, 2000년대 중반 스타벅스 점장들은 동일매장 비교매출을 너무 염려한 나머지 스타벅스 매장의 상품 판매대를 커피와 무관한 제품들로 채운 적이 있었다. 이 일을 계기로 하워드 슐츠는 2007년 2월 14일 당시의 최고경영자 짐 도널드에게 이메일 메모를 띄우고 스타벅스 고위 경영진을 참조로 넣었다. 어쩌다 언론에 유출되어버린 그 이메일의 제목은 '평범해져 버린 스타벅스 경험'이었다.

하워드는 거기에 이렇게 썼다. "요즘 사람들은 우리가 커피를 로스팅 한다는 걸 아는지조차 모르겠습니다. 매장에서 그런 메시지를 느낄 수 없다는 것만큼은 확실합니다. 과학보다 예술에 가까워야 할 판매 전략은 제가 생각하는 상점의 모습이나 최소한이나마 우리의 커피 유산을 뒷받침 해야 한다는 제 믿음과 너무나 동떨어져 있습니다. 어떤 매장에서는 커피

분쇄기나 보덤Bodum사의 프렌치 프레스, 심지어 커피 필터조차 찾아볼 수가 없습니다."

하워드가 경고성 메모를 작성한 이후 스타벅스 매장의 판매 전략은 확실히 달라졌다. 내가 사는 플로리다 세인트피터스버그의 가장 가까운 스타벅스 매장에는 각각 7개의 상품 선반이 달린 높이 2미터, 폭 1.2미터의 진열대가 2개 있다. 아마 당신이 사는 동네의 가까운 매장도 마찬가지일 것이다. 진열 상품 가운데는 하워드가 2007년에 보길 원했던 보덤 프렌치 프레스 포트도 빠짐없이 자리하고 있다.

이뿐 아니라, 선반에는 스타벅스 로고가 박힌 뜨거운 음료 및 차가운 음료용 머그와 컵, 캔 용기에 든 타조 잎차, 타조 티백 상자, 스타벅스 비아 인스턴트커피와 티 패키지가 놓여 있다. 진열대 옆에는 바닥에 놓인 컨테이너 안에 버들가지 바구니 네다섯 개가 배치되어 있고, 바구니 안에는 대개 여러 가지 커피 블렌드가 들어 있지만 간혹 포테이토칩이나 고급 팝콘 같은 포장 식품이 들어 있을 때도 있다.

이 바구니 말고도, 쇼케이스 안과 주변에는 다양한 포장 식품과 음료가 전시되어 있다. 이를테면 스타벅스 리프레셔스Starbucks Refreshers 음료, 에볼루션 프레시 주스, 유제품, 과일 컵, 요구르트 컵, 스타벅스 RTD 음료, 스타벅스의 자회사인 에토스Ethos®의 생수, 스타벅스 브랜드가 붙은 견과류와 과일 스낵 등이다. 카페 이곳저곳 다양한 위치에 마련된 특별 상품 매대에는 스타벅스 가정용 에스프레소 추출 머신, 캡슐커피 머신인 베리스모 시스템 바이 스타벅스Verismo® System by Starbucks, 그 머신에 사용되는 에스프레소와 밀크 포드(캡슐) 같은 품목들이 진열되어 있다.

스타벅스 매장에서 이처럼 커피 관련 상품을 찾아볼 수 있는 이유는 바리스타가 고객을 위해 손수 만드는 제품을 넘어서서 회사의 판매 믹스 sales mix[58]를 다각화하겠다는 광범위한 비즈니스 전략과 관련이 있다. 스타벅스의 이 소비재 강화 전략은 벤앤제리스Ben&Jerry's 아이스크림과 같은 외식산업 브랜드가 성공리에 밟아온 전철을 그대로 따르고 있다. 벤앤제리스는 버몬트주의 작은 아이스크림 가게로 시작해 지금은 유니레버 소유의 유력 브랜드가 되었다. 벤앤제리스는 현재 방대한 글로벌 아이스크림 매장 네트워크를 운영하면서 슈퍼마켓과 편의점을 통해 포장 아이스크림을 널리 유통한다.

스타벅스 채널 개발 및 신흥 브랜드 사장 제프 한스버리는 이렇게 말했다. "스타벅스는 1천억 달러 규모의 전 세계 커피, 차, RTD 음료 시장 가운데 극히 일부분만을 점유하고 있습니다. … 저희는 스타벅스 제품이 판매되는 채널, 부문, 국가에서 고르게 성장하여 [포장 소비재] 사업으로 글로벌 시장 점유율을 늘려나가고자 노력 중입니다."

스타벅스 캐나다 사장이자 전 글로벌 최고 마케팅 책임자 겸 타조 사장이었던 애니 영-스크리브너는 이 소매 기회의 가능성을 스타벅스의 네 가지 장소 모델의 맥락에 가져다 놓고 설명했다. "저희는 고객이 어디에 있든 고객과의 관계 형성이 이루어지기를 원합니다. 스타벅스의 미래는 고객이 집, 직장, 스타벅스 매장, 그리고 이동 중에 사용할 커피와 관련 제품을 판매하는 데에 달려 있어요. 소비자 채널은 스타벅스의 방대

---

58 전체 판매에 대한 제품별 판매 비율을 말한다. —편집자 주

한 매장 네트워크를 훌쩍 뛰어넘기 때문에, 저희가 시장 점유율을 확보하고 사업을 확장해 나갈 수 있는 엄청난 기회가 도사리고 있죠." 스타벅스의 이러한 채널 전략 진화는 우리 모두에게 교훈을 준다. 말하자면 최초의 전달 채널을 정의하고, 그 채널 내에서의 실행에 완벽을 꾀한 다음 다른 유통 채널로 활동의 폭을 넓혀 고객이 있는 곳 어디서나 고객의 니즈를 충족하라는 교훈이다.

스타벅스가 사용하는 네 가지 장소 모델을 기준으로 당신의 사업을 평가해볼 때 당신의 수행 실적은 어떠한가? 고객의 집, 직장, 당신이 입점해 있는 건물, 그리고 그 밖의 모든 장소에서 제품, 서비스, 커뮤니케이션으로 고객의 관심을 끌고 있는가? 고객의 생활 속에 이처럼 폭넓게 자리하기 위해 스타벅스는 자사의 제품을 판매하거나 유통하고 싶어 하는 다른 기업들의 힘을 빌려야 하고 그들의 필요에 부응해야 한다. 다른 업체들에 대한 의존과 관련해, 잠시 스타벅스의 B2B 측면을 살펴보도록 하자.

B2B 관계 운영

스타벅스는 독점적인 B2C Business to Consumer 기업이 아니다. 사실 이 회사는 점점 더 넓어지는 판매 믹스를 지탱하기 위해 여러 가지 유형의 B2B 관계에 관여한다. 이 가운데 외식업계 고객, 라이선스 매장, 합작 투자 파트너십을 눈여겨볼 만하다.

외식 사업 쪽에서 스타벅스는 장비 및 음료 제품 포트폴리오[59]는 물론 교육, 마케팅, 판매 전략 관련 전문 지식까지 제공한다. 대상은 고급 레스토랑, 여행지, 유원지, 대학교, 정부 사무소, 숙박업소, 의료 시설과 같은 소매 환경에서 사업을 운영하는 기업 고객들이다. 이뿐 아니라, 스타벅스는 카페테리아, 공용 공간, 회의실과 케이터링 등의 용도로 기업들이 내부적으로 사용하는 음료를 공급한다. 만약 컨퍼런스에 참석했는데 휴게 공간에서 "We Proudly Brew Starbucks Coffee."라는 간판을 보게 되었다거나 식사하러 간 레스토랑에서 스타벅스 커피가 제공되고 있다면 당신은 외식 서비스 영역으로 확장된 스타벅스 브랜드를 경험하는 것이다.

라이선스 매장의 경우, 크로거Kroger, 본스Vons, 세이프웨이Safeway 같은 대형 슈퍼마켓 체인들이 스타벅스 승인 라이선스 하에 물리적인 매장이나 키오스크 공간을 소유하고 직원을 배치해 운영한다. 라이선스 매장은 보통 슈퍼마켓 내에 견고한 입지를 확보하고 있다. 호감도와 친밀감을 높여 슈퍼마켓 진열대 판매를 활성화하기 위함이다. 하지만 공항이나 타깃Target과 마이어Meijer 같은 종합소매점을 비롯한 기타 적절한 환경 내에 위치하는 경우도 많다.

경우에 따라 스타벅스는 라이선스 계약을 넘어서서 유통 파트너와 본격적인 합작 투자 협정을 맺기도 한다. 사실 스타벅스는 펩시코 노스 아메리카와의 협업을 위해 노스 아메리칸 커피 파트너십 계약을 맺은 1994년을 기점으로, 다른 소비재 기업들과도 지속적인 관계를 이어왔다. 펩시

---

59 브루드 커피, 뜨겁고 차가운 에스프레소 기반 음료, 시럽, 코코아, 타조 티 등이 있다.

는 합작 투자 계약에 따라 RTD 커피 음료를 제조, 판매, 유통한다. 현재 펩시의 이 RTD 음료에는 스타벅스나 시애틀즈 베스트 커피Seattle's Best Coffee[60] 브랜드가 붙는다. 합작 투자를 통해 제공되는 커피 음료로는 스타벅스 프라푸치노Starbucks® bottled Frappuccino® 병 커피 음료, 스타벅스 더블샷Starbucks Doubleshot® 에스프레소 음료, 스타벅스 더블샷 에너지+커피Starbucks Doubleshot® Energy+Coffee 음료, 스타벅스 아이스드 커피 Starbucks® Iced Coffee, 스타벅스 디스커버리즈Starbucks Discoveries, 아이스드 카페 페이버릿츠Iced Café Favorites, 스타벅스 리프레셔스 등이 있다.

합작 투자 계약을 맺을 때 스타벅스 경영진은 양측이 상호 호혜적 관계의 책임을 다하여 두 회사 모두 서로의 노력으로 이익을 얻을 수 있는지 빈틈없이 살핀다. 7장에서 우리는 협력적 사업 파트너를 제대로 선택하는 일이 신규 시장, 특히 해외 시장에서의 성공에 결정적이라고 이야기한 바 있다. 마찬가지로, 파트너 선정은 제품과 서비스의 폭을 확장하는 데에 있어서도 대단히 중요하다. 뉴잉글랜드 컨설팅 그룹의 창립자 겸 최고경영자 개리 스티벨은 이렇게 지적했다. "비결은 파트너 선택이다… 모두가 라이선스는 대부분 성공한다고 착각한다. 그러나 현실은 정반대다. [포장 소비재 부문] 진입을 위한 레스토랑의 라이선싱 계약이나 시도의 태반은 실패로 끝난다." 음식과 여행 전문 작가 로버트 릴리가드도 CPG 라이선싱의 어려움을 인정하면서 다음과 같이 적었다. "오래 이어진 관계

---

60 시애틀즈 베스트 커피는 1970년에 시애틀 부두에서 커피를 로스팅하며 시작된 회사다. 2003년 스타벅스가 매입하기 전까지 라이벌 회사였다.

조차 틀어질 수 있다. 스타벅스와 유통업체 크래프트Kraft는 2011년 스타벅스가 크래프트에게 자사의 제품 판촉을 소홀히 하고 있다고 주장한 후 아주 모양새 나쁘게 공식적으로 갈라섰다." 이어서 로버트는 크래프트 측이 13년간 이어온 파트너십의 와해를 막으려고 애썼으나 결국 아무 소용이 없었다면서 "이제 두 회사는 진열 공간을 놓고 경쟁하는 사이가 되었다. 크래프트의 제발리아Gevalia와 맥스웰 하우스Maxwell House가 스타벅스 제품들과 격돌하는 중이다."라고 덧붙였다. 크래프트와의 관계는 그렇게 됐지만, 스타벅스 리더들은 비교적 튼튼한 라이선스 및 합작 투자 파트너십 관계를 누려왔는데, 그렇게 된 가장 큰 이유는 스타벅스 리더들 스스로 상대방의 사업 파트너 역할을 한다는 인식을 갖고 있기 때문이다.

외식업계 고객, 스타벅스 라이선스 매장, 합작 투자 파트너, 그 어떤 경로를 통해 판매하든 스타벅스 리더들은 B2B 서비스 경험에 스타벅스의 사명과 가치관이 반영되고, 카페 환경 내에서처럼 강한 유대감과 인간관계가 형성되기를 기대한다. 스타벅스는 기업 고객과 관계를 맺고 그들의 필요를 예측함으로써 실적 개선에 도움이 되는 솔루션을 제공하고 파트너십을 이어가고자 노력한다. 스타벅스 경영진은 자사의 기업 고객들이 제품을 뛰어넘어 세심한 보살핌을 경험하기를 원한다. 그러려면 고객의 사업 방향과 고객이 스타벅스와의 협업을 통해 실현하고자 하는 목표에 대해 깊이 있는 이해가 필요하다. 요컨대 기업 고객들도 세심한 관심과 장기적인 관계에 대한 헌신으로 특징지어지는 스타벅스 경험을 누려야 한다는 뜻이다.

스타벅스의 입장에서 기업 고객과 사업 파트너에 대한 서비스는 브랜드 가치를 위해서도 중요한 의미가 있다. 스타벅스의 그린 커피 품질과 참여 부문 부사장 앤드루 린너먼은 이렇게 설명했다. "고객이 가령 라이선스 매장을 이용한다면 스타벅스라는 이름이 컵 위에 적혀 있겠죠. 저희는 그래서 더욱 기업 고객을 보살피고 사업 파트너를 신중하게 선택해야 해요. 고객은 그들의 행동을 통해 스타벅스를 인식하게 되니까요. 라이선스 매장 파트너와 합작 투자 파트너의 경우, 저희는 그들의 운영 능력을 파악하고자 노력할 뿐 아니라 기업이자 문화로서 상대방의 본질을 파악하고자 합니다. 그들이 우리와 비슷한 가치관을 공유하고 보여주는가? 만약 어울리는 짝이 아니라면 라이선스나 합작 투자 파트너 관계를 깔끔하게 포기할 거예요."

공항 안의 라이선스 매장이든, 시내에 있는 회사 직영점이든, 최종 소비자의 머릿속에서 스타벅스는 그냥 스타벅스다. 스타벅스 파트너가 스타벅스 매장 내에서 고객을 서비스하든, 마트 직원이 마트 매장을 찾은 고객에게 스타벅스 제품을 판매하든, 경영진이 생각하기에 스타벅스에서의 서비스 경험은 즐겁고 인간적이고 관계 중심적이어야 한다. 결국 기업은 건물이나 브랜드명이 아니라 비슷한 목표를 공유한 사람들의 모임이다. B2B 경험의 전달 방식은 대상 기업의 니즈에 따라 달라져야 하지만 이것은 개인에게 경험을 전달하는 경우도 마찬가지다.

결국, 훌륭한 고객 경험을 규정하는 원칙은 고객이 개인 소비자이든 기업 내 서로 다른 부서의 개개인이든 상당히 비슷하다. 적절한 파트너를 확보하고 사업 파트너의 니즈가 개인 고객의 니즈와 유사함을 충분히 이해한다면 어떤 환경에서든 제품과 서비스를 제시하고 고객과 관계를 형성할 수 있다. 스타벅스의 경우, 제1의 장소인 집에서 고객들을 서비스함으로써 중요한 전략적 기회를 얻고 있다.

집에서 만나는 스타벅스

스타벅스는 처음에 파트너십을 맺고 포장된 커피 제품을 유통했으나 점차 제품의 제조, 유통, 판매를 직접 떠맡기 시작했다. 또한 스타벅스 리더들은 매장 이외의 공간에 자사의 커피 제품을 배치할 방법을 계속해서 찾아 나가고 있다. 그러자 비평가들은 스타벅스가 자사의 매장 매출에 타격을 입힐 만한 방식으로 대량 소매 부문에서의 수익을 좇고 있다고 경고했다. 예를 들어, 스타벅스가 2009년 1인용 인스턴트커피 제품 비아VIA를 출시했을 때, 인비저 컨설팅Invisor Consulting의 매니징 파트너 스티브 토박은 이렇게 지적했다. "스타벅스는 비아를 자사의 갓 내린 커피와 대결시키면서, 사람들에게 맛의 차이를 느낄 수 있는지 비교해 보라고 자극한다. 그렇다면 고객은 한 잔에 1달러로 비아를 구입할 수 있는데 무엇하러 웃돈을 지불하고 스타벅스의 갓 내린 커피를 마시려 하겠는가? 캠페인이 성공할 경우, 비아가 갓 내린 커피 매출을 자기 잠식하지 않겠는가?" 이러한 외부의 우려는 논리적으로 합당했지만, 스타벅스는 자기 잠식을 겪지 않았고 매장과 가정에서 커피 선택지가 늘어나면서 오히려 매출이 상승했다. 결국, 여러 채널 사이의 기회를 간파하고 포착하는 리더의 능력은 제품 확장 결정의 원동력이다. 이 의사결정도 커피 소비를 둘러싼 다양한 욕구 상황과 습관을 감지한 경영진의 예리함에서 나왔다. 어떤 고객들은 아침 커피를 마시기 위해 스타벅스를 정기적으로 찾지만 집에서 양질의 커피를 만들어 마시고 싶어 할 때도 있다. 마찬가지로, 어떤 사람들은 평소 집에서 커피를 만들어 마시지만 오전 휴식 시간에 스타벅스 매장에 들르기도 한다. 말하자면 커피 소비는 고객들이 집에서 내려 마실지 스타벅스 매장에 갈지 둘 중 하나를 선택하는 제로섬 게임[61]이 아니었고, 경영팀은 이 점을 정확히 꿰뚫고 있었다.

포장 소비재 시장의 복잡함과 역동성 때문에, 스타벅스 리더들은 끊임없이 전술적 과제에 직면한다. 예를 들어, 스타벅스는 경쟁사 그린 마운틴 커피 로스터스GMCR와 함께 부분적인 파트너십을 체결했다. 버몬트 기반의 스페셜티 커피 회사 GMCR은 2006년에 큐리그Keurig 사를 인수했다. 큐리그는 소비자 시장을 위한 싱글컵 브루잉 머신의 시장 리더다. 큐리그의 머신들은 추출 기계 아래에 머그잔을 올려놓고 물통에 물을 채우고 케이-컵 팩K-Cup Pack이라고 부르는 1인용 커피 패킷을 삽입한 다

---

61 참가자의 이득과 손실의 총합이 제로(0)가 되는 게임. ―편집자 주

음 버튼을 누르기만 하면 커피를 마실 수 있는 간편한 커피 추출 방법이 특징이다. 큐리그 인수를 통해 GMCR은 케이-컵 팩의 독점 공급업체로 자리매김했다. 자체적인 커피 브랜드를 제공하는 데서 나아가, GMCR은 퀘벡 기반의 커피 회사 반 후트Van Houtte를 매입했고 반 후트 이름을 붙인 케이-컵 팩까지 추가했다. 뉴먼스 오운Newman's Own과 폴저스Folgers 같은 다른 브랜드들도 큐리그 브루잉 시스템에 사용되는 케이-컵 팩용으로 자사의 커피를 제조하고 유통하기 위해 GMCR과 라이선싱 계약을 체결했다.

그렇다면 스타벅스는 어떤 방법으로 자사 제품을 케이-컵으로 제공할 수 있었을까? 스타벅스는 예전에 타시모Tassimo 커피 추출기를 광고하고 타시모 시스템에서 사용할 수 있는 1인용 포맷인 티디스크로 커피를 공급했었다. 그러나 스타벅스와 크래프트 푸즈 사와의 계약이 종료되면서 크래프트가 만든 타시모 시스템을 스타벅스의 기존 유통 시스템으로 판매하기는 곤란한 상황이 되었다. 커피 시장의 많은 소비자 분석가들은 스타벅스가 전통의 라이벌 GMCR 및 큐리그 시스템에 대하여 취할 수 있는 노선을 예측했다. 어떤 사람들은 스타벅스가 GMCR을 인수하지 않겠느냐고 제안했고, 스타벅스가 타시모와 큐리그 양쪽 모두에 대해 자체적인 대안을 직접 마련할 거라고 점치는 사람들도 있었다. 그러나 2011년 3월, 스타벅스와 GMCR은 케이-컵 계약을 발표했다. 그 후로 스타벅스는 더 진하고 뜨겁고 용량이 큰 음료를 만들 수 있도록 새로 나온 시스템인 그린 마운틴스 뷰Green Mountain's Vue™ 추출 장치용 제품까지 공급하기로 GMCR과의 라이선스를 확대했다. 협업을 통해 스타벅스는 GMCR의 전통적인 큐리그와 뷰 추출 장치를 독점적으로 취급하는 슈퍼 프리미엄 브랜드가 되었다. 이와 더불어 GMCR은 스타벅스 케이-컵과 스타벅스 뷰 패킷을 백화점, 전문점, 대량 소매점에 유통한다. 그린 커피 품질과 참여 부문 부사장 앤드루 린너먼은 GMCR과 협력하기로 한 결정과 관련해 "미국에서 커피 부문의 성장세가 싱글컵 브루잉 시스템으로 다시 불붙은 차에, 큐리그를 통해 편의성과 전달의 일관성을 즐기고자 하는 사람들에게 최고 품질의 스타벅스 커피를 제공하는 것이 합리적이다."라고 말했다. 당신의 경쟁사 한 곳이 플랫폼을 만들었고 당신은 그 플랫폼을 통해 제품을 팔 수 있다고 상상해 보라. 그 플랫폼에서의 판매는 유통 관점에서 당신에게 유리하지만 경쟁사의 강점도 돋보이게 할 것이다. 당신이라면 어떻게 하겠는가? 스타벅스는 GMCR과 협력하는 방법을 찾았지만 그렇다고 해서 건전한 경쟁이 끝난 것은 아니다.

2012년, 스타벅스는 가정용으로 1인용 브루잉 시스템을 출시했다. 스타벅스의 추출 장치는 드립 커피 음료만이 아니라 에스프레소와 라떼 음료도 만들 수 있었다. 베리스모라고 불리는 이 시스템은 스위스 공법의 고압 기술을 바탕으로 우유와 커피 포드를 사용해 스타벅스 품질의 음료를 만든다. 스타벅스 리더들의 관점에서 베리스모는 고객과 스타벅스에게 여러 가지 중요한 기회를 제공해 주었다. 이를테면 ① 선택한 음료에 맞는 압력을 조절 가능한 시스템으로 가정에서 브루드 커피를 즐길 수 있고, ② 브루드 커피를 넘어서서 스타벅스의 시그니처 에스프레소 음료를 만들 수 있는 제품을 출시했으며, ③ 스타벅스 매장의 판매 전략과 잘 어울리는, 스타벅스를 위한 독점적인 커피 추출 플랫폼을 만들었다는 점에서다. 경쟁이 치열한 커피 추출 장치 시장에서 내려진 이 전술적 결정들은 리더들에게 중요한 교훈을 제시한다. 구체적으로 말하자면 경쟁사들의 독점적인 전달 시스템이 있는 상황에서 협력적으로 제품을 포지셔닝하는 한편, 제조 및 유통 파트너와의 전략적 관계를 통해 독자 소유의 전달 시스템을 지속적으로 혁신하는 능력이 경영자에게 반드시 필요하다.

사무실에서 만나는 커피

2012년 로이터 조사에 따르면 세계 노동 인구의 약 10퍼센트가 재택근무를 하는 것으로 나타났다. 나머지 90퍼센트는 형편없는 사무실 커피를 마시며 일하고 있을 수도 있다는 뜻이다. 오랫동안 스타벅스 같은 기업들은 사무실 커피 추출 장치의 사용 경험을 개선하고 일하는 고객들을 만족시킬 수 있는 솔루션을 제공해 왔다. 직원 수 20명에서 50명 사이인 회사들은 스타벅스 커피 서비스를 통해 추출 장비, 스타벅스 분쇄 원두, 정기적인 서비스를 공급받을 수 있다. 타조 티, 냅킨, 컵과 같은 부가적인 물품도 함께 제공된다. 그보다 규모가 큰 기업들은 이와 동일한 커피 서비스를 즐기거나 브루잉 시스템을 스타벅스 인터랙티브 컵Starbucks Interactive Cup®으로 업그레이드할 수 있다. 버튼 하나만 누르면 원두를 갈아서 개인용 컵이나 커피 전용 용기 단위로 추출해주는 시스템이다.

제2의 장소를 선점하려는 스타벅스의 노력이 성공했다는 것은 스타벅스와 셀렉타Selecta의 제휴 같은 사례들을 통해 입증 가능하다. 유럽 최대의 자판기 서비스 회사 셀렉타는 스위스에서 스타벅스와 손잡고 모든 규모의 기업 니즈에 부응할 수 있는 세 가지 솔루션을 내놓았다. 이 옵션들은 테이블 위에 올려놓고 사용하는 소형 제품부터 커다란 통합형 커피 코너까지 다양하다. 셀렉타는 고객들에게 바닐라 라떼, 에스프레소, 도피오 에스프레소, 카푸치노, 카페 크림, 카페 라떼, 차이 티 라떼, 라떼 마키아또, 에스프레소 마키아또, 핫 초콜릿 같은 스타벅스 제품은 물론 캄Calm™, 차이나 그린 팁, 얼그레이, 잉글리시 브렉퍼스트, 리프레시Refresh™ 등 다양한 타조 티를 제공한다.

스타벅스 스위스와 오스트리아의 매니징 디렉터 프랑크 부벤의 설명을 들어보자. "저는 셀렉타의 최고경영자를 만났고, 저희는 커피 시장의 두 리더가 연대할 수 있는 방식에 관한 비전을 수립했습니다. 사무실 커피의 일인자인 셀렉타와 소매 부문의 선두인 스타벅스가 사무실 고객을 대상으로 스타벅스 커피를 통한 흥미로운 가치 제안을 할 수 있겠다고 생각한 거죠. 약 5개월 뒤 저희는 확장성 있는 사무실 커피 콘셉트를 개발할 수 있었습니다. 제 입장에서 가장 중요한 부분은 저희 매장에 오시는 고객들이 사무실 책상에서도 좋아하는 음료를 즐길 기회를 갖게 되는 것입니다. 거꾸로, 저희 매장에 한 번도 들어가 본 적 없는 분들은 이제 회사에서 즐기는 스타벅스 커피의 품질 덕에 매장을 찾을 수도 있겠죠." 리더들은 매장 안에서 스타벅스 커넥션이 줄어들까 우려하기보다 고객이 직장과 가정 양쪽에서 제품을 만날 수 있어야 한다는 사실을 확신하고 있다. 이러한 가용성의 확대는 고객과 제품의 접점을 늘리고, 고객의 습관, 생활방식, 정체성 안으로 제품을 더 깊숙이 밀어넣는다.

휴대용 솔루션의 창조

우리는 인생의 대부분을 집이나 직장에서 보낸다. 하지만 스타벅스는 현대인의 바쁜 생활 속도에 맞춘 즉석 제품과 서비스를 끊임없이 개발해왔다. 1994년 캘리포니아에서 드라이브 스루 매장을 테스트하고, 1996년 펩시와 협업해 프라푸치노 병 음료를 제조하였으며, 2009년 1인용 인스턴트커피 제품 비아를 어렵사리 개발하여 출시한 것도 고객이 어디서든 우수한 품질의 음료를 즐길 수 있도록 자사 제품을 공급할 방법을 꾸준히 모색한 결과였다. 하워드 슐츠는 스타벅스 파트너들에게 비아에 관해 이렇게 설명했다. "우리는 스타벅스가 인스턴트커피를 도입하여 고객들이 언제 어디서나 훌륭한 맛의 스타벅스 커피를 즐길 수 있게 하겠다고 발표했습니다. 예상대로 이 소식을 들은 어떤 사람들은 눈살을 찌푸렸고, 어떤 사람들은 '스타벅스, 왜 인스턴트로 가려는 거지?'라고 비꼬듯 물었죠. 논리적 근거는 수없이 많습니다. 인스턴트커피 시장의 엄청난 규모도 규모지만… 소비자들의 활동성이 높아진 데다, 산 정상에서 즐기는 스타벅스 비아 레디 브루 한 잔을 상상해 보세요. 매장이 곳곳에 널렸는데도 고객들은 스타벅스가 더 많이 생겼으면 좋겠다고, 스타벅스를 즐길 더 많은 방법과 기회를 원한다고 계속 말씀하시거든요."

시장 트렌드를 떠나서, 하워드는 또한 어쩔 수 없는 비판에 굴하지 않고 회사의 핵심 가치를 유지하면서 고객들의 변화하는 니즈에 대응하는 역동적인 솔루션을 도입하는 것이 중요하다고 강조했다. "어떤 분들은 우리의 결정에 이의를 제기할 것이고, 저는 그런 반응을 이해합니다. 스타벅스 같은 브랜드에 대한 기대치는 높고, 저희 브랜드와의 상호작용은 아주 개인적이죠. 하지만 그렇게 높은 기대치에도 불구하고, 혹은 그 기대치 때문에 저희가 인스턴트커피 부문을 혁신하고 재창조할 수 있다고 자신합니다. 가치와 품질을 동시에 제공하는 방법으로요. 저는 스타벅스 비아 레디 브루가 바로 그런 제품이라고 믿습니다. 증거는 컵 안에 있습니다.”

증거는 스타벅스 컵 안에만 있는 게 아니라 비아 같은 제품의 수익성 안에도 있다. 비아는 출시 10개월 안에 글로벌 매출 1억 달러를 달성했다. 이는 3억 3천만 달러 규모인 프리미엄 1인용 커피(포드) 시장의 약 30퍼센트에 해당한다. 식품업계 관계자 도미니크 첼렌타노는 스타벅스 비아를 ‘가장 기억에 남을 신제품 출시’ 사례로 꼽았다. 그는 스타벅스 파트너들이 단독 매장, 점포 내 매장과 슈퍼마켓 같은 다양한 채널에 걸쳐 제품 시음을 효과적으로 진행했을 뿐만 아니라, 8장에서 이야기한 것과 같은 소셜 미디어 전략을 통해 경영진이 제품 출시를 효과적으로 지원했다는 점을 근거로 들었다. 시음에 관해 도미니크는 이렇게 설명했다. “시음은 소비자들의 구매 시도를 촉진하는 입증된 방법입니다. 스타벅스는 최대한의 제어력을 발휘할 수 있는 자사 매장에서 무료 비아 커피의 고객 시음을 진행했죠. 시음 행사와의 조율을 위해 이 제품의 일반 식품점 출시를 2010년경으로 늦추었고요. 초기에 소매 식품점에서는 비아를 판매하지 않았으나, 정규 제품 라인의 브랜드 입지를 이용해 세이프웨이와 타깃 매장과 같은 소매점에 바리스타를 파견하고 쇼핑객들에게 시음용 비아를 나누어주었습니다.”

스타벅스 캐나다 사장 애니 영-스크리브너도 시음에 관한 도미니크의 견해에 공감한다. 스타벅스의 약배전 커피인 스타벅스 블론드 로스트 출시에 대해 이야기하면서 애니는 다음과 같이 말했다. "다른 소비재 기업들과의 차이점은 저희가 아주 비용 효과적인 방법으로 인지도와 시도율을 높일 수 있다는 사실입니다. 가령 저희는 2주 만에 스타벅스 블론드 로스트의 인지도를 대폭 끌어올렸는데, 그건 굉장한 성과였죠." 애니는 그렇게 이례적인 인지도 수준은 경쟁사들이 비슷한 결과를 얻기 위해 지출해야 하는 비용의 10퍼센트에 해당하는 절대 지출액으로 달성되었다고 설명했다. "저희는 매주 7천만 명 가까운 소비자들을 상대하는 전 세계의 멋진 파트너 20만 명이 보여준 관심과 열정 덕분에 인지도와 시도율을 효율적으로 높일 수 있었습니다. 다른 CPG 기업들이 시음을 진행하려면 보통 외부의 식품 시식 전문업체를 이용하거나 드라이 샘플링[62]을 하는 수밖에 없거든요. 하지만 저희는 매장 문을 들어서는 고객들 앞에 갓 내린 커피를 내놓고 신제품 출시에 관한 관심을 불러일으키면서 유익한 피드백을 얻을 수 있죠." 스타벅스는 파트너들에게 신제품 시음을 진행하고 피드백을 수집하고 그 결과를 경영진과 공유하는 방법을 교육시킴으로써 특별한 매장 내 우위를 얻게 된다. 비아의 경우, 도미닉 첼렌타노가 설명한 대로 타깃과 세이프웨이의 매장 내 통로에 스타벅스 바리스타를 배치했다. 이 접근법은 인적 자산을 활용해 채널 간 판촉 활동의 효과를 극대화하는 천재성을 보여준다. 바리스타가 스타벅스 매장 환경에서 고객들에게 비아를 시음하게 하는 데에 숙달된 상태가 되면 그 바

---

62 불특정 다수에 대한 제품 샘플의 무료 배포. —역주

리스타의 전문성과 전반적인 통찰력은 여러 채널에서 제품을 성공시키는 원동력으로 사용되었다.

소셜 미디어와 채널 간 프로모션의 통합에 관해 도미니크는 다음과 같이 평했다. "식품 [프로모션] 분야에서는 소셜 미디어가 강력한 힘을 발휘하고 스타벅스가 이 점을 아는 마케팅 천재라는 사실을 외면해서는 안 된다. … 소셜 미디어를 통해 스타벅스는 바이럴 홍보 효과를 얻었지만 회사 입장에서 들인 비용이 거의 없었다. … 그들은 페이스북을 통해 진행한 비아 테이스트 챌린지로, 사람들이 매장에 가서 비아를 갓 내린 스타벅스 커피와 비교해 보도록 유도했다. 페이스북 프로모션을 구실로 매장에서 무료 커피를 시음해 보게 한 것이다." 소셜 미디어를 활용해 고객을 사업장으로 끌어들인 다음, 직원들이 관계 향상과 참여 유도에 적극적으로 나서서 고객 인지도, 시도율, 제품 수용을 높인다. 이거야말로 성공 공식이 아니고 무엇이겠는가?

고객을 한 채널에서 다른 채널로 유도하기

앞서 언급한 채널 간 프로모션 사례 외에도, 스타벅스는 한 채널의 고객을 다른 채널로 유도하기 위해 로우 테크low-tech와 하이 테크high-tech 방식을 모두 탐색하고 동원해 왔다. 로우 테크 방면으로, 슈퍼마켓 등 스타벅스 매장 외부에서 판매하는 1파운드짜리 원두에는 스타벅스 매장 안에서 판매하는 원두 패키지에는 없는 커피 쿠폰이 붙어 있었다. 스타벅스는 해당 제품의 빈 봉지를 매장으로 가져오는 고객들에게 톨 사이즈의 무료 커피 한 잔을 제공했다. 마찬가지로, 베리스모 시스템 출시 초기 구매자들에게는 마이 스타벅스 리워드 프로그램의 골드 레벨 멤버십이 제공되었다. 원래 골드 레벨은 42잔의 음료를 구입해야 도달할 수 있고, 이 경우 고객은 매장 내 음료와 푸드에 대해 특별한 충성도 보상을 받게 된다.

그런가 하면 하이 테크 방면으로 스타벅스는 몇몇 슈퍼마켓 및 유통 업체들과 손잡고 스타벅스 대용량 커피나 관련 소비재 상품 구매 시 스타벅스 카드로 보상을 적립할 수 있도록 하고 있다. 아울러 스타벅스 모바일 앱과 인터페이스가 가능한 포장재도 연구 중이다. 애니 영-스크리브너는 기술과 스타벅스 포장이 어떤 식으로 융합되는지 설명해 주었다. "카페 베로나는 스타벅스의 강배전 커피 중 하나지만 저희는 사실 이 제품을 '사랑의 커피'라 부르고 있어요. 카페 베로나 포장지에는 커피 이야기로 연결되는 QR 코드가 하나씩 들어가 있죠. 어떤 QR 코드는 한 커플의 약혼 이야기로 연결돼요. 남자는 스타벅스에서 여자 친구와 첫 데이트를 했고 나중에 스타벅스 매장처럼 연출한 숲에서 청혼을 했죠. 그분은 약혼 장소를 사진으로 찍어서 페이스북에 게시했어요. 그 커플의 사연을 접한 저희는 약혼 이야기를 재구성해서 포장지의 QR 코드를 통해 소개해도 되겠는지 허락을 구했어요. 혹시 슈퍼마켓에 가시거나 집에서 이 커피를 마시고 계신다면 카페 베로나 포장지를 통해 저희 고객과 스타벅스에 얽힌 진정한 사랑 이야기를 확인해 보세요. 이것은 저희가 이야기를 공유하고, 기술을 활용하고, 여러 채널에 걸쳐 고객과 관계 맺고자 노력하는 방식을 보여주는 한 가지 사례랍니다. 마법을 향해 손을 뻗으려는 노력이기도 하고요." 해당하는 스타벅스 포장지를 구하기 어렵다면 브라우저에 http://tinyurl.com/clu9bmm을 입력하거나 아래의 QR 코드를 스캔해 보기 바란다.

스타벅스 경영진은 끊임없이 마법을 추구하고 시너지 효과를 탐색한다. 고객이 구입하거나 소비하는 스타벅스 제품의 종류뿐 아니라, 제품을 구입하거나 소비하는 환경의 폭을 넓힐 수 있도록 장려하고 자극하기 위해서다. 그 마법은 가령 내가 받은 간단한 이메일처럼 다소 은근한 방법을 통해 달성되기도 한다. 이메일 내용에 따르면 스타벅스 또는 타조의 행사 대상 제품 세 가지를 구입할 경우 스타벅스 홀리데이 카드를 받을 수 있다고 했다. 또한 이메일에는 소비재 제품의 사진이 실렸고 행사 대상 제품은 스타벅스 매장 밖에서 구입한 것이어야 한다고 명시되어 있었다. 교환을 위해서는 식품점의 영수증 원본과 해당 제품 포장지의 바코드가 필요했다.

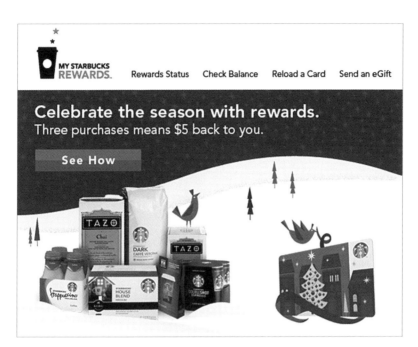

스타벅스와 타조 홀리데이 이메일 프로모션

생각해 볼 문제

❶ 당신은 고객과의 주요 접점을 일목요연하게 정리해 두었는가? 더 많은 환경에서 고객과 소통하고 서비스를 제공할 전략적 기회들을 파악해 두었는가?

❷ 인지도, 시도율, 제품 수용을 비용 효과적으로 끌어올리기 위해 어떤 방법을 사용하는가? 어떻게 하면 고객이 서비스나 제품을 시험 사용해보게 할 수 있는가?

❸ 고객이 하나의 전달 채널에만 매몰되지 않기 위해, 당신은 어떤 방식을 사용해 당신의 제품이나 서비스가 폭넓게 전달되도록 하는가?

인접 부문의 유력 제품을 인수하고 혁신하기

3장에서 나는 스타벅스 리더들이 타조와 에볼루션 프레시를 인수해 인접한 음료 부문에 전략적으로 진출한 이야기를 들려주었다. 그 장에서 우리는 특히 스타벅스가 어떻게 그런 제품들을 발판으로 매장 내 경험 창조라는 브랜드의 핵심 역량을 다른 제품 플랫폼에까지 확대 적용할 수 있었는지에 주목했다. 스타벅스는 인접 브랜드 인수를 감행하고 커피 외 음료를 혁신함으로써 포장 소비재 부문 내에서의 영향력도 강화할 수 있었다. 예를 들어, 에볼루션 프레시 병 주스는 아래 네 가지 종류의 맛으로 나온다.

* **과일** 유기농 오렌지, 석류 등
* **녹채류** 다양한 종류의 기본 채소와 필수 녹색 채소
* **원기 회복** 유기농 생강 라임에이드, 파인애플 코코넛 워터 등
* **스무디** 애플 베리 식이 섬유 스무디, 단백질 활력 스무디, 슈퍼 그린 스 스무디 등

이들 음료는 미국 내의 선별된 스타벅스 매장을 통해 판매되고 있다. 에볼루션 프레시와 타조는 둘 다 홀푸즈, 앨버트슨Albertsons, 랠프Ralphs, 본스Vons, 젤슨Gelson's과 같은 식품점 입점을 통해 유명 소비자 브랜드로 자리 잡아 가고 있다. 실제로 에볼루션 프레시 주스의 수요에 맞추어 스타벅스는 원래 캘리포니아 샌버나디노에 있던 6,700제곱미터 규모의

제조 시설을 캘리포니아 랜초쿠카몽가에 있는 24,000제곱미터 규모의 건물로 확장해야 했다.

스타벅스는 3장에서 언급한 타조 티스토어 콘셉트를 선보인 데 이어, 2012년 말 티바나Teavana도 매입했다. 티바나는 300개 이상의 직영점을 보유하고 웹사이트 www.teavana.com을 통해 전 세계 고객들에게 다가가고 있다. 이름이 암시하듯이[63] 티바나는 '차의 천국'으로 포지셔닝되어 있고, 차 전문가뿐 아니라 차의 세계를 처음 접하는 사람들에게도 맞춤 서비스를 제공하는 전문점으로서, 100가지 이상의 프리미엄 잎차, 수제 다기 및 차 관련 상품을 판매한다. 인수의 완전한 전략적 가치는 아직 두고 봐야 알겠지만, 티바나의 기존 매장 네트워크는 쇼핑몰처럼 통행량이 많은 지역에 위치해 있기 때문에 스타벅스에 최적화된 유통 채널이며, 더욱 폭넓은 소비자 기반에 대한 서비스 기회를 제공해 준다.

스타벅스는 순수한 혁신을 통해서도 소매 기회를 확장해 왔다. 이를테면 스타벅스 리프레셔스 제품들은 그린 빈 추출액Green Coffee Extract으로 만든 음료로서 '커피'가 아닌 '에너지 음료' 부문으로 분류된다. 2012년 리프레셔스의 론칭을 발표하면서 애니 영-스크리브너 스타벅스 캐나다 사장은 스타벅스의 에너지 음료 부문 진출이 갖는 중요성을 언급했다. "에너지 부문은 측정 가능한 CPG 채널 내에서 가장 빠르게 성장하는 부문으로, 시장 규모가 80억 달러에 이르고 작년 대비 16퍼센트 성장

---

63 티바나는 차를 의미하는 'Tea'와 천국, 열반을 의미하는 'Nirvana'를 합친 이름이다. —편집자 주

했습니다. 스타벅스 리프레셔스 음료의 출시는 '새로운 제품으로 혁신하고, 새로운 카테고리에 진출하며, 새로운 유통 채널로 확장한다.'는 우리의 성장 전략을 뒷받침해 줍니다."

스타벅스 리프레셔스는 매장에서 직접 만드는 음료, 탄산이 든 캔 음료, 비아 1인용 인스턴트 음료의 세 가지 형태로 나온다. 이 세 가지 제시 방식에서 리프레셔스의 핵심은 과일 주스를 그린 빈 추출액과 혼합한다는 점이다. 스타벅스 북남미 사장 클리프 버로우스는 스타벅스 리프레셔스의 혁신 요소를 다음과 같이 강조했다. "혁신은 저희가 하는 모든 일의 핵심입니다. … 그린 빈 추출액을 특징으로 하는 스타벅스 리프레셔스 음료 플랫폼을 도입함으로써 저희는 커피 시장을 혁신적으로 확장하고, 자연스럽게 활력을 북돋고 갈증을 해소해 주는 맛있는 음료를 찾는 고객들에게 완벽한 해결책을 제시할 수 있게 되었습니다." 차, 주스, 에너지 음료로 커피 시장을 확장할 경우, 카페/음료 서비스 환경과 소매점 내 진열 공간 양쪽 모두를 통해 브랜드를 성장시킬 수 있는 기회가 확실히 더 만들어진다. 그러나 모든 전략적 결정이 그렇듯 여기에는 위험과 보상이 동시에 따른다.

위험과 보상

주식 정보 전문 사이트인 모틀리 풀 블로그 네트워크Motley Fool Blog Network의 회원 제인 제노바는 스타벅스의 포장 소비재 확장 접근법에 따르는 주요 위험 요인 네 가지를 설득력 있게 지목했다. 제인이 보기에 스타벅스는 기존 포장 소비재 브랜드와의 경쟁, 가격이 싼 유통업체 자체 브랜드PB와의 경쟁, 포장 커피 매출 부진 전망이라는 어려움에 맞서는 일 외에 "너무 많은 시장 채널을 통해 너무 많은 스타벅스가 유통되는 데서 오는 브랜드 피로감과 함께, 녹색 로고가 찍힌 컵에 골판지 컵 슬리브를 끼워 들고 다니는 상징적 리추얼에서 음료만을 따로 분리해 가격을 매겨야 하는" 위험을 감수해야 한다. 물론 제인은 브랜드 피로감이나 고객과 함께 만들어가는 친밀한 관계 밖에서 제품을 제시하는 행위와 관련해 중요한 문제를 제기하고 있다. 그러나 스타벅스는 소매점 환경에서 고객들과의 일차적인 관계 형성에 상당한 투자를 해왔고 전 세계적인 제품 수요를 창출했다. 사람들은 브랜드에 피로감을 느끼지 않으며, 회사는 고객들의 참여 기회를 넓히고 그러기 위한 장소를 늘려나갈 방법을 찾고 있다. 결국, 제인의 우려는 포장 커피 판매를 넘어서서 사업을 다각화하고 채널 전략에 의해 투자 수익을 창출하는 방식으로 해소되고 있다.

2012년에 스타벅스의 식품점 매출은 매장 매출보다 거의 3배 빠른 성장 속도를 보였다. 현재 스타벅스는 대부분의 매출을 여전히 자사 소매점에서 얻고 있다. 그러나 2011 회계연도의 영업 이익에 따르면 포장 소비재 사업이 전 세계 매출의 32퍼센트와 미국 사업의 19퍼센트를 차지하는 것으로 나타난다. 스미드 캐피털 매니지먼트Smead Capital Management Inc. 포트폴리오 매니저 빌 스미드는 "이 회사의 진가와 성장 잠재성은 그 브랜드에 있다. … 스타벅스는 물, 우유, 원두를 잘 끓여서 판매하는 회사다. 워렌 버핏의 말처럼 최고의 기업은 원재료를 사서 브랜드를 판다."라고 말했다.

확실히 스타벅스 리더들은 원재료를 구입하고 관계를 형성한 다음 그 관계를 활성화하여 스타벅스라는 브랜드를 한층 더 강화한다. 초반에 살펴본 것처럼, 스타벅스 리더들은 제품과 사람에 대한 열정에서 출발한다. 거기서부터 리더들은 파트너와 고객 사이의 관계, 즉 연결을 관리한다. 그 연결이 형성되고 나면 스타벅스 리더들은 기술을 활용하고 소비자의 생활 속 더 많은 영역에서 폭넓은 제품과 서비스를 제공할 방법을 꾸준히 탐색함으로써 더욱 탄탄한 브랜드 강점을 구축해 나간다. 결국, 리더들은 제품을 브랜드라는 지위로 끌어올린 다음 브랜드 강점을 활용해 더 많은 제품을 전달하고 궁극적으로 더 큰 브랜드 가치를 창출한다.

★ 직원과 고객 사이에 개인적인 관계가 형성되고 기술을 통해 강화되었다면 그 정서적 연결을 바탕으로 새로운 제품을 제공해도 좋다는 허락이 내려진 셈이다.

★ 고객의 생활 속에 최대한 자리하기 위해서는 당신의 제품을 판매하거나 유통하고 싶어 하는 다른 기업들의 필요에 부응해야 한다.

★ 브랜드 확장에서 관건이 되는 결정은 브랜드를 성장시킬 인프라를 당신의 회사가 어느 정도 소유할 것인가와 당신이 브랜드 표준 관리를 맡길 사람들을 어느 정도까지 통제하거나 그들에게 영향력을 행사할 수 있는가다.

★ 기업은 건물이나 브랜드명이 아니라 비슷한 목표를 공유한 사람들의 모임이다.

★ 훌륭한 고객 경험을 규정하는 원칙은 고객이 개인 소비자이든 기업 내 서로 다른 부서의 개개인이든 상당히 비슷하다.

★ 경영진에게 반드시 필요한 능력은 경쟁사들의 독점적인 전달 시스템이 있는 상황에서 협력적으로 제품을 포지셔닝하는 한편, 제조 및 유통 파트너와의 전략적 관계를 통해 독점 소유의 전달 시스템을 지속적으로 혁신하는 능력이다.

★ 신제품 도입에 있어서 소셜 미디어는 고객 인지도, 시도율, 제품 수용률을 높이는 중요한 도구다.

★ 미래 지향적인 리더들은 고객이 구입하고 소비하는 제품의 종류를 넓히고, 제품을 구입하고 소비하는 환경의 폭을 확장하기 위해 고객을 장려하고 자극할 방법을 찾는다.

★ 워렌 버핏에 따르면 최고의 기업은 원재료를 사서 브랜드를 판다.

전통을 간직하면서
전통에 도전하라

컨설턴트 겸 강연자로서 나는 상당수의 창업가, 기업주, 기업 임원들을 만난다. 이 리더들은 저마다 큰 차이점이 있지만 대부분은 두 가지 공통점을 갖는다. 첫째, 그들은 사람과 사업을 수익성 있는 방향으로 이끌고 싶어 한다. 둘째, 노력을 통해 실질적이면서 지속 가능한 변화를 만들고 싶어 한다. 이번 원칙 '전통을 간직하면서 전통에 도전하라'에서는 리더들의 성공과 원대한 야망을 주제로 다루는 동시에 스타벅스 경영진이 이러한 목표에 접근하는 방식도 살펴볼 것이다.

10장 '과거를 지키되 거기에 얽매이지 말라'는 스타벅스 리더들이 스타트업 시절 회사의 성공에 원동력이 된 기업가 정신을 어떻게 되살려 왔는지 보여준다. 이뿐 아니라 리더들이 그 기업가 정신을 파트너와 고객의 미래 니즈를 충족시킬 해결책으로 전환하는 방식도 탐색한다. 10장에서 당신은 브랜드의 관련성과 특별함을 높이기 위해 스타벅스 리더들이 취하는 대담하고 실험적인 조치들을 접할 것이다. 아울러, 스타벅스의 획기적인 돌파구와 좌절도 만나보게 될 것이다.

11장 '긴 안목으로 보고 오래가는 성공 쌓기'에서는 파트너, 고객, 지역 사회에 장기적이고 긍정적인 영향을 끼치기 위해 스타벅스 리더들이 내리는 선택을 탐구한다. 스타벅스가 지속 가능한 건물 설계, 환경 관리, 소기업 공생, 글로벌 채용과 같은 분야에서 어떤 식으로 촉매제 역할을 하고 있는지 살펴본다. 더 나아가 이 장은 단순히 분기별 손익계산서만이 아니라 세상에 미칠 영향력에 초점을 유지하려면 강한 신념이 필요하다는 것도 보여준다.

궁극적으로 '전통을 간직하면서 전통에 도전하라'는 원칙은 당신이 남기고 싶은 유산을 정의하고 그 유산을 향한 진척도를 기준으로 경영 성과를 평가하도록 독려할 것이다.

★

10장

과거를 지키되 거기에 얽매이지 말라

놀라운 돌파구도 그 전날까지는 미친 아이디어였다.

비영리 벤처 재단 엑스프라이즈 회장 **피터 디아만디스**

스타벅스가 브랜드의 관련성을 유지하기 위해 사용한 융통성 있고 진취적인 전략을 살펴보기에 앞서, 스타벅스처럼 강한 브랜드의 혁신을 가로막는 가장 큰 걸림돌을 잠시 살펴보기로 하자. 바로 성공에서 생겨난 자기만족과 타성이다. 과거의 성취로 인해 이러한 성향을 겪은 대표적인 기업이 바로 폴라로이드다.

전설적인 브랜드 폴라로이드의 전성기는 회사가 설립된 1937년부터 1970년대 말까지 계속되었다. 이 회사는 제2차 세계대전 중 방위산업체로 먼저 번창했지만, 브랜드의 결정적 혁신의 순간은 1948년 폴라로이드의 창립자 에드윈 랜드가 몇 분 안에 사진을 인화할 수 있는 카메라를 개발했을 때였다. 이후 20년 넘게 폴라로이드는 그 발명품 하나로 즉석 사진 시장을 독점할 수 있었다.

폴라로이드는 연구 개발 예산의 40퍼센트 이상을 디지털 기술에 투자했음에도, 디지털 카메라 개발 과정에서 고객들의 마음을 완전히 읽어 내지 못했다. 그 결과, 시장 점유율이 하락했고 결국 2001년 파산 신청을 할 수밖에 없었다.

앤드리아 내기 스미스는 예일 경영대학원에 기고한 글에서 폴라로이드가 실패한 요인으로 잘못된 기본 가정을 꼽았다. "최고 경영진은 새로운 시장 현실에 적응하지 못했다. 첫째, 폴라로이드의 리더들은 고객이 언제나 실물 인화를 원할 거라고 생각했다. … 고객이 인화를 포기하자 폴라로이드는 충격을 받았다." 앤드리아는 이어서 폴라로이드 경영진이 전통적으로 화학적 사진 현상 방식으로 수익을 내왔고 디지털 혁신에 대해 편견이 있었다고 지적했다.

앤드리아에 따르면 "필름 판매의 높은 수익성은 새로운 비즈니스 모델 구상을 가로막는 또 하나의 장애물이었다. … '즉석 필름은 매출총이익률이 65퍼센트를 훌쩍 넘었다. 매체 변화를 시도한다 한들, 즉석 필름에 버금갈 만큼 수익성 높은 제품이 대체 무엇이란 말인가?" 폴라로이드 경영진은 자신들이 이룬 성공의 희생양이었다. 그들은 폴라로이드가 시장을 지배할 수 있었던 바로 그 강점 때문에 민첩하게 대안적인 경로로 선회하지 못했다. 정도는 덜하나, 스타벅스 경영진 역시 2000년대 초반부터 중반 사이 신속한 매장 성장 모델에 과도하게 집착해 있었다.

패러다임 변경

나는 2006년 스타벅스에 관한 이전 책에서 이 회사는 4시간마다 하나씩 매장을 내고 있다고 언급하면서, 스타벅스가 "'성장의 초기 단계,' '야구로 치면 9회 경기 중 2회,' '긴 책의 도입부'"에 와 있다고 한 하워드 슐츠의 말을 인용했다. 2006년에 나는 또 스타벅스가 당시 구상 중이던 성장 계획을 소개했다. 예를 들면 "중국에서 공격적인 성장을 펼치고, 고객의 MP3 플레이어로 매장용 음악을 다운로드할 수 있게 하며, 이성 친구를 소개해 주는 야후! 퍼스널스^{Yahoo! Personals}와의 연계로 에스프레소 데이트를 진행하고, 영화와 도서를 유통한다."는 계획이었다.

중국 및 전 세계로의 성장에 대한 초점은 2006년 이후로도 계속 이어져 온 반면, 그 외에는 많은 변화가 있었다. MP3 플레이어는 예전만큼 인기가 없다. 실제로 전자제품 전문 매체 drippler.com은 2012년 사이트 방문자 중에서 스마트폰에 대한 급격한 관심 증가로 MP3 플레이어에 흥미를 잃은 사람들이 크게 늘었다고 보도했다. 야후! 퍼스널스는 2010년 서비스를 종료했고, 고객들은 Match.com으로 넘어갔다. 스타벅스는 《아키라 앤 더 비^{Akeelah and the Bee}》의 개봉과 함께 2006년 영화 마케팅 사업에 뛰어들었지만 바라던 결과를 얻는 데에 실패하면서 영화 유통에서 물러났다. 궁극적인 현실은 2006년과 같은 스타벅스 매장 성장률 역시 계속 이어가기가 불가능하다는 것이었다. 실제로 매일 6개의 신규 매장을 내는 것은 경영 면에서나 인력 운용 면에서 부담이 되었고, 특히 세계 경제 위기 상황에서 스타벅스는 브랜드 연결이라는 강점을 유지해 나갈 수 없었다.

『벨 연구소 이야기』(살림Biz, 2012)의 저자 존 거트너는 스타벅스 리더들이 어떻게 전략적 방향을 변경했는지 설명하면서 다음과 같은 의견을 피력했다. "스타벅스는 더 이상 기본적인 매장 콘셉트를 끝없이 복제할 수 있는 능력에 미래가 달려 있다고 생각하지 않는 듯하다… 요즘 이 회사에게 무엇보다 중요한 게슈탈트는 (매장 재설계 계획, 혁신적인 커피 머신에 대한 투자, 디지털 네트워크와 보상 프로그램 확대에서 입증되듯이) 모든 지점의 기능성과 예술성을 동시에 높일 수 있도록 노력하는 것이다."

느슨해진 마음을 다잡다

예술성과 기능성에 대한 의존 외에도, 스타벅스의 최고 재무 책임자 겸 최고 행정 책임자 트로이 앨스테드는 운영의 탁월성과 효율성에 대한 뜨거운 관심이 변화의 구심점이 되었다고 설명했다. "이제 와 생각해 보면 흥미롭죠. 늘어나는 신규 매장들로 인해 저희가 체감하기 시작했던 문제점들이 가려져 있었다는 걸 2008년과 2009년 800개의 미국 매장을 닫고 나서야 깨달았다는 점이요. 많은 언론사, 소비자, 분석가, 심지어 스타벅스 내부자들 스스로도 우리가 매장 운영을 잘 하고 있다고 믿었으니까요." 트로이는 이어서 고객의 마음을 끌어당기는 스타벅스의 브랜드 강점이 큰 그림을 가려서, 가까스로 만족스러운 정도였던 운영 수준을 은폐시켰다고 말했다. 구체적으로 그는 노동 인력을 효율적으로 배치하거나 데이터를 활용해 매장 운영 시간을 조정할지 결정하는 등의 문제에 있어서 경영진이 예전부터 미흡함을 보였다고 지적했다. 트로이는 이렇게 설명했다. "여러 중요한 운영 요소들에 있어서 저희는 그럭저럭 버티고 있었을 뿐이었죠. 그래서 더욱 재무 기강을 엄격히 확립해야 했어요. 강력한 인적 관계를 달성해야 한다는 사실에는 변함이 없지만 그 과정에서 더 효율적으로 직원을 배치하고 생산성과 낭비도 더 잘 관리할 필요가 있죠."

스타벅스가 효율성 개선 면에서 방향 전환에 성공한 비결은 변화를 주도하는 리더들과 일관된 운영을 보장하는 리더들 사이의 균형을 잘 맞춘 덕분이다. 글로벌 커피 부문의 선임 부사장 크레이그 러셀은 이렇게 표현했다. "운영자들만 주도권을 쥐게 내버려 두면 매장을 많이 내지도 못하고 이렇다 할 혁신도 이루지 못할 것입니다. 그렇다고 혁신가들만 주도권을 쥐게 내버려 두면 기업 운영이 너무 힘들어지고 큰 수익을 내지 못할 수 있죠. 그동안 우리의 도전 과제는 양쪽을 잘 조화시켜, 운영을 개선하고 성장을 견인하며 파트너와 고객 경험을 향상시키고 수익성을 높이는 데 도움이 되는 혁신을 이끌어내는 것이었습니다. 어려운 일이긴 하지만 이것은 아주 섬세한 방식으로 이루어질 때가 많아요." 혁신의 최종적인 성공 여부는 변화를 일으키는 사람들과 안정성을 유지하는 사람들을 잘 조율하는 데 달려 있다.

'운영 혁신'이라는 사고방식에서 비롯된 개선의 섬세함을 알 수 있는 사례 중 하나가 바로 스타벅스의 스팀 피처[64]다. 스타벅스 리더들은 2012

---

64 우유를 데우거나 우유 거품을 낼 때 사용하는 주전자. ―편집자 주

년에 새 주전자를 발표하면서 혁신적인 "디자인 덕분에 스타벅스 바리스타들이 앞으로 더 효율적이고 일관성 있게 에스프레소 음료를 만들 수 있고, 계속해서 훌륭한 고객 서비스를 전달할 수 있을 것"이라고 설명했다. 구체적으로, 이 주전자는 아래쪽으로 갈수록 좁아져 완벽한 스팀 밀크를 만들 수 있을 뿐만 아니라, 스타벅스의 모든 음료 사이즈에 맞추어 주전자 안쪽에 표시된 선까지 쉽게 우유를 따를 수 있도록 디자인되었다. 또한 주전자 공간이 제한되어 있어 낭비가 줄어들었다. 본질적으로 이 주전자는 예전 주전자보다 크기가 작으면서 세 가지 장점이 있었다. ① 제품 품질과 일관성 개선, ② 바리스타의 사용 용이성 향상, ③ 우유 낭비 감소. 이렇게 스팀 피처와 같은 핵심 도구를 교체함으로써 이루어지는 혁신도 있지만, 드라이브 스루처럼 전달 시스템 전체를 다시 구성해야 하는 혁신도 있다.

9장에서 언급했듯이, 스타벅스 드라이브 스루 콘셉트의 역사는 워싱턴주 밴쿠버에 최초의 드라이브 스루 매장이 문을 연 1994년으로 거슬러 올라간다. 초기 조사를 통해 많은 고객이 차량에 편안하게 탑승한 상태로 스타벅스 음료를 구입하고 싶어 한다는 사실이 검증되었지만 실행 과정에서 지속적인 혁신과 운영 개선이 필요해졌다. 미국 사업 선임 부사장 클래리스 터너는 이렇게 설명했다. "드라이브 스루는 스타벅스에게 일종의 도전이었습니다. 저희는 제3의 공간에서 경험을 창조하는 일에 자부심을 갖고 있는데, 그걸 드라이브 스루에서 실현하기가 어려울 때가 많았어요. 실제로, 고객 조사 결과 드라이브 스루 경험과 매장 내 경험의 차이가 드러났습니다. 그러한 차이를 불러온 핵심 요인은 서비스의 일관성과 속도였죠." 드라이브 스루의 성공을 평가하는 기준은 이탈률balk rate, 즉 사람들이 주문하기 전에 드라이브 스루 줄을 떠나는 비율이다. 클래리스는 말했다. "이탈률이 용인할 수 없는 수준이었습니다. 이 정보를 중심으로 비상 체제가 가동되었고 저희는 파트너들에게 이 문제를 어떻게 시정하면 좋을지 물었습니다. 답은 표준 지침을 운용하고, 작업을 단순화시키고, 역할을 명확히 규정하여 드라이브 스루 전체에서 일관된 결과를 이끌어내는 것이었습니다." 이것은 스타벅스가 반드시 해야 할 일이었다. 드라이브 스루는 미국 소매 이익 가운데 거의 45퍼센트를 차지하는 직영 매장이었기 때문이다.

클래리스에 따르면 표준화 프로세스가 시작되었고, 바리스타가 고객들과 효과적으로 소통할 수 있도록 최신형 헤드셋을 비롯한 도구들이 전면적으로 업그레이드되었다고 한다. 서비스 속도가 중요하다는 인식 때문에 나중에 자각 도구awareness tool의 하나로 타이머가 도입되었지만 빠른 속도가 경험의 전부는 아니었다. 이어서 무선 2D 스캐너가 도입되어 드라이브 스루 줄에서 모바일 결제가 용이해졌다. 스타벅스 리더들은 드라이브 스루 결제 시에도 스타벅스 카드 모바일 앱을 사용할 수 있다는 발표를 하면서, 자신들이 직면했던 혁신의 어려움에 대해 다음과 같이 설명했다. "저희는 드라이브 스루에서 모바일 결제를 실행하기 위해 매장 내에서보다 몇 가지를 더 고려해야 했습니다. 우선, 고객 여러분이 휴대폰을 저희에게 건네주는 대신 직접 스캔을 하실 수 있어야 했죠. 게다가 날씨가 좋지 않거나 앞이 잘 보이지 않는 야간에도 매끄러운 사용 경험을 제공해 주며 다양한 차량 높이에서 편안하게 손이 닿을 수 있는 스캐너가 필요했습니다." 당신이 스타벅스 드라이브 스루에서 휴대폰으로 결제를 하는 경우, 바리스타는 날씨, 조명, 고객이 운전하는 차량의 종류에 관계없이 무선 2D 휴대용 스캐너를 사용해 휴대폰의 바코드를 간편하게 캡처할 수 있다. 장애물 극복, 혁신 실행, 운영 효율 달성, 고객 경험 향상. 비즈니스에서 큰 발전은 이런 식의 진화 과정을 거친다.

생각해 볼 문제

❶ 당신이 그간 달성한 성공에 가장 도움이 되었던 회사의 강점은 무엇인가? 어떻게 하면 그 성공 요인이 본의 아니게 미래의 성장을 저해하는 덫으로 작용할 수 있는가?

❷ 당신의 회사에서 운영자들과 혁신가들은 얼마나 잘 균형을 맞추고 있는가? 두 집단이 '운영 혁신'이라는 사고방식을 공유한다고 말할 수 있는가?

❸ 당신의 조직은 제품 전달 도구를 혁신할 뿐 아니라 종합적이고 통합적인 프로세스 개선을 도모하고 있는가?

내부를 향한 호기심

발명과 혁신의 차이점에 관해 많은 이들이 의견을 내놓았지만 나는 예전부터 발명은 새로움의 창조이고 혁신은 고객을 매료시키는 새로운 해결책이라는 관점을 선호해 왔다. 본질적으로 혁신은 응용 및 시장화와 관련 있는 현상으로 발명품 혹은 기존 제품이나 서비스를 가져다가 서비스를 제공하는 대상에게 더 가치 있는 방향으로 개선하는 과정을 포함한다. 대개 경영자들은 고객 대상의 혁신에 강한 열의를 보이지만, 스타벅스의 경우 파트너들의 생활에 가치를 더해 주는 개선에 똑같은 관심을 기울인다. 이러한 혁신의 중심에는 직원들의 생각과 우려에 대한 호기심, 그것을 물어보고 경청하려는 의지가 자리해 있다.

스타벅스 리더들은 오래전부터 파트너 설문을 실시해온 이력이 있으나, 혁신 아젠다를 수립하면서 그러한 노력을 더욱 강화했다. 구체적으로 말하자면 30분짜리 종합적인 인터뷰 접근법을 도입해 기존의 10분짜리 단답형 설문을 보완한 것이다. 그렇게 강화된 설문은 파트너 경험의 핵심을 파악할 수 있도록 설계되었고, 심층적인 질문을 던지는 정성적定性的 대화 형태를 취한다. 스타벅스 고용 인력의 규모를 고려할 때, 기존 형식의 3배가 걸리는 파트너 설문을 실시하려면 상당한 투자가 필요하다. 1차 설문의 경우 10만 명 이상의 미국 파트너들에게서 91퍼센트의 응답률이 나왔다는 점을 생각하면 더더욱 그러했다. 수십만 개의 서술형 답변을 취합하다 보니 설문을 처리하는 데만도 상당한 시간이 걸렸다. 그러나 차후 스타벅스는 해외 시장에도 상세 설문을 도입했고 미국과 비슷한 수준인 90퍼센트의 응답률을 달성했다. 응답 결과는 파트너의 니즈를 더 깊이 이해하고 5장에서 언급한 스타벅스 U처럼 파트너 집단에게 중요한 서비스를 제공하려는 경영진의 노력에 길잡이로 활용되었다.

하워드 슐츠는 그러한 파트너 중심의 혁신 사례를 또 한 가지 언급했다. "저희는 최근 중국에서 스타벅스 역사상 가장 혁신적이라고 여겨지는 행사를 마쳤습니다. 고객과는 전혀 관계없는 행사였는데요. … 연례 주주 회의를 떠올려 보세요. 저희는 베이징과 상하이에서 파트너와 그 부모님들을 모시고 주주 회의와 비슷한 모임을 진행했답니다. 참석률이 약 90퍼센트였어요." 하워드가 보기에, 중국 파트너 부모님들과의 만남이라는 이 신선한 접근법의 장점은 스타벅스 커넥션에 기반한 가치를 가족 중심 행사에 엮어냄으로써 문화적, 지역적 관련성을 보여줄 수 있다는 것이었다.

관련성과 리스크

앞서 언급한 정의에 따르면 혁신의 열쇠는 대상과의 관련성에 있다. 그러나 소심한 사람들이나 위험을 두려워하는 사람들에게는 관련성을 추구하기가 그리 녹록지 않다. 동시에, 관련성은 무작정 추구한다고 해서 생기는 게 아니다. 오히려 작고 반복적인 개선과 과감하고 계산된, 그리고 되도록 시장의 판도를 뒤집는 조치가 결합되어야 하는 경우가 많다. 시장의 판도를 뒤집기 위한 스타벅스의 노력에 대해서는 지금까지 많은 사례를 들어 이야기했다. 비아, 블론드, 베리스모, 스타벅스 모바일 앱을 개발하는 데 들어간 상당한 투자와 스퀘어와의 파트너십도 그러한 노력에 포함된다. 마찬가지로, 타조, 라 블랑제La Boulange, 에볼루션 프레시, 티바나를 인수하는 데 들어간 용기와 자본에서도 스타벅스의 노력을 엿볼 수 있다.

하워드 슐츠는 관련성 있는 혁신에 대해 이야기하면서, 계산된 리스크와 과감한 조치의 역할을 다음과 같이 멋지게 표현했다. "우리 회사의 미래는 40년 동안 지녀온 창업 정신의 DNA 안에 내재된 호기심을 유지하는 데 달려 있습니다. 그 호기심을 가지고 다가올 일을 예측하고 무엇이 관련성 있을지 판단해야 하거든요. 그런 다음 과감하게 승부수를 띄워야 하죠." '과감한 승부수'의 사례로 하워드는 비아를 가지고 기꺼이 인스턴트커피 시장에 진출하려 한 일을 언급했다. 사실상 50년 동안 거의 아무런 혁신이 이루어지지 않았고 한 기업이 장악해온 170억 달러 이상 규모의 시장에 진출하기로 결정한 것이었다. 하워드는 부연했다. "저희는 스타벅스라는 프리미엄 브랜드를 가지고 [인스턴트라는] 조악한 품질과 결부되어 온 길을 가기로 했습니다. 기술을 이용해 품질의 길을 밝힐 통찰력, 호기심, 용기, 자신감이 충분했으니까요. 과감하게 승부수를 던지고 힘차게 일격을 날려서 직원과 고객들 앞에 남들이 가지 않은 길을 갈 역량이 있음을 입증해 보일 의지가 있었어요. 그게 우리다운 모습이니까요."

하워드는 '통찰력, 호기심, 용기, 자신감'에 관해 이야기하면서 과감한 승부수를 일 년에 여러 차례 던질 수 있는 회사는 없다고 곧바로 경고했다. 모든 승부수는 반드시 "고도로 계산된 것이어야 하고 논리적 근거가 있어야 합니다. 회사 리더들이 한마음 한뜻이 될 이유가 반드시 있어야 해요. 그렇지 않으면 조직이 우리를 따르도록 설득하고 따라야 하는 이유를 제시하기가 어려울 테니까요. '그렇게 하면 어떤 이익이 있는데?'라는 질문에 확신에 차서 답할 수 있어야 한다는 뜻입니다."

스타벅스는 경영진 차원에서 생각을 일치시키고 혁신적인 변화가 그 변화를 이행할 사람들에게 끼칠 영향까지 고려함으로써, 리스크 허용의 문화를 만들어간다. 스타벅스의 에스프레소와 브루드 커피 부사장 케이티 시웰은 이렇게 말했다. "제가 이 회사를 사랑하는 이유는 새로운 아이디어의 탐색을 두려워하지 않아서입니다. 블론드나 비아를 구상하거나 주스 사업에 발을 들이는 것은 겁나는 일이지만 브랜드와 제품을 새로운 영역으로 가져가려는 의지는 반드시 필요하죠. 그렇지 않으면 시대에 뒤떨어질 위험을 감수해야 하고, 경쟁사들이 새로운 제품과 아이디어로 빈 공간을 차지하면서 고객과 파트너 모두 당신에게 흥미를 잃게 될 테니까요."

'차세대 대박 상품'이나 '큰 모험'은 기업 경영에 꼭 필요한 부분이지만 스타벅스는 긴급함과 신중함 사이의 균형을 맞추려고 노력한다. 혁신 저자 존 거트너는 《패스트 컴퍼니》 잡지가 꼽은 25대 혁신 기업 중 스타벅스를 지목하면서, 스타벅스가 긴급함과 신중함 사이에서 균형 잡기를 하고 있다고 서술했다. 하워드 슐츠는 (스티브 잡스가 애플에서 그랬듯) "회사의 주된 선도자로서 아이디어의 핵을 쥐고 있다. … 그는 팀을 활성화하고, 약간의 긴박감을 조성하는 데에 도움이 된다면 집으로 팀원들을 초대해 피자를 대접하기도 한다. 스타벅스에서 아이디어는 엄격한 검토 과정을 거쳐야 하고, 회사 파이프라인을 통과하기까지 6개월에서 12개월이 소요되는 게 보통이다. 때로는 블론드의 18개월이나 비아 인스턴트의 20년의 경우처럼 훨씬 더 오래 걸리기도 한다." 물론 '미국을 위해 일자리를 만들자Create Jobs for USA'라는 스타벅스 고용 창출 프로그램[65]을 지지해 매장 내 캠페인을 개시하고 손목 밴드를 판매했을 때처럼, 혁신과 실행 절차가 30일 안으로 압축된 사례도 있었다.

전반적으로 스타벅스의 브랜드 혁신은 이해관계자의 목소리를 귀담

---

65 11장에서 자세히 설명할 것이다.

아듣고, 새로운 아이디어를 신중하게 평가하며, 적절한 개발 주기와 세심한 테스트 판매 단계를 거친 결과물이다. 스타벅스의 최고 재무 책임자 겸 최고 행정 책임자 트로이 앨스테드는 이렇게 설명했다. "저희는 아이디어를 받아들이고, 실현 가능성을 탐색하고, 필요한 부분을 조정하고, 그 아이디어를 수익으로 전환하는 데에 예전보다 훨씬 능숙해졌습니다. 과거의 실수에서 교훈을 얻고 새로운 아이디어의 테스트 범위를 제한한 것도 거기에 한몫했죠. 그렇게 실패로 끝난 출시 사례 중 하나가 바로 소르베토Sorbetto™였습니다."

스타벅스는 2008년 봄 시애틀 북쪽의 소수 선별된 매장에서 소르베토 아이스 음료를 시험 판매했고, 그해 여름 캘리포니아 남부의 로스앤젤레스와 오렌지카운티 전역에서 조금 더 폭넓게 시험 판매를 진행했다. 순방문자 수 약 55,000명, 월간 페이지뷰 90,000회의 인기 스타벅스 블로그 StarbucksMelody.com를 운영하는 멜로디 오버턴은 소르베토의 실패가 맛 때문은 아니었다는 의견을 내놓았다. "정말 맛있었습니다. 좋아하는 사람들이 아주 많았죠."라고 그녀는 단언했다. 멜로디는 이어서 소르베토의 단종을 불러왔을 만한 요인들을 하나씩 지적했다. 멜로디가 나열한 요인 가운데는 미국의 경기 불황과 스타벅스 매장 폐점이 맞물린 시점에 제품의 출시가 이루어졌다는 점도 포함되어 있다. 또한 멜로디는 소르베토가 음료와 디저트 사이의 어딘가 애매한 위치에 놓인다고 보았다. "매장에서 음료를 만드는 데 필요한 기계조차 끔찍한 골칫거리였습니다. 청소와 세척에 과도한 노동력이 들어갔죠. 소중한 카운터 공간을 너무 많이 차지했고요. 커다란 슬러시 기계 같은 생김새 때문에 스타벅스가 아니라 볼썽사나운 세븐일레븐 분위기가 연출됐어요. 전반적으로 모든 게 아귀가 맞아떨어지지 않았습니다."

소르베토는 스타벅스에 상업적 성공을 안겨주지 못했지만 트로이 앨스테드는 출시를 다루는 방식에서 경영진의 성숙함을 엿볼 수 있었다고 말했다. "소르베토는 저희 혁신 전략이 계속 발전해나가는 방식을 보여줍니다. 예를 들어, 저희는 이 제품을 일부 매장에만 공급했고 재무적 타당성이 없다고 판단되자마자 재빨리 경로를 전환했습니다. 찬티코Chantico™ 같이 성과 나쁜 제품을 광범위하게 출시하고 1년 동안 시장에 방치해 두었던 예전에 비해 사뭇 달라진 모습이죠." 찬티코는 유럽의 카페에서 찾아볼 수 있는 것 같은 뻑뻑한 식감의 달콤하고 따뜻한 초콜릿 음료였다. 스타벅스는 이 제품을 '마실 수 있는 디저트'라고 홍보하며 2005년 1월에 전국 매장에 출시했다. 출시 당시 스타벅스 리더들은 찬티코를 바탕으로 여러 가지 음료 라인의 확장이 이루어질 거라고 예측했다. 하지만 이 제품은 2006년 1월경 스타벅스 매장에서 자취를 감추었다. 제품 테스트 실패는 결코 바라던 결과라 말할 수 없지만 리더들은 제품을 시장에 선보이고 철수하는 속도와 범위를 관리하는 요령을 배우면서 혁신을 성공적으로 추진하게 된다.

관련성의 과녁은 끊임없이 움직인다

전 하버드 경영대학원 교수이자 『기업이 원하는 변화의 리더』(김영사,

2007)를 쓴 존 코터는 많은 리더들이 매일 경험하는 현실을 재확인시켜 준다. "오늘날 세상의 변화 속도는 점점 빨라지고 있다. 신속한 변화는 조직에 막대한 영향을 끼친다. … 새로운 기업들이 불과 하룻밤 사이에 나타나는 듯하다. 2년 전에 혁명적이라고 느껴졌던 제품과 서비스도 시장 변화에 빠르게 적응하지 못하면 쓸모없는 것으로 치부된다." 이 책 전반에 걸쳐 나는 스타벅스 리더들이 쇠퇴 곡선을 타지 않기 위해 시도하는 여러 가지 방법들을 소개했다. 이번에는 푸드와 음료 실험, 새로운 콘셉트 디자인, 스타벅스 매장 안팎에서의 기술 개선을 통해 스타벅스 리더들이 혁신에 접근하는 방식을 살펴보기로 하자.

푸드와 음료 실험

설립 초기부터 스타벅스는 음식 제공과 관련해 좌충우돌의 역사를 이어왔다. 1998년 스타벅스는 '카페 스타벅스Café Starbucks'라는 이름의 풀 서비스 레스토랑 콘셉트를 시험 마케팅했다. 1998년 가을까지 시애틀 지역에 3개의 카페 스타벅스가 문을 열었고, 치킨 팟 파이와 미트로프 같은 음식을 현장에서 조리해 제공했다. 당시《레스토랑 뉴스》에 기고한 로잰 하퍼는 다음과 같이 썼다. "카페 스타벅스 콘셉트는 서빙 담당 직원, 최대 65개의 좌석, 아침 식사부터 시간대별 끼니에 맞추어 구성된 메뉴를 갖추고 있다. 에스프레소 기반의 음료 구색은 물론이고 와인과 맥주까지 판매한다."

같은 1998년에 스타벅스 리더들은 캘리포니아 샌프란시스코에서 서카디아Circadia라는 브랜드 콘셉트도 시험 중이었다. 마크 기메인은《포춘》잡지에서 서카디아에 대해 이렇게 설명했다. "[서카디아는] 샌프란시스코의 값비싼 신축 복층 아파트에 둘러싸여 있으며, 1960년대 그리니치 빌리지의 카페 느낌을 연상케 한다. ··· 서카디아는 더 큰 체인의 시작일 수 있으며 스타벅스 플래그십 매장을 위한 콘셉트의 시험대다." 마크는 이어서 서카디아가 샌프란시스코의 예비 창업자들을 위한 간이 사무실로도 활용될 수 있다고 말했다. 신용카드 결제로 고속 인터넷을 사용할 수 있고 모든 장비가 갖추어진 회의실을 시간당 50달러에 대여 가능하기 때문이다. 마크에 따르면 서카디아의 메뉴는 "샐러드, 샌드위치, 가벼운 식사를 포함하고, ··· 서카디아의 풀 바full bar는 평범함과 창의성을 모두 아우르는 게 특징이다." 카페 스타벅스도 서카디아도 성공한 모험이 되는 데는 실패했지만 음식과 커피 외 음료를 탐구해온 브랜드의 오랜 역사를 방증한다.

3장에서 이야기한 대로, 하워드 슐츠는 음식 냄새, 특히 불에 탄 치즈가 갓 내린 커피의 향기를 압도하지 않는다는 확신을 얻을 때까지 스타벅스의 아침 메뉴에서 조리 식품을 제외시켰다. 마침내 2008년 스타벅스 리더들은 커피와 데운 음식이 스타벅스 매장에서 공존할 수 있는 방법을 찾았을 뿐만 아니라, 건강에 더 이로우면서 '휴대하기 간편하고' '사이즈도 적절한' 푸드 메뉴를 선보였다.《시리어스 이츠Serious Eats》의 편집국장 에린 짐머는 "스타벅스가 새로운 작전을 개시했다. ··· 바로 칼로리가 적고 단백질 함유량이 높아 '건강에 이로운' 아침 식사 메뉴다."라고 썼다.

칼로리가 적고 간편하게 먹을 수 있는 메뉴로 방향을 잡은 스타벅스 리더들은 2011년 창립 40주년을 기념해 8종의 소용량 디저트와 8종의 비스트로 박스를 선보였다. 비스트로 박스 중 4개는 간식 크기, 4개는 앙트레 분량이었다. 스타벅스 쁘띠Starbucks Petites라는 이름의 디저트 제품 가운데는 피넛 버터 미니 컵케이크, 레드 벨벳 우피 파이, 레몬 스위트 스퀘어, 케이크 팝 등이 있었다. 이들 미니 디저트는 각각 200칼로리 미만이었다. 그런가 하면 비스트로 박스의 1차 라인업은 치폴레 치킨 랩, 세사미 누들, 튜나 샐러드, 치킨과 후무스 등이었다. 모든 비스트로 박스 메뉴는 500칼로리를 넘지 않게 만들어졌고, 방금 나열한 품목들은 400칼로리 미만이었다. 시간이 지나면서 미니 디저트와 비스트로 박스의 구성은 달라졌지만 편리함과 소용량을 지향하는 맛 좋은 메뉴를 만든다는 주안점은 그대로 유지되고 있다.

음식에 대한 스타벅스의 전략적 접근 덕분에 버지니아에 사는 66세의 여성 크리스틴 홀은 언론의 주목을 받았다. 지금은 이름하여 '스타벅스 다이어트'로 알려진 식이요법을 지켜 체중 감량에 성공했다고 밝혔기 때문이었다. 2년이 넘는 기간 동안 크리스틴은 거의 전적으로 스타벅스에서만 식사한 끝에, 86킬로그램이던 체중을 52킬로그램으로 줄였다. 평상시 크리스틴은 블랙커피 한 잔과 오트밀 한 컵을 아침으로 먹었다고 한다. 점심과 저녁에는 비스트로 박스나 파니니 샌드위치를 먹었다.

푸드 메뉴의 진화를 이어가기 위해 스타벅스는 2012년 샌프란시스코 베이 지역에서 20개의 라 블랑제 매장을 운영하는 베이커리 기업 베이 브레드Bay Bread LLC를 1억 달러에 매입했다. 인수 당시 스타벅스 북남미 사장 클리프 버로우스는 "스타벅스의 푸드 수준을 끌어올릴 훌륭한 기회"라고 표현했고, 사업 확장에 관해서는 "기회가 이끄는 대로, 한 번에 한 매장씩 차근차근 늘려나갈 것"이라고 말했다. 실험을 하든 인수를 하든 경영자는 끈기와 원칙을 가지고 브랜드가 최상의 성공을 향해 나아갈 수 있도록 최선을 다해야 한다.

새로운 콘셉트

'과거를 지키되 거기에 얽매이지 말라'는 이번 장의 제목대로, 스타벅스 리더들은 기업 혁신 아젠다에 따라 필요한 변화를 추구해 나가는 과정에서도 가치를 저버리거나 핵심 역량에 등을 돌리지 않았다. 하지만 일각에서는 스타벅스 경영진의 혁신 속도와 규모에 대해 우려를 표시해 왔다. 예를 들어, 스타벅스 리더들이 '스타벅스 이브닝스Starbucks Evenings'라는 새로운 콘셉트를 통해 한정적, 전략적으로 술을 메뉴에 포함시키자, 일부 평론가들은 술이 모든 스타벅스 매장의 중심 메뉴가 되지 않을까 경고의 목소리를 높였고, '라떼 혹은 라거'와 같은 헤드라인이 갑자기 늘어났다.

스타벅스 이브닝스 매장은 낮 시간대와 저녁까지 전통적인 스타벅스 메뉴를 제공하지만 오후 4시 이후에는 와인과 맥주, 간단한 술안주를 추가로 제공한다. 2012년 말까지 워싱턴주 시애틀과 인근에 딱 5개의 스타벅스 이브닝스 매장이 문을 열었다. 이밖에는 일리노이주 시카고 지역에 5개, 조지아주 애틀랜타와 인근에 4개, 캘리포니아주 로스앤젤레스에 2개, 오리건주 포틀랜드에 1개 매장이 개점했다. 스타벅스 이브닝스 매장은 동네 사랑방 역할을 하도록 구상되었다. 스타벅스 측은 스타벅스 이브닝스 콘셉트 덕분에 이미 낮 시간대에 스타벅스를 애용하는 고객들이 밤에도 애용해야 할 더 많은 이유가 생긴다며 그 의미를 강조했다. 스타벅스 웹사이트에는 이런 내용이 올라왔다. "가끔은 바에 가거나 레스토랑을 예약하는 번거로움 없이 와인 한 잔에 맛있는 안주를 즐기고 싶을 때가 있죠. … 퇴근 후에 들르세요. 친구들과 함께, 요가 후, 혼자서, 힘든 하루를 보낸 뒤, 아니면 멋진 하루를 보낸 뒤에도 좋습니다. 훌륭한 음식에, 와인 셀렉션은 단출하면서도 세련되죠. 의자는 아침과 똑같이 편안합니다."

음식 면에서 스타벅스 이브닝스 매장은 송로버섯 마카로니와 치즈, 발사믹 글레이즈를 뿌린 대추 베이컨 말이, 아티초크와 염소젖 치즈 플랫브레드, 초콜릿 퐁듀 등의 메뉴를 제공한다. 경영진은 스타벅스 이브닝스 콘셉트를 저녁 시간대 방문자를 늘리기 위해 여기저기 매장을 내는 전략으로 간주하지 않고, 스타벅스 이브닝스가 더없이 잘 맞아떨어질 것으로 확신하는 동네에만 진출하는 선별적 접근법을 탐색 중이다.

비슷한 맥락에서 스타벅스 리더들은 아주 색다른 워크-업/드라이브-업walk-up/drive-up 매장 콘셉트를 선보였다. 그중 첫 번째 매장은 2012년 말 콜로라도주 덴버에 문을 열었다. fastcodesign.com에 쓴 글에서 마크 윌슨은 이 콘셉트에 대해 다음과 같이 설명했다. "스타벅스는 지금까지와 확연히 다른 매장을 열었다. 여기에는 가죽 의자도 무료 전원 콘센트도 없다. 사실 고객을 위한 공간이 전혀 없다. 스타벅스는 LEED® 인증을 받은 현대적인 조립식 드라이브 스루 겸 워크업[66] 매장으로 카페를 재해석

---

66 고객들이 매장 안에 들어가지 않고 밖에 서서 주문할 수 있는 방식. —편집자 주

미국 콜로라도주 덴버에 있는 새로운 조립식 매장 콘셉트

했다. 건물은 공장에서 지어져 트럭으로 배달되었지만 전면은 콜로라도 북쪽 와이오밍주의 근사한 눈 울타리를 재활용해 마무리했다. 디자이너 는 매장 규모가 작은 만큼 지나가는 운전자들이 '저게 뭐지?'라고 생각했

다가 '아, 예술 작품이구나.'라고 받아들일 수 있기를 원한다."

이 콘셉트 매장은 지속 가능한 건물이라는 목표[67]를 지향하고, 쉽게 확장 가능한 저비용 옵션이면서 지역 관련성까지 충족한다. 워크-업/드라이브-업은 소매 공간을 46제곱미터밖에 차지하지 않지만 다섯 명의 바리스타와 스타벅스의 전 메뉴를 제공하는 데 필요한 모든 장비를 수용할 수 있다.

미국 소매점 부문의 총괄 부사장 크리스 카는 스타벅스 이브닝스든, 워크-업/드라이브-업 매장이든, 아니면 스타벅스 혁신 파이프라인에서 이제 막 떠오르기 시작한 아이디어든, 새로운 콘셉트는 반드시 "소매 운영 모델의 세 가지 필터, 즉 파트너, 고객, 사업을 통한 분석 과정을 거쳐야 한다."고 말했다. "저희는 스스로 자문해 보아야 할 세 가지 운영 원칙을 수립해 두었습니다. 파트너들에게 타당한 일인가? 고객에게 타당한 일인가? 사업에 타당한 일인가? 새로운 계획을 테스트할 때, 우리가 생각해낸 혁신적 해결책이 이 세 가지 필터를 모두 성공적으로 통과하는지 확인할 책임이 저희에게 있습니다. 테스트 결과 파트너, 고객, 사업에 안겨주는 이점이 없다면 미련 없이 포기한다는 원칙을 세웠죠." 혁신은 콘셉트의 성공 여부나 실현 가능성을 파악하기 위해 사용하는 매커니즘보다 뛰어나지 않다. 스타벅스 리더들은 어떤 혁신을 진행하고 중단할지의 기준을 분명하게 정의해 놓았다.

---

67 11장에서 더 자세히 이야기할 것이다.

매장 안팎의 고객 경험을 위한 기술 개선

8장에서 우리는 스타벅스 리더들이 고객과의 연결을 활성화하기 위해 기술을 도입해온 과정을 살펴보았다. 혁신의 관점에서 기술은 미래 지향적인 제품 전달 옵션을 제시하고 고객 경험을 향상시키기 위해 도입되기도 한다. 새로운 전달 방법이라는 관점에서 좋아하는 커피 음료를 자판기에서 금방 뽑아 마실 수 있다고 상상해 보라. 이러한 기술의 첫 번째 프로토타입이 시애틀즈 베스트 커피 브랜드를 통해 제시되었다.

기억하겠지만 시애틀즈 베스트 커피는 스타벅스가 2003년 매입한 시애틀 기반의 커피 회사다. 채널 브랜드 관리 선임 부사장 크리스 브루조는 시애틀즈 베스트 커피를 새롭게 포지셔닝하게 된 전략적 배경을 설명했다. "저희는 전체 브랜드 안에서 시애틀즈 베스트 커피의 위치를 명확히 정의하는 데 종종 어려움을 느끼곤 했었어요. 이 브랜드는 현재 스타벅스 브랜드와 접점 없이 생활하는 사람들에게 프리미엄 커피로 넘어가는 진입로 역할을 하는 데에 초점을 맞추고 있죠. 중간 가구 소득이 5만 달러 정도인 미국의 성인 1억 7백만 명을 대상으로 포지셔닝되어 있어요. 이 사람들 대부분은 시간이 넉넉지 않고 커피를 즐기는 행태도 차량 내부로 한정되어 있어서 편의성과 가성비를 우선시하죠. 말하자면 일하러 가는 길에 편의점, 주유소, 서브웨이나 버거킹 같은 퀵서비스 레스토랑에서 커피를 구입하는 분들이에요."

시애틀즈 베스트 커피는 타깃 소비자를 고려해 편의점이나 퀵서비스 레스토랑 환경에 제품을 포지셔닝하는 방향으로 혁신을 시도하는 한편, 프랜차이즈 형태의 전달 모델과 시애틀즈 베스트 커피 자판기를 개발 중이다. 이러한 전략에 따라 시애틀즈 베스트 커피 경영진은 2012년 프랜차이즈 드라이브 스루 모델을 발표했다.《시애틀 타임스》지의 비즈니스 전문 기자 멜리사 앨리슨은 이렇게 보도했다. "시애틀즈 베스트 커피가 최근 모기업 스타벅스와 다른 경로를 채택하면서 모든 신규 매장은 48제곱미터 규모의 드라이브 스루 전용 카페 형태가 될 전망이다. … 이 체인은 앞으로 수천 개의 빨간색 소형 매장을 열어, 바리스타가 브루드 커피, 달콤한 라떼, 손에 들고 먹는 파이, 아침용 샌드위치 등을 제공하게 할 계획이다. … 모든 일이 계획대로 흘러간다면 이 작은 카페들은 대부분 한적한 시내 외곽에 위치하게 된다. … 매장은 여러 개의 점포를 운영할 여력이 있는 프랜차이즈 가맹점주가 소유하며, 초기 투자비용은 키오스크 하나당 최저 26만 5,000달러다."

커피를 건네주기만 하면 되는데 48제곱미터의 공간이 지나치게 넓다

시애틀즈 베스트 커피 루비 키오스크

면 0.8제곱미터의 '이동식' 소매 공간은 어떨까? 시애틀즈 베스트 커피 리더들은 렌탈 업체 레드박스의 DVD 대여 키오스크를 만든 코인스타Coinstar Inc.와의 협업으로 루비 키오스크라는 자판기를 개발했다. 이 기계는 340밀리리터 또는 450밀리리터 용량의 프리미엄 커피를 비롯한 다른 음료들을 약 1분이면 갈아서 추출해준다. 루비의 총괄 매니저 빌 미쿨카는 "커피 시장은 거대하고 … 편의성, 품질, 가치가 대단히 중시된다. 우리는 커피를 간편하게 즐길 수 있는 플랫폼을 구축했다."라고 말했다. 저렴한 비용과 가치에 중점을 둔 루비 키오스크는 신선하게 내린 커피를 한 컵당 최저 1달러의 가격으로 제공한다.

스타벅스는 이밖에도 카페 경험의 질 향상에 도움이 되는 다양한 기술들을 탐색 중이다. 그 가운데 하나가 듀라셀 파워매트Duracell Powermat를 이용한 무선 충전대다. 스타벅스 매장을 집필 장소로 애용해온 사람으로서, 나는 노트북의 전원을 찾느라 애먹은 적이 종종 있었다. 전원을 찾는 수고를 줄이기 위해 스타벅스 경영진은 매사추세츠주 보스턴에 있는 일부 매장의 테이블 윗면에 무선 충전 기술을 탑재했다. 이러한 시도의 목적은 고객들이 카페 이용 중 전원을 사용해야 하는 상황을 맞이했을 때 새롭게 부상하고 있는 충전 기술에 어떻게 반응하는지 살펴보기 위해서다.

실질적인 배움의 장

스타벅스가 현재 탐색 중인 제품·서비스 전달·경험 개선을 위한 혁신 모두를 심도 있게 살펴보기란 불가능할 것이다. 그러한 혁신은 다양한 형태를 취한다. 가령 영국 자연사박물관은 마이 스타벅스 리워드 회원에게 1+1 기회를 제공하고 매년 크리스마스에 개장하는 박물관 근처의 스케이트장을 우선적으로 이용할 수 있게 배려해 준다. 그런가 하면 스위스와 오스트리아의 스타벅스 매장에서는 컴퓨터를 사용하는 고객이 팝업 화면을 통해 구입한 음료의 품질을 평가하면 필요한 경우 즉각적으로 서비스에 평가가 반영된다.

결국 스타벅스 경영팀은 회사의 눈부신 성장에 견인차가 된 기업가 정신의 열정을 유지한 덕분에 이익을 보고 있는 셈이다. 그 열정은 2008년과 2009년 브랜드의 생존을 위한 개혁을 추진하면서 다시금 되살아났다. 경영진은 운영 기강을 다잡았고 전달 플랫폼을 다각화했다. 하워드 슐츠는 런던 브리티시 포럼 강연에서 스타벅스에, 그리고 당신의 회사에 혁신이 필요한 이유를 다음과 같이 요약했다.

"작든 크든, 소비재 기업이든 아니든, 현상 유지를 운영 원칙으로 받아들이는 회사는 도태될 것입니다. … 오늘날 끊임없이 혁신하고 계속 나아가야 할 필요성은 어느 때보다도 커졌습니다. 모든 기업은 호기심을 갖고 주위를 둘러봄으로써 남들이 놓친 부분을 간파하고 다가올 일을 예측할 수 있는 능력과 절제력을 갖추어야 합니다. 하지만 거기서 그치면 안 됩니다. 그걸 추구할 용기가 반드시 있어야 합니다. 회사의 사활을 걸라는 뜻이 아니라 [그 정도의] 용기를 발휘해야 한다는 뜻입니다."

스타벅스의 혁신 모델을 한 문장으로 압축한다면 다음과 같은 형태가 될 것이다.

호기심, 용기, 절제력을 조합해 끊임없이 변화하는 직원과 고객의 니즈, 회사의 수익성을 끈기 있게 추구한다.

이것은 '과거를 지키되 거기에 얽매이지 않기'를 바라는 모든 리더가 따라야 할 불변의 공식이다.

★ 자기 만족과 타성은 성공적인 브랜드의 혁신을 가로막는 걸림돌이다.

★ 장기적인 사업 성공은 운영의 탁월성과 효율성을 혁신하는 데서 나온다.

★ 리더들 사이의 균형은 혁신에 필수적이다. 혁신가들과 운영자들은 공통된 비전을 공유해야 한다.

★ 발명은 새로운 창조이고 혁신은 고객을 매료시키는 새로운 해결책이다.

★ 정의에 따르면 혁신은 반드시 대상과 관련성이 있어야 한다.

★ 시장의 판도를 뒤집을 만한 과감한 승부수를 던질 때, 리더는 통찰력, 호기심, 용기, 자신감을 보여주어야 한다.

★ 브랜드를 새로운 영역으로 가져가려는 의지를 발휘하지 않으면 경쟁사들이 새로운 제품과 새로운 아이디어를 내놓을 때, 사람들은 브랜드에 대한 흥미를 잃게 될 것이다.

★ 아이디어를 수익으로 효과적으로 전환하려면 리더는 기꺼이 실수를 저지르고 거기서 교훈을 얻으려 해야 한다.

★ 혁신은 세 가지 질문을 통해 걸러져야 한다. 고객에게 타당한 일인가? 사업에 타당한 일인가? 직원에게 타당한 일인가?

★ 현상 유지를 운영 원칙으로 받아들이는 회사는 도태될 가능성이 높다.

★ 훌륭한 경영자는 주위를 둘러봄으로써 남들이 놓친 부분을 간파하고 다가올 일을 예측할 수 있는 능력과 절제력을 갖추어야 한다.

긴 안목으로 보고 오래가는 성공 쌓기

여러분은 단지 먹고 살기 위해 여기에 온 것이 아닙니다. 더 큰 비전, 더 멋진

희망과 성취의 정신으로 세상을 더 충만하게 살기 위해 여기에 온 것입니다.

미국 대통령 **우드로 윌슨**

리더로서 당신의 일차적인 책임은 무엇인가? 수익성을 추구하고, 직원들의 잠재력을 극대화하고, 브랜드 가치를 강화하는 것인가? 저서 『최고의 리더』(비즈니스북스, 2007)에서 제임스 쿠제스와 배리 포스너는 리더에게는 "가정과 지역 사회, 조직과 국가, 환경과 세계를 지금보다 더 나은 곳으로 만들어 놓을 '의미 있는 어떤 일'을 해야 할 책임이 있다."고 말했다. 쿠제스와 포스너의 말이 거창하고 지키기 어려운 상투적 표현처럼 들릴지 몰라도, 스타벅스의 리더들은 자신이 비즈니스의 성공 그 이상을 책임져야 한다고 생각한다. 실제로 하워드 슐츠는 스타벅스 사업의 전반적인 생존 가능성과 광범위한 사회적 선을 하나로 묶어서 생각한다. "스타벅스 초창기부터 저는 우리 회사의 실적, 우리의 가치, 우리가 사업을 영위

하는 지역 사회에 미치는 영향 사이에 밀접한 관계가 존재한다고 생각해 왔습니다. 상호의존성은 저희 사명의 핵심입니다. … 그러한 상호의존성 은 우리의 사업을 위해서도 올바른 길이고요. 지금과 같은 시대에는 더더 욱 그렇죠. 소비자들은 오래전부터 기업의 사명과 열망이 자신의 생각과 일치한다고 느끼면 충성도로 보답해 왔습니다.”

실제로 스타벅스는 사회적 책임과 관련한 경영진의 열망을 회사의 기 본 원칙 중 이웃과 관련한 항목에 정의해 두었다. 그 원칙은 다음과 같다.

우리의 이웃 사회

매장 하나하나가 모두 지역 사회의 일부이므로 우리는 좋은 이웃으로서의 책 임을 진지하게 받아들인다. 우리는 사업을 하는 지역의 일부가 되고자 한다. 우 리는 긍정적인 행동의 원동력이 될 수 있다. 즉 우리의 파트너, 고객, 지역 사회 가 힘을 합쳐 지역 발전에 공헌하도록 이끌 수 있다. 이제 우리의 책임과 선을 행할 잠재력은 전보다 훨씬 더 크다. 세상은 스타벅스가 다시 한 번 새로운 기 준을 정하기를 고대한다. 우리는 선도할 것이다.

이번 장 전체에 걸쳐, 우리는 스타벅스가 ‘새로운 기준’을 세우고 남 들을 ‘선도한’ 사회적 책임 분야 중 몇 가지만 들여다볼 것이다. 구체적 으로는 환경 지킴이, 윤리적 구매, 지역 사회 개발, 일자리 창출이라는 네 개의 영역에서 목표를 설정하고 행동을 취하고 진행 상황을 측정할 때 스타벅스 경영진이 취하는 행동을 살펴볼 것이다.

환경 지킴이

"미래 세대에게 부담을 지우다saddling future generations."라는 표현을 구글에서 검색해 보면 35만 6,000개 이상의 검색 결과가 나온다. 이러한 표현은 대부분 돈을 빌려다 현재의 서비스 비용을 충당하고 미래 세대 납세자들에게 대출금 상환을 전가하는 전 세계 정치 지도자들의 잘못된 행태와 관련해 등장한다. 이와 같은 행동은 정치인의 재선에 도움을 주지만, 많은 비평가들은 그것을 근시안적이고 무책임한 사회 정책으로 간주한다. 비즈니스에서도 리더가 단기적인 수익성을 달성하려고 장기적인 지속가능성을 희생시킬 때 똑같은 일이 벌어진다. 그런 리더는 유한한 원재료를 대량으로 소비하고 미래 세대의 리더들에게 공급 부족이라는 부담을 지울 수 있다. 예를 들어, 농업과 상업적 어획 관련 기업의 경영자들은 과잉 경작이나 남획을 통해 단기적 수익을 취한다는 비난을 받아왔다.

스타벅스의 리더들은 자사가 소모하는 자원의 단기적인 영향을 고려할 뿐 아니라 중장기적으로 소모를 줄일 수 있는 사업 방식을 모색한다. 예를 들어, 스타벅스는 생산 공정에서 컵 슬리브를 환경 친화적인 소재로 변경했다. 아울러, 다른 기업에게 영향을 줄 만한 주도적인 조치를 실행해 그들 역시 유한한 자원에 대한 책임감을 가질 수 있도록 노력한다. 다른 기업에 끼치는 영향력은 지속 가능한 건물 설계, 스타벅스 컵 재활용, 그리고 앞서 말한 생산 공정과 같은 분야에서 특히 두드러진다.

지속 가능한 건물 설계

나는 앞에서 암스테르담의 더 뱅크 매장처럼 문화적 관련성이 있는 건물 설계와, 콜로라도주 덴버의 워크-업/드라이브-업 콘셉트와 같은 새로운 전달 플랫폼을 제공하는 설계에 대해 이야기했다. 스타벅스의 최고 크리에이티브 책임자 겸 글로벌 혁신 부문 사장이자 에볼루션 프레시 리테일 사장인 아서 루빈펠드는 스타벅스 매장 디자이너들을 격려하고 기운을 북돋아 주는 작업이 "2008년 무렵부터 시작되었습니다."고 밝혔다.

"그때 저희는 전 세계의 회사 소유 매장에서 글로벌 표준에 부합하고 지속가능성을 염두에 둔 건물 관행을 주도해 나가겠다는 목표를 발표했습니다. 환경에 대한 고려는 오래전부터 있어 왔지만 2008년에 구체적인 포부를 발표했고 단순한 지킴이가 아니라 책임 있는 교육자가 되기로 역할을 전환한 거죠. 저희는 금속, 나무, 돌/유기체뿐만 아니라 재활용 가능하거나 이미 재생된 소재를 활용하는 등 지속 가능한 건축 자재로 매장을 짓고 있습니다. 이에 못지않게 중요한 것은 저희가 지속가능성을 시각적으로 부각시켜 전 세계 사람들이 환경친화적인 라이프스타일을 고려해 볼 수 있도록 노력 중이라는 사실입니다. 저희는 수자원 보호, 에너지 절약에 관해 소비자들을 교육하고 있으며, 친환경 매장과 관련해 선도적인 입장을 취해 왔습니다. 남들을 고무시키는 건 굉장한 만족감이 있어요."

지속 가능한 매장 디자인 가운데 눈에 띄는 사례 중 하나가 워싱턴주 투퀼라에 위치한 스타벅스 콘셉트 매장 '리클러메이션 드라이브 스루

리클러메이션 드라이브 스루, 미국 워싱턴주 투퀼라

Reclamation Drive Thru'[68]다.

　이 프로젝트의 책임자는 글로벌 매장 디자인의 선임 매니저 앤서니 페레즈였다. 그는 설계의 친환경적 측면에 관해 이렇게 이야기했다. "선적 컨테이너는 세계 곳곳에서 저희에게 커피와 차를 실어다 주죠. 하지만 평균 20년의 수명을 다 채우면 대부분 폐품 하치장으로 가게 돼요. 리클러메이션 드라이브 스루는 오래된 선적 컨테이너처럼 우리 공급 체인 전반에 사용되는 물건을 쓰레기로 내놓고 싶지 않다는 열망에서 영감을 받았어요. 그 결과, 수명을 다한 선적 컨테이너 네 개로 41제곱미터 규모의

---

68 'reclamation'에는 개간, 간척, 재활용 등의 뜻이 있다. —편집자 주

드라이브 스루 겸 워크-업 매장이 만들어졌죠. 쓰레기와 재활용품을 보관하고 창고로 이용하는 6미터짜리 소형 컨테이너를 제외하면 전체 매장이 재생과 보수를 거쳐 새롭게 재탄생한 네 개의 컨테이너 껍데기 안에 자리 잡고 있어요. 완성해놓고 보니 멋지더라고요! … 이 작은 프로젝트는 타이밍도 완벽했어요. 그때 스타벅스는 미국 전역에 LEED 인증 매장을 도입해 보자고 의욕적으로 나선 입장이었거든요."

LEED 인증은 에너지 및 환경 디자인 리더십 기준을 충족하는 경우 받을 수 있다. 이 기준을 충족하면 미국 그린빌딩협의회U.S. Green Building Council의 제3자 임의 인증이 주어지는데, 해당 건물이 생태학적으로 건전한 방식으로 설계, 건축, 운영되고 있음을 뜻한다. 이것은 물과 에너지를 절약하고, 온실가스 배출을 낮추며, 매립지로 보내는 쓰레기를 줄이고, 거주자들의 건강과 안전을 높이는 건축 환경을 조성하기 위한 접근법이다. 많은 기업의 경영자들이 건축 비용이 현저히 높아질까 두려워서 LEED 기준에 부합하여 물리적 공간을 리모델링하거나 짓는 일을 꺼려왔다. 그러나 미국을 기반으로 하는 국제 단체인 천연자원보호협의회 Natural Resource Defense Council는 이렇게 설명했다. "그린 빌딩 회의론자들은 막대한 추가 비용을 지불하지 않고서는 친환경 건물을 짓기가 어렵거나 심지어 불가능하다고 주장한다. 그러나 실제 사례들을 보면 초기 비용에 평균 2퍼센트만 더 들이면 LEED 인증 친환경 건물 공사를 완료할 수 있다. 게다가 초기 추가 비용은 빠른 임대 완료율, 임대 프리미엄, 시장 가치 상승을 통해 충분히 회수 가능하다."

자본 지출을 책임 있게 관리하는 일은 중요하다. 그러나 스타벅스 매장의 경우 지속가능성 달성을 위해 책임 있게 노력하는 일도 중요하다. 스타벅스의 환경 영향 디렉터 짐 해나는 이렇게 설명했다. "저희가 통제할 수 있는 환경 발자국[69] 가운데 75퍼센트 가량은 소매 운영에서 비롯됩니다. … 이 분야에서 책임 있는 기업으로 신뢰를 쌓으려면 저희 매장의 문제부터 해결해야만 했어요."

글로벌 책임의 전 부사장 벤 패커드는 LEED와 관련한 스타벅스의 선도적 위치에 대해 다음과 같이 설명했다. "저희는 LEED 인증을 주관하는 기구인 미국 그린빌딩협의회와 2001년부터 협력해 왔습니다. 지속 가능한 건물에 대한 자체 기준을 수립한 다음 우리의 노력을 입증하려고 애쓰는 것보다, 독립적인 인증기관이 부여하는 인증 마크를 받는 게 중요하다고 판단했기 때문이었죠. LEED 기준은 원래 소매 공간이 아닌 사무용 건물을 대상으로 만들어졌기 때문에, 저는 미국 그린빌딩협의회의 소매 개발 위원회 회장으로서 다른 소매 업계 리더 및 환경 리더들과 함께 기준을 적절히 조정하는 작업에 참여하게 되었습니다. 그렇게 소매 기준을 정립한 후, 저희는 공격적으로 LEED 인증을 추진했습니다."

스타벅스가 LEED 인증 매장에서 실천하는 에너지와 물 절약 방법 중 몇 가지는 고객이 금세 알아볼 수 있다. 이를테면 LED 전구를 사용하고, 아이스 메이커, 식기세척기, 블렌더와 같은 기계를 에너지 효율적인 장비로 교체하고, 수압이 낮은 수도꼭지와 이중 수세식 변기를 사용하는 일 등이다. 하지만 고객의 눈에 드러나지 않는 에너지 효율과 물 절약 노력

---

69 사람, 기업 등이 생태계에 끼치는 영향을 나타내는 지표. —편집자 주

제5 원칙 ★ 전통을 간직하면서 전통에 도전하라

도 활발히 이루어졌다. 이를테면 에너지 관리 시스템을 통해 냉난방공조 HVAC 에너지 소비를 20퍼센트 줄였고, 수질 정화 시스템으로 이전의 시스템에 비해 폐수 배출량을 50퍼센트 낮추었으며, 위생 싱크대를 도입해 모든 보건 기준을 준수하면서 깨끗한 물을 상당량 절약할 수 있었다.

스타벅스는 매년 사회적·환경적 목표에 대한 회사의 진척 상황을 성적표처럼 보여주는 기업의 사회적 책임 보고서를 발간한다. 예를 들어, 2011년 보고서는 회사 소유의 모든 신규 건물을 대상으로 LEED 인증 획득 절차를 밟겠다는 스타벅스의 목표가 '순조롭게 진행 중'임을 확인해 주었다. 또한 회사 소유의 신규 매장 75퍼센트는 개점 1년 안에 이미 LEED 인증을 받은 상태라고 밝혔다.

스타벅스의 LEED 여정에서 얻을 수 있는 교훈은 야심 찬 지속가능성 목표를 세우고, 그 목표가 달성되었음을 입증해 보이기 위해 외부의 기준을 추구하며, 필요하다면 해당 업계에 알맞게 기준을 다듬어 나가는 데에 일익을 담당하고, 그 목표를 실행하되 목표까지의 진행 상황을 투명하게 보고해야 한다는 것이다. 규모가 작은 기업이라면 미 환경보호국의 중소기업 프로그램 사무소Office of Small Business Programs가 제공하는 툴킷을 활용해도 좋다. http://tinyurl.com/m7tl7td에서 사례를 찾아볼 수 있다.

스타벅스는 LEED 인증을 위한 노력으로 국제 환경단체인 글로벌 그린 USA가 수여하는 '그린 빌딩 디자인 어워드'와 건축 전문 월간지《아키텍처럴 레코드Architectural Record》가 수여하는 2012 '굿 디자인 이즈 굿 비즈니스 어워드'를 받았을 뿐 아니라, 에너지 절약과 재생 에너지 이용 부문에서도 전반적인 업적을 인정받아 왔다. 스타벅스는 미국 최대의 재생 에너지 구매업체로서 환경보호국에서 수여하는 '그린 파워 리더십 어워드'를 수상했다. 예를 들어, 2011년 스타벅스는 그린-e Green-e® 인증 재생 에너지 크레디트를 통해 4억 2,100만 킬로와트시 이상의 그린 에너지를 구입했다. 이 풍력 전기는 미국 스타벅스가 소유한 매장의 50퍼센트 이상에 전력을 공급하는 데 사용되었다. 당시 스타벅스는 에너지 사용량을 2008년 수준보다 25퍼센트 줄이고, 2015년까지 소비 전력을 100퍼센트 재생 에너지를 통해 생성된 전기로 전환한다는 목표를 수립해 둔 상태였다.

스타벅스는 에너지 소비 감소 노력과 혁신을 융합시켜, 미국 워싱턴 소재의 대형 연방 전력회사인 BPA Bonneville Power Administration 및 미국 북서부의 전력회사들과 손잡고 인간의 행동 변화로 실질적인 에너지 절약이 가능할지 연구해 왔다. 스타벅스 리더들은 에너지 절약 기술에만 의존하는 게 아니라, 누가 최대 에너지 절감 기록을 세울 수 있는지 매장 파트너들을 다른 매장의 파트너들과 경쟁시키기도 한다. 스타벅스 경영진은 단기적인 에너지 효율과 장기적인 환경 안정성에 대해 책임감 있는 태도를 보여주고 있다. 그 과정에서 좀 더 지속 가능한 사업 관행을 추구할 수 있도록 다른 기업들을 선도하고 있다. 재활용 분야만큼 이러한 선도적 입지가 명확하게 드러나는 곳도 없다.

자원 재활용

스타벅스 리더들은 미국 그린빌딩협의회와 협업하여 소매용 건물에 대한 LEED 기준을 수립한 것처럼, 스타벅스 종이컵으로 인한 폐기물 감축

방안을 찾고자 재활용 분야의 다른 전문가 및 리더들과 협업해 왔다. 앞서 출간된 스타벅스 책의 집필이 마무리될 무렵, 스타벅스는 업계 최초로 포스트컨슈머postconsumer[70] 재활용 섬유가 10퍼센트 포함된 뜨거운 음료용 종이컵을 선보이려고 준비 중이었다. 종이컵에 사용된 재활용 소재의 안전성을 증명해 보임으로써, 스타벅스는 식품과 접촉하는 종이 제품에 포스트컨슈머 재활용 성분을 사용하지 못하도록 금지한 미 식품의약국FDA이 그간의 입장을 전환하도록 유도할 수 있었다.

종이컵에 포스트컨슈머 재활용 성분을 사용하게 된 것은 중요한 한 걸음이었으나, 그런다고 해서 종이컵 자체가 반드시 재활용 가능해졌다는 의미는 아니었다. 2015년까지 종이컵 100퍼센트를 재사용 또는 재활용하겠다는 목표를 세운 스타벅스 리더들에게 이것은 고민거리였다. 글로벌 책임의 전 부사장 벤 패커드는 이렇게 말했다. "스타벅스 컵은 종이로 만들어져 있지만 그 종이는 폴리머로 코팅이 되어 있습니다. 재활용 업체가 해당 물질을 수거하는 도시에서는 컵의 재활용이 가능하지만, 그렇지 않은 도시에서는 폴리머 때문에 재활용이 불가하다는 뜻입니다. 이런 편차 때문에 저희는 2009년에 종이컵 정상회담Cup Summit이라는 회의를 개최하기 시작했습니다."

종이컵 정상회담은 매년 계속해서 규모가 커졌고, 플라스틱과 종이컵 가치 사슬의 전 영역에 관련된 사람들이 한자리에 모인다. 이를테면 원자재 공급업체, 정부 공무원, 음료 및 소매업체, 컵 제조업체, 비정부 기구,

---

70 소비자를 거친 후의, 즉 실제로 사용된 적이 있는 재활용 자원을 뜻한다. —편집자 주

재활용업체, MIT 같은 교육 기관의 학계 전문가를 비롯한 이해관계자들이다. 벤은 다음과 같이 설명했다. "처음에 저희는 소재를 변경하는 데서 해결책을 찾을 수 있을 거라 생각했지만 모든 고정관념을 벗어나 컵이 거치는 여정을 하나하나 짚어보기로 했습니다. 그리하여 나무에서부터 쓰레기 더미까지 지도를 그리고, 거기서 우리가 바꾸어야 할 부분과 그러한 변화를 이끌어내기 위해 해야 할 일들을 정리했습니다."

스타벅스 리더들은 종이컵 정상회담으로 습득한 지식을 발판으로 다양한 지방자치단체의 지도자들과 긴밀한 관계를 쌓으며, 이미 미국의 많은 지역에서 재활용을 실천에 옮겼다. 또한 미국 전역에서 재활용 시범 프로젝트를 개시했고, 포스트컨슈머 성분과의 호환성 및 그러한 성분이 포함된 컵 수요를 늘리기 위한 방법을 연구하기 위해 캐나다와 미국의 제지 공장들과 협력했다.

환경 영향 디렉터 짐 해나는 스타벅스가 재활용 컵 문제에 전념하는 이유는 그것이 환경에 좋은 일이고 고객이 중요하게 여기는 문제이기 때문이라고 말했다. "환경 발자국에 가장 크게 영향을 미치는 건 인간이 지어낸 환경과 매장을 운영하는 데 들어가는 에너지나 기타 자원이지만, 고객이나 이해관계자들과 이야기를 나누어 보면 종이컵의 재활용 가능성을 어떻게 높여나가고 있느냐는 질문이 꼭 나옵니다. 스타벅스 컵은 눈에 보이고 만질 수 있는 회사의 아이콘으로서 저희 회사의 환경 성과를 상징합니다." 환경 이슈가 고객들에게 중요한 의미를 갖는다면 반드시 당신의 프로젝트 우선순위 목록에 올려야만 한다.

스타벅스 컵과 관련해 컵 못지않게 상징적이고 가시적인 부분은 바로 컵 슬리브다. 스타벅스는 1997년에 골판지로 만든 컵 슬리브를 도입했다. 고객들이 종이컵을 두 개 겹쳐서 뜨거운 음료를 담아달라고 요청할 때 발생하는 낭비를 줄이기 위해서였다. 슬리브는 고객의 손과 스타벅스 컵 사이에 절연층을 만들어 주었고, 커피에 직접 닿지 않으니 포스트컨슈머 재활용 섬유로 제작해도 상관없다는 장점이 있었다. 도입 당시 슬리브의 성분 60퍼센트는 이 재활용 물질에서 나온 것이었다.

슬리브는 처음에 임시 해결책으로 도입되었다. 컵의 열 성질을 변경하기 위해 대안을 연구하는 사이 시간이 필요했던 것이다. 하지만 결국 슬리브가 가장 현실성 있는 대안으로 판명되었고, 그렇게 해서 현재까지 계속 사용되고 있다. 컵 슬리브를 생산하는 공급업체 LDP 매뉴팩처링의 사장 매트 쿡은 슬리브를 개선하라는 스타벅스 경영진의 압박을 느꼈다고 말했다. "스타벅스 리더들은 저희에게 이런 식의 질문을 던졌습니다. '차세대의 뜨거운 음료용 컵 슬리브는 어떤 모습일까요? 원료를 덜 쓰고 재활용 성분을 늘리면서 동일하거나 더 우수한 절연 효과를 제공해 주는 제품을 만드는 게 가능할까요?' 그 도전의 부담스러움을 말로 표현할 수는 없지만 어쨌든 저희는 힌클Hinkle Corporation과 협력해 내부 접착제의 화학적 성질을 연구했고 결국 획기적인 기술을 탄생시켰습니다. 스타벅스는 새로 나온 이 뜨거운 음료용 컵 슬리브를 '어스슬리브EarthSleeve™' 라는 이름으로 부르고 있죠." 새 컵 슬리브는 열 성질을 손상시키지 않으면서 종이를 35퍼센트 덜 사용하고 포스트컨슈머 재활용 섬유를 85퍼센트나 사용해 제작된다. 이는 이전 제품보다 25퍼센트 증가한 수치다. 인증기관들은 이 슬리브가 완전 분해 가능하다고 판단했고, 웨스턴 미시간

대학교는 다시 펄프화도 가능하다고 밝혔다. 2011년에만 30억 개 가까운 컵 슬리브가 제작되었으니, 스타벅스의 계산에 따르면 어스슬리브 덕분에 10만 그루 이상의 나무를 살리는 셈이다.

컵과 슬리브가 가장 시선을 끌긴 하지만 스타벅스의 재활용 노력 대부분은 고객을 대상으로 하지 않는다. 특히 시럽 병, 밀크 저그(주전자), 판지 상자 같은 물품과 관련된 조치가 많다. 그러나 스타벅스 리더들은 카운터 뒤에서 이루어지는 노력에 결코 만족하지 않는다. 지속가능성이 마케팅이나 홍보 활동으로 하는 일이 아니라는 것도 이해한다. 지속가능성은 기업의 미래 생존력과 미래 세대의 고객을 위한 진정성 있는 헌신이다. 소규모 자영업자라면 재활용 연구를 지원할 수는 없을지라도, 재활용 용지를 사용하는 인쇄 회사를 물색한다든지 환경친화적인 제품을 공급하는 판매업체를 찾아내는 등의 간단한 일들을 실천할 수 있다. 결국 지속가능성에 대해 이야기하는 것만으로는 충분하지 않다. 진정한 리더에게는 기업의 장기적인 건강에 기꺼이 투자하고 성실한 책임감을 바탕으로 다른 사람들과 적극적으로 협력하려는 자세가 필요하다.

생각해 볼 문제

❶ 경영진의 의사결정이 지속가능성이라는 과제와 관련해 미래 세대의 지도자들에게 부담을 지우고 있지 않은지 어떻게 확인하고 있는가?

❷ 회사의 에너지 효율, 재활용, 친환경 건물 이슈에 책임 있게 대응하는 한편, 다른 리더들과 힘을 합쳐 업계 내에서 이슈를 개진한 적이 있는가?

❸ 당신이 관심을 기울이고 있는 환경 이슈 가운데 가장 두드러지는 고객 대상 이슈와 비고객 대상 이슈는 각각 무엇인가?

생산자에 대한 배려

2장에서 나는 C.A.F.E. 프랙티스, 즉 커피 원산지에 거주하는 공급업자의 성공과 지속가능성을 위한 스타벅스의 노력에 관해 이야기했다. 또한 스타벅스가 국제보호협회와의 협약을 통해 이러한 지침을 만듦으로써 커피 농가의 니즈가 충족될 수 있도록 했다는 점도 언급했다. 그러한 목적으로 경영진은 농가 관련 구매 목표 세 가지를 구체적으로 제시했다.

* 2015년까지 스타벅스의 커피 100%를 윤리적으로 구매한다.
* 2015년까지 농부 대출 규모를 2천만 달러로 늘려 농가와 지역 사회에 투자한다.
* 농부들의 탄소 시장 접근권을 개선해, 환경을 보호하면서 추가 소득을 창출할 수 있도록 돕는다.

스타벅스는 각 목표를 예정대로 이행 중이다. 커피의 86퍼센트를 C.A.F.E. 프랙티스에 따라 윤리적으로 구매했고, 농부들을 대상으로 1,470만 달러의 대출을 약정했으며, 멕시코와 인도네시아에서 프로그램을 진행해 더 많은 농부들이 탄소 시장을 이용하고 환경 보존에 앞장설 수 있는 기반을 닦았다.

스타벅스는 커피 농가 차원을 넘어선 방대한 공급 체인 과제를 안고 있다. 매장 수준에서만 살펴보아도 파트너가 아침에 문을 열 때 매장이 제대로 운영되려면 매주 83,000건 이상의 배송이 필요하다. 공급 체인은 제품, 카테고리, 채널에 걸쳐 사업의 향후 성장과 확장에도 대응해야 한다. 여러모로 스타벅스라는 브랜드는 공급 체인이 아이디어를 받아들이고 그 아이디어를 시장에서 물리적으로 표현해낼 수 있느냐에 크게 좌우된다. 그러한 어려움에도 불구하고, 스타벅스의 리더들은 공급업체의 다양성을 보장하고 그 업체들이 기업 윤리와 인도적 경영을 위해 애쓰는지도 확인해야 한다. 스타벅스 리더들은 물리적 활동은 아웃소싱할 수 있어도, 제품의 품질 혹은 제품을 만드는 과정에서 사람을 대우하는 방식에 대한 책임은 아웃소싱할 수 없다는 점을 알고 있다.

공급업체의 행동이 의심스러운 경우 정중하면서도 단호한 조치를 취하겠다는 스타벅스의 의지를 보여준 사례가 하나 있었다. 공급업체의 미국 제조 공장에서 작업장 안전과 관련한 의혹이 불거졌을 때였다. 윤리적 구매 디렉터 켈리 굿존은 설명했다. "그 당시 저희는 공장 측에 '우리는 단기적으로 귀사와의 거래를 중단하나, 귀사의 시설에서 벌어진 사건의 진상을 파악한 다음 역량 강화와 시정에 관한 이야기를 나누고 싶다.'라는 뜻을 전달했습니다."

제조사에 이처럼 통보한 후, 리더들은 스타벅스의 글로벌 협력사인 외부 모니터링 업체를 해당 제조사의 시설로 보내어 3일 동안 실사를 수행하게 했다. 실사팀은 현장을 직접 관찰하고 공장 간부들과 회의를 진행하는 한편, 공장에서 근무하는 직원들과도 직접 대화를 나누었다.

제3자 평가가 필요한 경우, 스타벅스 리더들은 그러한 평가를 통해 문제 분야에서 입증 가능한 시정이 이루어지고 공급자 관계가 유지되기를 희망한다. 그게 불가능한 경우, 해당 공급자와의 관계는 종료된다. 켈리는 이렇게 말했다. "공급업체에 들어가는 비용이 상당한 만큼, 저희에게는 스타벅스의 가치가 공급 체인 전체에 스며들도록 해야 할 책임이 있습니다. 각양각색의 기업 문화와 다양한 기업 우선순위에 대응한다는 게 쉬운 일은 아니죠. 하지만 저희는 윤리적 구매의 중요성과 관련해 사람과 지역 사회를 잘 돌보면 긍정적인 기업 성과가 도출된다는 사실을 떠올립니다." 스타벅스가 노동자의 인도적 대우와 견실한 기업 성장 사이의 긍정적인 상관관계를 입증해 보이는 것처럼, 스타벅스 공급업체들도 협력업체와 공급자들에 대해 비슷한 행동을 보여주고 있다. 요컨대 인도적이고 책임 있는 태도는 사업에도 도움이 된다.

지역 사회와의 파트너십 강화

스타벅스 경영진은 고용 기회, 리더십 개발, 경제 성장과 같은 이슈를 위해 노력해온 오랜 역사를 지니고 있다. 예를 들어, 1998년에 스타벅스는 전 NBA 스타 어빈 '매직' 존슨이 운영하는 회사 존슨 디벨롭먼트 코퍼레이션Johnson Development Corporation과 함께 '도심 커피 기회Urban Coffee Opportunities'라는 합작 투자 협약을 맺고 낙후된 도심 지역에 스타벅스 매장을 지었다. 2010년에 매직은 105개 합작 투자 매장의 지분을 스타벅스에 도로 매각하면서, "스타벅스와의 파트너십으로 우리는 새로운 일자리를 창출함으로써 도시의 경제 촉매제 역할을 할 수 있었다."고 말했다.

2011년이 되자 스타벅스는 도시 커피 기회에서 방향을 전환해 뉴욕의 할렘과 로스앤젤레스 크렌쇼 지역에 '커뮤니티 스토어'라는 새로운 모델을 도입하기 시작했다. 이 시범적 접근법은 매출의 일부를 각 지역 내의 비영리 단체에 직접 전달하는 방식이었다. 새로운 커뮤니티 스토어 모델을 발표하면서 하워드 슐츠는 이렇게 말했다. "스타벅스는 지역 사회 내의 경제, 사회, 교육적 도전 과제를 해결하기 위해 영웅적인 활동을 펼치고 있는 두 단체와 파트너십을 맺으려 합니다. … 이 두 개의 파트너십을 통해 우리 회사는 변화를 주도하는 지역 사회 조직과 지역적 특색에 맞게 유기적이고 재현 가능한 방식으로 협력해 나가는 방법을 배울 수 있을 것입니다."

이러한 공동 노력으로 스타벅스는 운영 첫해에 두 비영리 단체에 약 24만 5,000달러를 전달했다. 첫 커뮤니티 스토어가 성공을 거두자, 스타벅스 리더들은 이 프로그램을 텍사스주 휴스턴으로 확대한다고 발표했다. 새롭게 리모델링한 걸프게이트 센터 몰 매장의 운영에서 나온 기금을 멕시코계미국인발전협회Association for the Advancement of Mexican Americans, AAMA에 기부한 것이 시작이었다. 기업의 리더들은 복지 단체, 학교, 지역 사회 기반의 비영리 기관을 찾아 이보다 작은 규모로 지역 사회 활동을 후원할 수도 있다. 이런 기회는 호혜적 상생 관계를 형성해 비즈니스의 성공과 소속된 지역 사회의 전반적인 건강으로 이어진다.

재단 운영

스타벅스 재단은 하워드의 첫 저서 『스타벅스, 커피 한잔에 담긴 성공신화』(김영사, 1999)의 판매 수익금으로 1997년에 설립되었다. 미국과 캐나다 내의 문맹 퇴치 프로그램 지원을 시작으로, 재단은 스타벅스의 여러 지역 사회 개발 프로젝트의 발사대 역할을 해 왔다. 여러 해에 걸쳐 전 세계로 활동 범위를 넓혀 온 스타벅스 재단은 커피, 차, 카카오 재배 지역에서 지역 사회 개발 프로젝트를 지원한다. 수질 위생 개선, 보건과 영양 증진, 소액 대출 및 농업 교육과 같은 프로젝트가 여기에 해당한다. 스타벅스 재단은 또한 에토스 워터Ethos Water의 활동에도 관여해 왔다. "어린이들에게 깨끗한 물을 제공한다."는 단순한 사명으로 2001년 시작된 이 회사는 현재 스타벅스의 자회사로서, 이러한 사명을 이행하기 위해 7백만 달러 이상의 보조금을 지급했다. 에토스 생수 한 병이 판매될 때마다 5센트가 수질 개선 프로젝트에 기부되는 방식을 통해서였다. 스타벅스 재단은 또한 비영리 기구에 지역 사회 봉사 후원금을 제공하는가 하면, 스타벅스의 현지 파트너들이 적극적으로 시간과 돈을 투입하여 봉사하는 단체에 매칭 그랜트matching grant[71] 방식으로 자금을 지원하기도 한다.

스타벅스 재단이 지원하는 모든 프로젝트와 프로그램을 깊이 들여다보기엔 이 책의 지면이 넉넉하지 않기 때문에, 교육과 리더십 개발이라는 큰 테마 아래 진행되는 몇 가지 활동만 살펴보기로 하자. 일례로 스타벅스 재단은 스타벅스 중국 교육 프로젝트Starbucks China Education Project를 설립했다. 2005년에 시작된 이 프로젝트는 중국인들이 문화적으로 공

---

[71] 기업 구성원들이 자발적으로 기부하면 기업도 같은 금액의 기부금을 추가로 내는 기부 형태. —역주

교육에 두는 높은 가치를 발판으로 삼는다. 이 프로젝트의 지원을 위해 스타벅스는 기브투아시아Give2Asia라는 미국의 비영리 기구를 통해 중국 내 교육 프로그램에 5백만 달러, 약 4천만 위안을 위탁했다. 프로젝트의 기금은 중국에서 농촌 지역 교사 연수, 대학생 교육을 위한 장학금 지원, 2008년 쓰촨성 대지진 피해를 입은 학생과 교사 구호를 위해 사용된다.

스타벅스 재단은 또한 청년 리더십 기금Youth Leadership Grants 프로 그램을 통해 전 세계적으로 청년 리더십 양성을 위해 노력하고 있다. 스 타벅스 경영진은 2012년에 다음과 같이 밝혔다. "15세에서 24세 인구는 12억 명 이상이며, 역사상 전 세계적으로 가장 큰 연령 그룹이다. 안타깝 게도 실업 및 소외 상태인 젊은 층이 늘어나고 있어, 니트족NEET族[72]이라 는 용어까지 생겼다. 스타벅스 재단은 15~24세 젊은이들의 진로 준비를 도와주는 단체의 지원에 관심이 있다." 구체적으로 스타벅스 재단은 젊은 이들이 사업 지식, 사회 의식, 협동적 커뮤니케이션 능력을 개발할 수 있 도록 돕는 국제 단체에 청년 리더십 기금을 제공하고 있다.

젊은이들의 취업 능력을 극대화하기 위한 스타벅스의 노력은 스타벅 스 재단을 통한 보조금 지급으로 그치지 않는다. 예컨대 블레어 테일러는 복지 단체 로스앤젤레스 어반 리그Los Angeles Urban League의 최고경영 자 시절 여러 가지 우려와 요청 사항을 가지고 하워드 슐츠를 찾아갔다. 구체적으로 블레어는 하워드에게 이렇게 말했다고 한다. "도심 지역 학교

---

72 'Not in Education, Employment or Training'의 약자로 일할 의지가 없고 교육이나 훈련을 받지도 않는 사람을 가리키는 말.

의 아이들은 교외 지역 학교의 아이들이 얻는 것과 같은 체험 학습 기회를 얻지 못합니다. 여름 방학에 유럽으로 떠나거나 햄프턴을 관광할 형편이 안 되니까요. 자신이 사는 동네 밖을 구경할 기회가 전혀 없는 거죠." 블레어는 이어서 지적했다. "도심지 학교와 가난한 시골 학교 출신 학생들은 학기 중에 교외 지역 학생들과 엇비슷한 학업 수준을 유지하지만 여름 방학 기간 중 얻는 경험의 차이 때문에 격차가 발생합니다."

블레어는 이런 이유로 로스앤젤레스 통합학교시스템 중에서 성취도가 낮은 크렌쇼 고등학교의 학생 대표 20~30명을 2011년 여름 중국에 보내주고 싶다고 하워드에게 말했다. 이 여행을 현실화시키기 위해 블레어는 세 곳의 기업 파트너들에게 도움을 요청해야 했다. 블레어가 중국 여행을 제안한 이유는 이 로스앤젤레스 도심 학교의 학생들에게 21세기 글로벌 경제를 보여주고 싶어서였다. 블레어에 따르면, 하워드는 가장 먼저 그 뜻에 동의하고 활동을 지원해준 기업인이었다고 한다. 블레어는 크렌쇼 고등학교의 학생과 교사 파견단이 중국인 경영자, 창업가, 중국 최우수 고등학교에 다니는 학생들을 만날 수 있게 주선했다.

블레어는 설명했다. "저희는 상하이, 베이징, 톈진을 둘러보았어요. 시속 320킬로미터로 달리는 초고속 열차도 탑승해 보았고요. 이 아이들에게는 인생을 바꿀 만한 경험들이었죠. 크렌쇼 학생들 대부분은 로스앤젤레스 카운티 밖을 나가 본 적이 없었어요. 90퍼센트는 비행기를 한 번도 타본 적이 없었고, 몇 명은 불과 8~12킬로미터 떨어져 있는 바다를 본 적이 없었죠." 여행을 마무리하면서 블레어는 대표단의 학생들에게 중국 일류 고등학교에 다니는 학생들을 만난 이유가 무엇이라고 생각하는지 질문했다. "한 남학생이 손을 들더니 이렇게 대답했어요. '왜냐면 언젠가 그 아이들이 중국을 이끌게 될 테니까요.' 그 다음에 잠시 뜸을 들이고는 덧붙였죠. '그리고 언젠가 우리는 미국을 이끌게 될 것이고, 우리가 서로를 알아둘 필요가 있으니까요.' 이 아이들은 여행에서 돌아온 후, 스스로를 성취도 낮은 학교에 다니는 아이들이 아니라, 세계 사절단이자 미래의 세계 지도자라고 생각하게 되었습니다." 이듬해 블레어 테일러는 로스앤젤레스 어반 리그의 최고경영자 직책에서 물러나 스타벅스의 최고 커뮤니티 책임자가 되었고, 스타벅스가 젊은이들의 기대치와 능력을 끌어올릴 특별한 기회를 제공할 수 있도록 돕는 일을 계속했다.

윤리적 구매를 장려하고, 어린이들에게 깨끗한 물을 공급하기 위해 전 세계적으로 수질을 개선하며, 교육 보조금을 지급하고, 청년 리더십 양성을 지원하는 스타벅스의 노력은 모두 공통된 맥락을 이룬다. 각각의 활동은 기업이 자기 규모와 번영을 좋은 일에 이용해야 한다는 믿음에서 나온 것이다. 고객은 앞으로 점점 더 기업 리더의 환경 실적이 어떠하고 거래하는 공급업체 혹은 몸담은 지역 사회를 얼마나 배려하는지 의식하게 될 것이다. 그러한 노력은 점점 더 많은 소비자에게 중요한 고려 사항이 될 가능성이 높다. 사회의식이 깃든 의사결정은 단기적인 매출 성공만이 아니라 장기적으로 더 밝은 미래를 가져다줄 것이다. 경영자는 미래 세대의 안녕을 배려하는 안목을 키워야만 한다. 그중 상당수는 직원이나 소비자가 될 수도 있다.

❶ 당신은 윤리적 구매를 위한 지침과 목표를 수립해 두었는가?

❷ 당신은 작업장 안전과 관련된 의혹이 제기된 공급업체를 어떻게 다루겠는가? 정보를 투명하게 공개하지 않거나 채용한 사람들의 인권을 존중하지 않는 공급업체를 심사하고 문제를 시정하며 필요한 경우 관계를 단절할 수 있는 프로세스가 마련되어 있는가?

❸ 사회적 책임 활동이 보조금 지급을 넘어서서 직원들의 적극적인 참여를 포함하는가? 수질 개선, 교육 제공, 리더십 양성처럼 활동의 영향력을 극대화하기 위한 주요 사회적 지원 목표를 규정해 두었는가?

일자리 창출

에이브러햄 링컨은 리더들을 위해 현명한 충고를 남겼다. "두 발을 올바른 자리에 내디디고 굳건히 버텨라."라는 충고다. 그러나 지혜로운 조언이 대부분 그렇듯, 링컨의 말을 실천하기란 생각만큼 쉽지 않다. 2011년 내내 하워드 슐츠는 두 발을 여러 대담한 자리에 내디뎠다. '불확실성의 시대를 헤쳐 나가며'라는 제목의 메모를 작성해 파트너들에게 띄웠는가 하면, 미국인들에게 보내는 공개서한을 《뉴욕타임스》를 비롯한 언론에 전면 광고로 발표한 것이다. 하워드는 기업이 일자리 창출에 적극적으로 관여하고 미 의회가 당파 싸움에 의한 교착 상태를 풀 수 있도록 독자들이 재빠른 조치를 취하고 단호한 태도를 보여 달라고 촉구했다.

구체적으로 하워드는 이렇게 말했다. "우리 정부 지도자들에게 당파

심은 내려놓고 우리가 직면한 과제에 대해 허심탄회하게 대화하라고 이야기합시다. 우리 기업 경영자들에게 미국 경제를 위해 더 많은 고용 기회를 창출해 달라고 요구합시다. 그리고 시민으로서 우리 모두 더 적극적으로 나섭시다. 제발 방관자가 되지 마십시오. 우리나라의 문제를 해결할 공동의 책임이 우리에게 있다는 걸 이해하십시오. 우리는 워싱턴을 마냥 기다릴 수 없습니다. 스타벅스에서 저희는 지역 사회 봉사를 늘리고 '미국을 위해 일자리를 만들자Create Jobs for USA' 캠페인을 통해 소기업 일자리 창출 자금을 보조하는 방식으로 책임을 다하려고 노력 중입니다. 저희 회사는 완벽함과는 거리가 멀지만 미국을 위해 더 많은 일을 할 수 있다는 걸 알고 있습니다. 그러나 여러분의 도움이 필요합니다. 여러분의 목소리가 필요합니다."

하워드는 독자들에게 블로그에서 의견을 공유하고, 영감을 주는 사진을 핀터레스트에 올리고, 페이스북을 통해 혁신적인 아이디어를 제공해 줄 것을 부탁했다. 또한 스타벅스가 공유된 아이디어를 모으고 증폭시킬 수 있도록 게시물에 #indivisible[73]이라는 해시태그를 달아줄 것을 요청했다.

하워드 슐츠는 광고를 내보내고 온라인상에서 혁신과 아이디어 공유를 촉진하는 데서 더 나아가, 선거 운동 기부자들에게 "의회와 대통령이 워싱턴으로 돌아가 재정적으로 건전한 장기 부채와 적자 계획을 미국인들에게 제시할 때까지" 어느 정당에도 자금 후원을 보류할 것을 권유했

---

73 '나눌 수 없는, 불가분의'라는 뜻이다. —편집자 주

다. 100명이 넘는 미국 주요 기업의 최고경영자들과 수십 명의 다른 기부자들이 하워드의 호소에 귀를 기울여, 정부 공무원들이 부채 절감과 일자리 창출에 집중할 것을 촉구했다. 이와 동시에 스타벅스는 '미국을 위해 일자리를 만들자' 프로그램을 본격적으로 진행했다.

'미국을 위해 일자리를 만들자' 캠페인은 2011년 11월에 시작되었다. 스타벅스 재단은 기회금융네트워크Opportunity Finance Network에 CDFICommunity Development Financial Institution, 즉 지역개발금융기관을 위한 지원 자금 5백만 달러를 기부했다. 기회금융네트워크란 미국 내의 저임금·저자산 계층과 기타 취약 공동체에 도움이 되는 기회에 투자하는 CDFI들의 전국 네트워크다. 칼럼니스트 조 노체라는《뉴욕타임스》에 기고한 글에서 "스타벅스가 완벽한 금융 파트너를 찾는 데는 그리 오랜 시간이 걸리지 않았다. … 전부는 아니라도 CDFI는 대부분 비영리 기관이며, 대출 부도율이 지극히 낮다. … 기회금융네트워크는 그 가운데서도 최우수 기관들의 상부 기구 역할을 한다."라고 설명했다.

스타벅스는 이어서 INDIVISIBLE이라는 글씨가 새겨져 있고 빨간색, 하얀색, 파란색이 어우러진 손목 밴드를 제작했다. '미국을 위해 일자리를 만들자' 캠페인의 취지에 공감해 매장이나 온라인에서 최소 5달러를 기부하는 사람들에게 나누어줄 목적이었다. 기부금은 100퍼센트 기회금융네트워크로 직접 전달되어 전국적으로 지역 사회 대출을 지원하는 데에 쓰였다. 기본적으로 스타벅스는 일자리 창출과 경제 성장을 자극하기 위해 영세 자영업자들이 쉽게 대출을 받을 수 있도록 돕고자 한 것이다. '미국을 위해 일자리를 만들자' 프로그램은 스타벅스 고객들의 참여로 지렛대 효과를 일으켰고 자본의 힘을 증폭시켰다. 칼럼니스트 조 노체라는 덧붙였다. "전체 구조에서 제일 돋보이는 부분은 바로 이 대목이다. '미국을 위해 일자리를 만들자'로 들어오는 기부금은 CDFI에 바로 대출되는 것이 아니다. 자본금으로 전환되어 … 자본이 레버리지[74]되는 비율은 7대 1이다. … 가령 스타벅스 고객 1천만 명이 5달러씩 기부할 경우, 3억 5천만 달러 상당의 대출이 지원되는 셈이다. 그건 정말 큰 액수다."

2012년 6월, 스타벅스는 '미국을 위해 일자리를 만들자' 캠페인의 기부 방식을 확대했다. INDIVISIBLE 수제 도자기 머그와 원두커피 및 관련 상품 등의 INDIVISIBLE 물품을 제작하고 판매하여 수익금의 일부를 기부하는 방법이었다. 머그는 오하이오주 이스트 리버풀에 아직 남아 있는 두 곳의 도자기 공장 중 한 곳에서 생산되었다. 이스트 리버풀은 한때 미국 도자기의 중심지였던 곳이다. 캘리포니아주 소노마 카운티에 본사가 있는 테이블웨어 회사 하우젠웨어의 소유주이자 INDIVISIBLE 머그의 공급자인 울리히 호닉하우젠은 이렇게 설명했다.

"저는 이 나라에서 세 아이를 키우는 미국 시민이고, 오래전부터 미국에서 도자기를 만들고 싶었습니다. 미국의 일자리 창출에 관해 하워드가 처음 이야기를 꺼내고 나서 일주일 뒤, 저는 가정용품 컨퍼런스에 참석하게 되었고 거기서 만난 사람들에게 국내에서 도자기를 만들 수 있는 곳을 수소문하기 시작했어요. 스타벅스가 '미국을 위해 일자리를 만들자'

---

74 타인의 자본을 지렛대(레버리지)처럼 이용하여 자기 자본의 이익률을 높이는 것을 말한다.
    —편집자 주

프로그램을 공식적으로 개시했을 때, 미국에서 일자리를 만드는 데에 저도 한몫을 해야겠다고 생각했고, 결국 이스트 리버풀의 작은 공장과 계약을 맺기에 이르렀습니다. 저는 오하이오를 둘러보면서 (장인정신, 니즈, 기회 면에서) 크게 감명을 받았고, 수입 제품에 맞서 좀 더 자동화된 방식으로 경쟁할 공장을 이 지역에 한 군데 더 열게 되었죠."

오하이오주 이스트 리버풀과 INDIVISIBLE 머그에 관한 자세한 정보는 http://tinyurl.com/cmzr7ds를 방문하거나 아래의 QR 코드를 스캔해 보기 바란다.

2012년 4월, 하워드는 '미국을 위해 일자리를 만들자' 캠페인이 거둔 초반의 성과를 CBS 뉴스에 공개했다. "저희가 [CDFI 측에] 전달한 돈은 소기업들에게 대출되고, 그 결과로 스타트업과 기존 업체에 일자리가 만들어집니다. 사실 저희가 모금한 돈의 80퍼센트가 이미 대출된 상태죠. 저희는 돈이 어디에 쓰였고 그로 인해 어떤 일자리가 만들어졌는지 투명하게 증빙할 수 있습니다."

젤라토 피아스코Gelato Fiasco는 스타벅스의 일자리 프로그램을 통해 자금 마련에 도움을 받은 업체 중 하나다. 2007년 당시 25세였던 조시 데이비스는 24세인 동업자 브루노 트로피아노와 함께 메인주 브런즈윅에

젤라토 피아스코 아이스크림 가게를 차렸다. 인구 약 23,000명의 브런즈윅 마을에서 성공을 거둔 후, 조시와 브루노는 남쪽으로 약 25분 거리에 있는 메인주 최대의 도시 포틀랜드로 사업을 확장하겠다는 목표를 세웠다. 조시와 브루노는 새 매장을 내기에 최적의 장소를 찾았지만 10년 임대 계약을 확보하려면 서둘러 결정을 내려야 했다. 거래 은행과 통화를 마친 브루노와 조시는 자금 마련이 충분히 가능하다는 확신을 얻었고 이를 바탕으로 임대 계약서에 서명했다. 그러나 안타깝게도 계약서에 서명한 후, 거래 은행도 몇 군데 다른 대부업체들도 이들의 대출 요청을 승인해 주지 않았다.

마지막 수단으로 조시와 브루노는 '미국을 위해 일자리를 만들자' 프로그램이 지원하는 CDFI를 찾아갔고 14만 달러를 대출받았다. 이 돈으로 그들은 사업을 확장하고 기존 직원 21명에 더하여 신규 풀타임과 파트타임 직원 10명을 채용할 수 있었다. 조시는 "스타벅스 덕분에 정말 끔찍한 재난이 될 뻔한 상황이 진정한 성공담으로 바뀌었다."고 말했다. 젤라토 피아스코는 포틀랜드에 그냥 문을 열기만 한 게 아니었다. 새 젤라토 피아스코 매장은 분주한 스타벅스 매장에서 대략 한 블록 떨어진 곳에 자리했다. 게다가 포틀랜드 젤라토 피아스코는 커피까지 판매한다. 그렇다면 이 이웃 겸 경쟁업체를 후원해준 스타벅스의 반응은 어땠을까? 조시는 대답했다. "스타벅스 직원들은 자기네 매장에 저희 가게에 대한 글을 게시했어요. 한 블록 떨어진 곳에 자리를 잡았는데도, 경쟁심이 아니라 넉넉한 마음으로 저희를 대해 주었죠."

자신들에 대한 신뢰에 고마움을 느낀 조시와 브루노는 그 감사의 마음을 되돌려주기로 했다. 그러기 위해 두 사람은 새로운 맛의 도매 유통용 젤라토를 만들었고, 이는 메인과 뉴잉글랜드 전역의 슈퍼마켓에 공급되었다. 그들은 그 아이스크림의 수익금 일부를 '미국을 위해 일자리를 만들자' 프로그램에 다시 기부했다. 조시는 설명했다. "포틀랜드시의 모토는 '레수르감Resurgam', 즉 '나는 부활할 것이다.'입니다. 저희는 그 모토가 우리 상황에 잘 부합한다고 생각해서, 특별히 위탁 생산하는 아이스크림의 이름을 '스위트 레수르감'이라 짓고, 파인트당 1달러를 '미국을 위해 일자리를 만들자' 프로그램에 기부했어요."

동료 기업인과 정치인들에게 이기적인 의견차는 접어두고 더 큰 선의를 위해 행동할 것을 공개적으로 촉구하는 기업인은 흔히 보기 힘들다. 명백한 경제적 이익을 가져다줄 해결책을 강구하고자 고객과 손잡고 스스로를 다잡는 기업인은 더더욱 보기 드물다. 그 해결책이 본질상 경쟁사에게 유리한 것으로 인식될 수 있다면 두말할 필요도 없다. 하워드 슐츠의 행동은 리더인 당신이 흉내 낼 수 있는 범위 바깥에 있을지 몰라도, 하워드는 우리 모두에게 사회적 난제에 대해 불평하는 대신 우리가 할 수 있는 일이 있음을 상기시켜 준다. 우리 스스로 건설적인 변화의 주체가 되는 것이다. 게다가 우리에게는 그럴 책임이 있다.

요점 정리

★ 리더에게는 세상을 지금보다 더 나은 곳으로 만들 책임이 있다.

★ 기업의 실적, 기업의 가치, 기업이 사업을 영위하는 지역 사회에 미치는 영향 사이에는 보통 밀접한 상호의존성이 존재한다.

★ 지속가능성과 관련해 야심 찬 목표를 세우고, 그 목표가 달성되었음을 입증해 보이기 위해 외부의 기준을 추구하며, 필요하다면 해당 업계에 알맞게 기준을 다듬어 나가는 데에 일익을 담당하고, 그 목표를 실행하되 목표까지의 진행 상황을 투명하게 보고하는 게 중요하다.

★ 환경 이슈가 고객들에게 중요한 의미를 갖는다면 반드시 당신의 프로젝트 우선순위 목록에 올려야만 한다.

★ 지속가능성은 마케팅이나 홍보 목적으로 하는 일이 아니다. 지속가능성은 기업의 미래 생존력과 미래 세대의 고객을 위한 진정성 있는 헌신이다.

★ 지속가능성에 대해 이야기하는 것만으로는 충분하지 않다. 진정한 리더에게는 기업의 장기적인 건강에 기꺼이 투자하고 성실한 책임감을 바탕으로 다른 사람들과 적극적으로 협력하려는 자세가 필요하다.

★ 인도적이고 책임 있는 태도는 사업에도 도움이 된다.

★ 경영자는 미래 세대의 안녕을 배려하는 안목을 키워야만 한다. 그중 상당수는 직원이나 소비자가 될 수도 있다.

★ 링컨의 말을 빌자면, 리더는 두 발을 올바른 자리에 내디디고 굳건히 버티는 것이 중요하다.

★ 사회적 난제에 대해 불평하는 대신 당신이 할 수 있는 일이 있다. 당신 스스로 건설적인 변화의 주체가 되는 것이다. 게다가 당신에게는 그럴 책임이 있다.

12장

라이프스타일 관계 형성하기

잠시 이상적인 고객을 떠올려 보라. 그들이 아침에 일어나 집에서 당신의 제품을 사용하는 모습을 상상해 보라. 출근길에 그들은 당신의 매장에 들르고, 포스퀘어에 체크인을 하며, 당신의 앱을 열어 모바일 결제로 제품을 구입한다. 사무실에서는 쉬는 시간에 당신의 제품을 접하거나 인터넷에서 당신의 페이스북 페이지를 확인하고 자신의 피드에서 당신이 올린 게시물을 읽는다. 오후에 그들은 휴가 날 당신의 팀과 함께하는 지역 사회 개선 프로젝트에 참여하기 위해 참가 신청을 한다. 그 행사에 함께 참여할 친구들까지 초대한다. 그들은 봉사활동을 하면서 사진을 찍고 그 이미지를 인스타그램, 트위터, 페이스북에 올린다. 행사장에서도 당신의 제품을 사용한다. 집으로 돌아오는 길에 들른 슈퍼마켓 쇼핑 목록에는 당신의 제품이 올라 있다. 좋다, 자, 이제 현실로 돌아올 시간이다.

스타벅스가 한 개의 매장으로 출발했다는 점을 기억하라. 우리도 스타벅스에게서 배운 교훈을 은근한 자극으로 삼아, 제품, 서비스, 소셜 미디어 도구, 기술, 채널을 혁신하고 확장할 방법을 생각해 낸다면 무슨 일이든 할 수 있다. 스타벅스의 리더들은 또한 제품 열정을 키우고, 직원들에게 인적 관계의 중요성을 가르치며, 운영의 탁월성과 효율성을 추구하고, 끊임없이 연관성을 추구하고자 힘쓸 때 어떤 일들이 가능한지 보여주고 있다.

하워드 슐츠는 이렇게 말한다. "스타벅스든 타이드Tide 세제 같은 제품이든, 오늘날의 모든 소비재 브랜드는 … [반드시] 고객의 생활 속 모든 측면에서 관련성을 만들어내야 합니다. … 관련성과 시장 입지가 제품이 판매되는 곳에만 국한된다면 그걸로는 충분하지 않아요. 저희는 고객이 우리 매장 안에 들어와 있을 때와 마찬가지로, 사회적으로나 디지털상에서도 관련성을 가져야만 한다는 점을 되새겼습니다. … [그 점을] 이해하지 못하는 기업들은 뒤처질 것입니다."

전통적으로 마케터들은 고객의 개인적 정체성과 결부되는 브랜드를 라이프스타일 브랜드라고 이야기한다. 고객이 가치 있게 여기거나 열망하는 라이프스타일을 추구하는 브랜드들이다. 스타벅스는 확실히 전통적인 라이프스타일 브랜딩의 모든 측면을 갖춘 기업이고, 그 리더들은 제품 열정의 이미지, 인적 관계에 대한 관심, 공동체의 가치를 진정성 있게 투사하도록 브랜드를 이끌어 왔다. 하지만 스타벅스 리더들은 또한 이른바 진보적 라이프스타일 브랜드로서 가치 제안을 한 단계 끌어올렸다. 라이프스타일을 투사할 뿐 아니라 고객의 라이프스타일 속으로 들어간다는 점에서다.

스타벅스는 보통 주된 유통 채널인 스타벅스 매장을 통해 고객과 관계를 쌓는다. 실제로 어떤 조사에 의하면 미국 국민의 80퍼센트는 스타벅스 매장 반경 32킬로미터 이내에 살고 있으며, 누구든 최대 225킬로미터만 이동하면 스타벅스 산하 브랜드의 매장에 다다를 수 있는 것으로 나타났다. 게다가 이 연구는 직영 매장만 조사 대상으로 하고 라이선스 매장은 제외했기 때문에, 이 거리는 더 짧아질 수도 있다. 매장 채널을 통해 형성된 관계를 바탕으로, 스타벅스 리더들은 이동 중인 고객을 만날 수 있게 브랜드를 포지셔닝했다. 산 정상에서도 즐길 수 있는 비아, 건강 식품점의 에볼루션 프레시 주스, 스위스 기차, 베이징의 모바일 앱이 그 방법이었다. 디지털 상거래·충성도·콘텐츠 부문 부사장 에이미 존슨은 "우리는 매장에 찾아오는 고객들을 이해하고 그들의 위치와 특성에 부합하는 방식으로 소통하고자 노력한다."고 밝혔다.

브랜드의 확산에는 분명 위험이 따른다. 밸류 라인Value Line의 디지털 콘텐츠 디렉터 루벤 그레그 브루어는 이렇게 경고했다. "스타벅스의 최근 확장 노력에는 중대한 위험 요소가 있다. 세계 시장 진출은 멋진 아이디어지만 자신의 분야 바깥으로 나가는 것은 비참한 결과를 가져올 수 있고 실제로 그런 사례가 종종 있었다. 퀵서비스 업계에서 새로운 콘셉트가 시장에 등장했다가 갑자기 실패하는 경우는 무수히 많다. … 스타벅스의 노력은 사실 집중력 상실로 이어질 수 있다. … 다른 유통 채널에 진출하면서 스타벅스는 핵심 브랜드와 거기 추가된 나머지 모든 브랜드로 인해 과포화의 위험을 감수해야 할 수도 있다."

내가 이야기를 나눈 많은 파트너들은 변화하는 고객 니즈에 맞게 적응하고 전환하는 경영진의 능력을 볼 때 스타벅스의 미래를 확신한다고 밝혔다. 이러한 확신은 스타벅스 내부자들에게 국한되지 않는다. 베스트셀러 저자이자 CNBC의 인기 프로그램《매드 머니Mad Money》의 진행자 짐 크레이머는 2012년 베리스모 시스템 출시 후 이렇게 말했다. "저는 슐츠에게 맞서지 않고 그의 편에 서겠습니다. 첫 번째도 두 번째도 슐츠에게 맞서는 건 형편없는 선택이었고, 이번에도 그건 형편없는 선택일 테니까요. … 슐츠는 제3라운드째 성장에 대비해 스타벅스를 준비시켜 왔는데, 누구라도 그걸 밖에서 구경만 하는 처지가 된다면 곤란하겠죠."

내가 보기에 성공의 비결은 언제나 우수한 품질의 제품을 고객이 원하는 방식으로, 관계를 쌓는 배려의 환경에서 제공하는 것이다. 스타벅스가 그러한 목표를 달성하는 한, 그에 관해서라면 어떤 기업이라도 고객은 한결같은 지지를 보낼 것이다. 스타벅스 리더들은 앞으로도 기회와 고객이 이끄는 대로 브랜드를 이끌어 나가겠지만, 그러면서도 브랜드의 궁극적인 미래는 '행복한 순간'을 통해 고객과 소통하는 데 달려 있음을 파트너들에게 일깨울 것이다.

대니얼 로도 행복한 순간을 선사하는 스타벅스 바리스타였다. 대니얼은 단골손님 켈리 디트리히와 친분을 쌓고 지냈다. 대개의 경우, 켈리는 아내에게 갖다 줄 톨 사이즈 무지방 라떼도 함께 주문했다. 대니얼은 설명했다. "어느 날 켈리가 아내의 무지방 라떼를 그란데로 사이즈업했어요. 조금 더 기운을 내셔야 하는 날인가

보다 싶어서, 컵에다 '더 나아지는 하루 되기를 바랍니다.'라고 적었죠."

켈리의 아내 지니 디트리히는 시카고 기반의 통합 마케팅 커뮤니케이션 기업 아르멘트 디트리히의 창립자 겸 최고경영자였고『마케팅 인 더 라운드Marketing in the Round』의 공저자이기도 했다. "더 큰 용량의 음료를 주문했다는 것으로 힘든 하루를 앞두고 있음을 스타벅스 바리스타가 눈치챘다는 사실이 너무나 신기했어요. 저는 컵 사진을 찍어서 페이스북에 올렸고, 그걸로 우리의 상호작용은 끝이라고 생각했죠. 그런데 놀랍게도 약 한 달 뒤, 남편이 컵을 또 하나 들고 왔어요. 제 말이 진짜인지를 묻는, 바리스타 댄의 손글씨 메시지가 적혀 있었죠."

지니는 컵의 '아마도'에 체크 표시를 하고 "진짜를 어떻게 정의하느냐에 따라 달라지죠."라고 덧붙였다. 댄은 지니를 한 번도 만난 적이 없었지만 몇 달 동안 그들은 지니의 남편을 통해 '진실된' 관계를 쌓았다. 일주일에 두어 번씩 스타벅스 컵으로 메시지를 주고받은 덕분이었다. 지니는 페이스북을 통해 댄과의 관계를 확장했고, 컵을 받을 때마다 사진을 찍어서 각 질문에 어떻게 답해야 할지 친구들에게 투표를 요청하기도 했다. 지니는 한 달 뒤 스타벅스를 떠나게 되었다는 댄의 메시지가 적힌 컵을 받고 섭섭함을 느꼈다고 밝혔다. "저는 댄의 스타벅스 근무 마

지막 날 매장에 들러 그를 직접 만나고 작별 인사를 했어요. 트럼프 타워에다 페이스트리 가게를 차린다고 하더라고요. 댄은 스타벅스의 가장 좋은 면을 압축적으로 보여준다고 생각해요. 우리의 독특하고 특별한 관계를 이어나가고 남편과 저를 진심으로 배려하고자 꾸준히 노력해 주었다는 점에서 그렇죠."

댄은 이렇게 말했다. "저는 스타벅스에서 6년 동안 일했고, 성장하고 발전할 수 있도록 격려를 받았어요. 가게를 운영하는 데 도움이 될 대인관계나 관리 스킬도 얻었고요. 스타벅스는 저에게 고객 중심이라는 게 어떤 의미인지 가르쳐 주었어요. 지니가 일부러 시간을 내서 저를 만나러 와주어 정말 기뻐요. 제가 한 일이 특별하다고는 생각하지 않아요. 저는

제5 원칙 ★ 전통을 간직하면서 전통에 도전하라

스타벅스 문화 안에서 제 몫을 다하고 있었을 뿐이니까요. 실제로 만나본 적은 없더라도 친밀한 관계를 쌓는 방법으로요."

무슨 말이 더 필요하겠는가? 당신을 위해 질문을 하나 남겨두겠다.

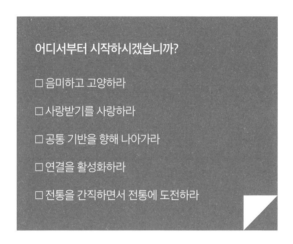

어디서부터 시작하시겠습니까?

☐ 음미하고 고양하라

☐ 사랑받기를 사랑하라

☐ 공통 기반을 향해 나아가라

☐ 연결을 활성화하라

☐ 전통을 간직하면서 전통에 도전하라

스타벅스 웨이

1판 1쇄 발행 2019년 2월 25일
1판 13쇄 발행 2024년 1월 26일

지은이 조셉 미첼리
옮긴이 강유리
발행인 박명곤 **CEO** 박지성 **CFO** 김영은
기획편집1팀 채대광, 김준원, 이승미, 이상지
기획편집2팀 박일귀, 이은빈, 강민형, 이지은
디자인팀 구경표, 구혜민, 임지선
마케팅팀 임우열, 김은지, 이호, 최고은

펴낸곳 (주)현대지성
출판등록 제406-2014-000124호
전화 070-7791-2136 **팩스** 0303-3444-2136
주소 서울시 강서구 마곡중앙6로 40, 장흥빌딩 10층
홈페이지 www.hdjisung.com **이메일** support@hdjisung.com
제작처 영신사

© 현대지성 2019

※ 이 책은 저작권법에 따라 보호받는 저작물이므로 무단 전재와 복제를 금합니다.
※ 잘못 만들어진 책은 구입하신 서점에서 교환해드립니다.

"Curious and Creative people make Inspiring Contents"
현대지성은 여러분의 의견 하나하나를 소중히 받고 있습니다.
원고 투고, 오탈자 제보, 제휴 제안은 support@hdjisung.com으로 보내 주세요.

현대지성 홈페이지

STARBUCKS
WAY